ちくま学芸文庫

改訂増補 バテレン追放令

16世紀の日欧対決

安野眞幸

筑摩書房

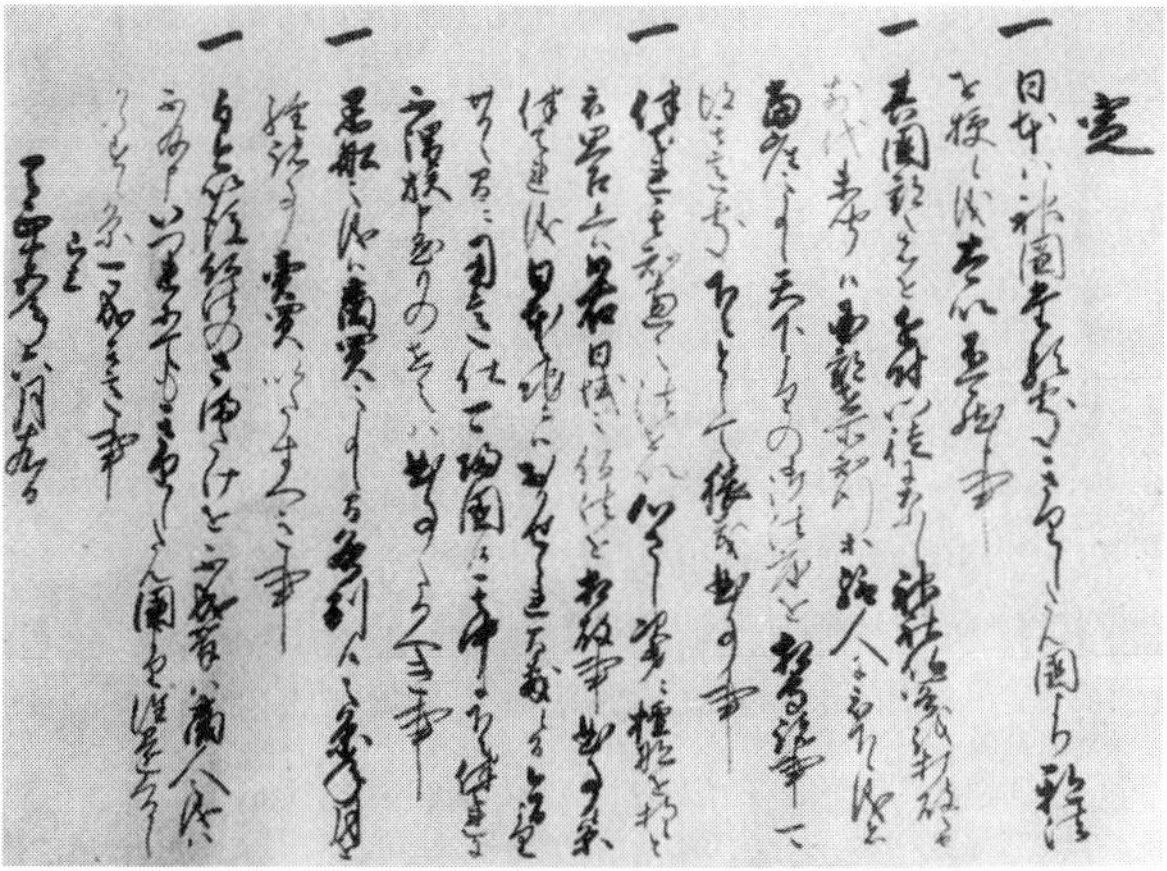

定
一 日本ハ神国たる処きりしたん国より邪法を授候儀太以不可然候事
一 其国郡之者を近付門徒になし神社仏閣を打破之由前代未聞候、国郡在所知行等給人に被下候儀ハ当座之事候、天下よりの御法度を相守、諸事可得其意処、下々として猥義曲事事
一 伴天連其知恵之法を以心さし次第ニ檀那を持候と被思召候へハ、如右日域之仏法を相破事曲事候条、伴天連儀日本之地ニハおかさせられ間敷候間、今日より廿日之間ニ用意仕可帰国候、其中に下々伴天連に不謂族申懸もの在之ハ曲事たるへき事
一 黒船之儀ハ商売之事候間各別候之条、年月を経諸事売買いたすへき事
一 自今以後仏法のさまたけを不成輩ハ商人之儀ハ不及申、いつれにてもきりしたん国より往還くるしからす候条、可成其意事
已上
天正十五年六月十九日

「バテレン追放令」（平戸市、松浦史料博物館蔵）　本書 144 ページ参照。

フスタ船の模型（長崎市、日本26聖人記念館蔵）　平和を旨とする団体は、平和を乱す外部勢力に対しては常に好戦的であった。櫓と帆の両方を用いるこの軍船は、日本のイエズス会が所有したもので、「神の平和」を旨とする長崎のコミューンの武装、教会領長崎のもつ固有の軍事力を象徴している。本書87ページ参照。

目次

バテレン追放令とキリシタン一揆

補論

長崎開港と神功皇后との奇しき縁

「岬の先端」の歴史と「精霊流し」

改訂増補　バテレン追放令　16世紀の日欧対決

プロローグ　キリスト教と戦国日本の出会い

イエズス会士たちは日本の戦国時代をどう見ていたのか。謡曲「高砂」にある「四海波静かにて、国もおさまる時津風、枝も鳴らさぬ御代なれや」とある延喜の帝の御代へのあこがれと共通して、古代の「内裏」＝天皇が力を失い、「公方」＝将軍が登場して以来、配下の武士たちの間で、戦争が止むことが無くなった世界だと見ていた。これは当時の日本人の多くが持った時代観でもあった。「内裏」と「公方」の二つを挙げているのは、ヨーロッパ世界がキリストの代理であるローマ「法王」と神聖ローマ帝国の「皇帝」の二つの中心を持つ楕円的構成体に似せて、当時の日本社会を眺めていたことによる。

それゆえ戦国期の天皇は現在の日本国憲法上での在り方に近く、政治の実権から離れ、日本国家の平和的統合の象徴で、政治の責任は将軍にあった。信長・光秀の滅亡後、秀吉は天皇の権威を基に関白となり、天下を統一した。当時の日本において、「平和」とは天皇の支配の復活だと理解されており、「豊国祭」に見られるように人々は関白・太閤秀吉の下での平和を謳歌した。一方キリスト教世界では、「平和」とは本来はイエスの言う「神の国」の建設によって齎されるものであった。そこでは「右の頬を打たれたら左の頬を出せ」とあるように、隣人愛に溢れ、凡ての争いは克服されるべきものであった。

しかし、ローマ帝国内でキリスト教が国教となり、やがてローマ帝国が崩壊すると、ローマ教会は帝国の遺産を継承し、地域住民を丸ごと支配する課題を背負った。「神の国」の建設という理想に代わり、地域住民の凡てを保護下に置く「教権制」の維持・発展が新しい政治課題になった。そこでは個々人の人生の筋目である誕生・成人・結婚・死亡などに際しては、牧人が羊の群れを管理するのと同様に、教会は「秘跡」を通じて人々を管理する体制を築いた。「教会の外に救いなし」のスローガンの下に、教会は地域住民の凡てを教区共同体に組織し、農村共同体は教区共同体と一体化した。キリスト教は集団の宗教となった。

ここでは魔女狩りや異端尋問が行われ、思想・信教の自由を認めない全体主義の社会であった。一方当時の日本社会では、信仰の自由は認められ、各自が自由に信仰の対象を替えることが許されていた。それゆえ、キリスト教は日本社会に受け入れられたのである。日本社会が開かれた社会であったので新宗教は受け入れられたのに、キリスト教の方は独善的で非寛容で、閉ざされた堅い核があった。ザビエルが初めて組織的な布教を行った山口において、キリスト教は唯一の神を信仰する一神教として、他の宗教の存在を認めず、偶像崇拝として禁じた。信者たちは仏像を燃やすなど神社・仏閣への破壊行動に出た。

このことは日本で布教が行われたところではどこでも繰り返された。それゆえザビエルの主観的確信においては、日本にキリスト教を広めることは、真の平和を齎すと信じていたが、客観的には日本社会に争いや対立・混乱を齎した。信教の自由について非対称であった。ヨーロッパでは宗教改革の後、長い間の宗教をめぐる宗教戦争の時代を経て、近代に至り、やっと信仰の自由という観念が成立し、信仰は個人の内面の問題で、国家は個人の内面に立ち入らないとのルールが確立した。それゆえ思想・信教の自由に関して、戦国日本は近代市民社会のルールを先取りしていたのに、イエズス会はこのルールに敵対していたことになる。

日本の教権制は、領主を改宗させることで、領民を丸ごと教会に組織することで可能となった。当時の日本のムラは年貢の地下請を行ない、自検断の村として警察権を持った自治体であった。ムラの成立と並行して教権制は進展した。イエズス会士がいなくなった隠れキリシタンの世界では、司祭に代わりムラが教会の行事を執り行ない、ムラごとの単位で生き残ったことから、教権制の重要性は明らかであろう。現在のわれわれの感覚からすれば、改宗は純粋に個々人の確信に基づくものだと思うけれども、イベリア半島における再征服運動の際と同様、民衆への改宗は武力により強制されたものであった。

四代目の日本布教長となったコエリュは大村領内の僧侶に対し、キリスト教への改宗か追放かの選択を迫り、宗門・檀家の一挙的な改宗を進め、強制改宗を行った。島原の乱に際しては、神田千里が『島原の乱』(中公新書)で述べたように、一揆の首謀者たちは郷村ごとに一揆に参加するか敵対するかを迫り、キリスト教へ立ち返る多くの人々を中心としながら、新たな改宗者をも含みつつ、天草・島原地方の多くの人々の結集に成功した。結果として一揆参加者は全員殉教した。以上の二例から、日本の布教区の教権制は領主の個人的な改宗と地域住民の教会支配との結合に依っていたことは明らかである。

この教権制は秀吉が進めようとした大名・領主の鉢植え化、転封の原理と敵対しており、これへの不適応にイエズス会の時代的制約性が現れている。イエズス会は秀吉の進める国内統治策により、一挙に時代遅れのものになった。信長・光秀の滅亡後、天皇の権威を基に九州の地に平和を齎そうとした秀吉は、九州を統一した後「バテレン追放令」を出し、その第一条では「日本は神国」だと宣言した。これは山口での布教以来の懸案であったキリスト教の布教の推進が地域社会の騒乱の原因となるという難問に対する天下人秀吉の回答であった。第二条は教権制・強制改宗への批判である。

この「バテレン追放令」発布に際して、高山右近やオルガンチーノは「殉教」による抵抗を述べている。ローマ帝国によるキリスト教に対する弾圧を「殉教者」たちの続出によって覆したというのが、ローマ教会発展史の公式な見解で、一つの神話である。過去の歴史の中から殉教者を選び出し、顕彰することは組織としては当然だが、これを教訓化し、「殉教」を繰り返せば勝利は近いとして、日本の人々に殉教を強いたのは、一つの狂気である。結論を先に言えば、日本において、この神話は再現しなかった。日本においてローマカトリックの布教は世界史的な敗北を喫した。

今長崎や天草のキリスト教会は世界遺産となり、全世界に対して観光の目玉となっている。しかしここには「野の花を愛し、空の鳥の声を聞け」と言い、日常の生活を重視し、隣人に心をいたせと言ったイエスの言葉とはほど遠い集団主義の教権制の世界があった。多くの人々の殉教、踏み絵を踏み、その度毎に神に許しを請う隠れキリシタンたちの受難、「崩れ」としての旅の生活などの歴史があった。

天正八年（一五八〇）大村純忠は、五州二島の太守と言われた龍蔵寺隆信によって長崎を奪われないために、南蛮貿易港長崎をイエズス会に寄進した。翌年長崎の「岬の教会」の内部でポルトガル人の僕である日本人が殺されたことを契機に、イエズス会は「聖堂の平和」「神の平和」を主張して、都市長崎における主導権を自治組織・頭人中から奪い、長崎近傍の今の諏訪神社の地にあった真言宗の古刹「神宮寺」を焼き払った。この一件が第Ⅰ部の「教会領長崎における「神の平和」」である。

天正十五年に秀吉は島津氏征伐のため大軍を率いて九州に出陣した。博多に凱旋して、その戦勝祝いのさなかに「バテレン追放令」五カ条を発布した。そのときイエズス会の支配下にあった教会領長崎は、茂木村・長崎村・浦上村の他、外目村も支配していた。この時コエリュは秀吉軍と島津軍の間に立って武装中立ではなく、むしろ同盟軍として勝利に酔っていた。秀吉はコエリュに自分の傘下に入ることを求め、交渉が決裂して「バテレン追放令」となった。これが第Ⅱ部のテーマである。

「十六世紀の日欧対決」が江戸時代以降どう受け継がれたのかを「補論」の二つの小論で論じた。

Ⅰ　神の平和

川原慶賀「長崎湾図」（『シーボルトと日本』朝日新聞社）より部分。幕末の長崎湾、出島の手前が本来の岬の先端で、波止場の左、石垣で囲まれた奉行所に残る松の緑にかつての「聖地」がしのばれる。本書 25 ページ参照。

教会領長崎における「神の平和」

はじめに

船で右手に長崎半島を見ながら、野母《のも》崎・伊王島を経て香焼《こうやぎ》島を回ると、長崎の細長い湾の口が開けてくる。この山々に囲まれた細長い湾の突き当たりに、航海の目印として一際高く聳える三角形の美しい山がある。長崎の市街地を原爆の被害から守ったこの山を、今は「金比羅山」というが、それは江戸時代に金比羅信仰がこの地に普及し、山頂に金比羅神社が勧請されたことによっている。中世ではこの山を「崇嶽《たかだけ》」といい、古くは「瓊々《にに》杵尊《ぎのみこと》の遊行降臨の地」として「瓊杵山《にぎやま》」ともいったという。神体山である。(1)

この「崇嶽」の麓、今の「諏訪神社」から「県立図書館」の辺りにかけて、中世には真言系の山伏たちの住む古刹があり、その名を「神宮寺」(2)といった。この寺は僧・空海が建議し、嵯峨天皇の勅願によって建立されたという。この「神宮寺」という名前から、その昔には瓊々杵尊を祭る「神社」の存在も想定されるが、今ではその存在を裏付ける記録類は何も残されていない。また「神宮寺」の境内には「毘沙門堂」があり、中島川がその前を流れていることから、中世ではこの川を「堂門川」と呼んだ。

この「崇嶽」の山頂から「神宮寺」を経て海に至る所は、中世では小高い台地が細長く海に突き出した形をしており、「岬」になっていた。かつてはこの「岬」の右側、今の「出島町」や「浜町」の辺りは、「堂門川」の河口で、浅瀬の海であった。「魚の町」の辺りが中世の海岸線で、ここに漁師たちの集落があった。一方、外洋航海をする大きな船は、今も昔もこの「岬」の左側、「波止場」の所に着いたのである。

昔、この波止場に碇を下ろした船乗りたちは、上陸するとまずこの「岬」の高台に登り、湾口から遥かかなたを眺めながら、航海の無事を神々に感謝したと思われる。(3) 湾口の左右に並ぶ島と岩山を「女神・男神」と呼ぶのは、この地から湾口を遥拝したことに基づいている。それゆえ、山と海の交わるこの「岬」の先端の地域は、古くから人々の信仰の中心地・「聖地」で、また海の幸・山の幸を交換する「市」の立つ場所でもあった。

その証拠に中世にはこの「岬」の先端を「杵崎《きねさき》」「森崎」と呼び、「森崎権現」の社があった。この祭神は、海人の信仰の対象で、また商業や市の神でもある「夷神《えびす》」(4)であり、またこの地には「市」の目印としての「榎の木」もあった。さらにこの「森崎権現」の名から明らかなように、この地域は松の緑に覆われた「森」の「岬」であったと思われる。

近世の「長崎湾図」に描かれている西屋敷奉行所の松の緑はその名残であろう[5]。

ともあれ「崇嶽」の山頂から「神宮寺」を経て「森崎権現」に至るこのラインは、中世では宗教的な聖なるラインであり、人々の居住の禁止されたタブーの地域であった。一方、この地の地頭・長崎氏の本拠地は「崇嶽」の右手前、中島川と一瀬川の会する扇状地に開かれた「長崎村」にあり、現在は春徳寺の建っている唐渡山《とうど》に城を構えていた。また戦国末期には、この地に「トドス・オス・サントス」の教会もあった。さらに「崇嶽」をはさんで長崎村と隣合せに「浦上村」があった。この浦上村や長崎村は、稲作農業を営む農民たちの生活の舞台で、領主支配の強く及ぶ地域であった。

つまり、この聖なるラインは領主の支配する浦上村と長崎村とを分かつ政治・行政上の境界でもあった。このため、地頭長崎氏や他の領主たちの支配は、この「崇嶽」「神宮寺」「森崎権現」の方面にはあまり強くは及んでいなかったと思われる。このようにして中世の長崎周辺では、領主支配と信仰の世界とが互いに相対立しながら併存していた。

夷神を祭る「岬」の先端「森崎」の地域は、「聖域」で「無縁[6]」の地・タブーの地であった。それゆえ逆に、この地には法的保護を持たない異邦人が「夷神」の保護のもとに安全・平和に住み着くことのできるアジール[7]でもあった。このような伝統的な聖地・アジールの地・タブーの地に、異邦人や海民たちが上陸し集落を形成していくことは、すでに網野善彦が宮本常一の『忘れられた日本人』について記した「梶田翁の話に寄せて[8]」の中で詳しく述べている。この「森崎」への異邦人たちの上陸は、「長崎旧記類」に都市長崎建設以前、この地に唐人の「文知」なる者が屋敷を構えていたとあること、江戸時代に入って、明の遺臣たちが大量にこの長崎の地に移住したことなどから窺うことができる。また長崎周辺の地域に地名譚として神宮皇后に纏《まつ》わる話が多く残っていることも、神宮皇后の神話を持ち運んだ海民たちの活躍を示していよう。(9)

崇嶽を目指して航海を続け、この地に上陸したいにしえの人々を考えるとき、この山が「瓊々杵尊の遊行降臨の地」とされていたことがよく理解できる。つまり天神が天下る垂直的な「降臨」とは、渡来民の上陸という水平的な動きを神話化して伝えたものであろう。

以上から、この「森崎」の地は、①地域的な信仰の中心地、伝統的な聖地・アジール・タブーの地であり、②古来多くの渡来人たちが繰返し上陸した土地であり、③地方的な交換の場でもあった。このような伝統的な平和領域である聖地「森崎」が、その様相を大きく転換させたものに、大村純忠・有馬義鎮・イエズス会三者による元亀二年（一五七一）の長崎の開港・町割りをあげることができる。これにより「森崎権現」の境内には、イエズス会士たちの支配する「岬の教会」（サン・パウロの教会）が建てられ、森崎に続く岬の高台には大村氏の支配する「六丁町」が建設された。伝統的な平和領域に都市が建設され、地域的な信仰の中心地をイエズス会が乗っ取ったことに、まず注目すべきであろう。(10)

この「岬の教会」においては、イエズス会士たちはポルトガル商人たちの代理商を兼ね、同じ敷地内にあるイエズス会士の住まう修院（カーサ）は同時に倉庫や店舗を兼ねていた。つまり「岬の教会」はポルトガル領インドで広く見られた「ポルトガルの商館」の性格をも持ち、ポルトガルの商人たちの居留地でもあった[11]。長崎の観光バスのガイド嬢が「この地にはポルトガルの国旗が翻っていた」というのは、このことに基づいているのであろう。さらに地域住民の信仰の対象であり、また商業や市の神である「夷神の社」が、このような「岬の教会」に衣更えを行なったことは、夷神自身の本性によっていると考えられる。なぜなら偶像としての夷様の代りに、生きた異国人たちがこの地の主人におさまったからである。また、この地が聖域・平和領域であったからこそ、ポルトガル人たちの居留地でもありえたのである。

こうして聖地「森崎」という古い基層の上に、国際的交易の中心地・南蛮貿易港という新たな歴史的構築物が積み重ねられ、この地は大きく飛躍して行くことになる。

ところで、ヴァリニアーノが一五八三年十月に著した『日本諸事要録[12]』によれば「この岬の先端に我等が修院があり、それは町の他の部分から離れて要塞のような状態になっている」とある。これは一つには、天正八年（一五八〇）六月の段階で決定していた教会領長崎の武装要塞化方針[13]が、執筆当時この程度まで現実化していたと理解できる。

しかしこの記録の背後には、「南蛮貿易」を軸に社会的諸関係をとり結んでいた都市長崎の住民たちと、聖堂内を居留地とするポルトガルの冒険商人たちとが、岬の高台において「棲み分け」を行ない、両者の間に一種の緊張関係、潜在的敵対関係が存在していたことも同時に読み取っておかなければなるまい。

イエズス会士たちがさまざまな機会に強調しているように、ポルトガル人の風俗・習慣と日本人のそれとは、全く反対であった[14]し、言語が不通であったことから、両者の間には争闘・喧嘩がほとんど絶えることなく続いていた[15]。つまり「南蛮貿易」とはM・ウェーバーの言う「異習俗集団相互間の現象[16]」の典型であったと考えられる。

一方、イエズス会士たちの宗教者としてのあり方、あるいは「岬の教会」が古くからの「聖地」に建てられたことなど、宗教的・伝統的な威力によって、イエズス会士たちはこの潜在的敵対関係にある両者の上に「仲人」「通訳」として立ち、両者を結びつけることができたのである。しかしここで新たに登場する問題は、イエズス会士たちと「六丁町」の住人たちのどちらが社会的に優位に立っているかである。都市長崎の住民たちとイエズス会士たちの力関係を大きく転換させるきっかけは、天正八年（一五八〇）の大村氏による長崎・茂木両地域領の上級領主権のイエズス会への寄進であった。

すでに別稿[17]で述べたとおり、この大村氏によるイエズス会への教会領長崎の寄進は、長崎現地における佐賀領化の志向と拮抗しつつ、龍造寺氏との結び付きを強めようとする在地の動向に楔を打ち込むものであった。それゆえ寄進の前後かなりの間、大村氏・イエズス会に対して、都市長崎の自治の担い手である頭人《とうにん》中が快く思わない状態が続いていた。

こうしたイエズス会と頭人中との対立関係を転換させ、長崎が名実共に教会領になり、イエズス会側が頭人中に対して優位に立つことは、どのようにして可能となったのか。イエズス会側が頭人中に対する支配を貫徹させるためには、どのような具体的な歴史が必要だったのか。あるいは、すでに決まっていたイエズス会による教会領長崎の武装軍事化の方針の具体化には、どのような事件がきっかけとして必要であったのか。

以上のような疑問を解決するために、本稿では都市長崎の歴史的展開を考察する上で重要で、教会領長崎の成立のきっかけとなった事件として、天正九年（一五八一）に教会領の長崎で起こった事件をとりあげて考察したい。この事件の主な骨組は『イエズス会日本年報[18]』（Cartas de Iapao[19]）の中の日本布教区の上長でインド副管区長（Vici provincial）であるパードレ・ガスパル・コエリュの書簡から知ることができる。この他、この事件の痕跡を示す史料として、江戸時代になって編纂された、いわゆる「長崎旧記類」の存在も挙げることができる。これらの分析を通じて、①イエズス会士たちが暴力的に「神の平和」の理念を教会領長崎の人々の間に持ち込み、人々に西欧におけると同様な「神の平和」の誓約を強制したこと、②またこうして成立した長崎に西欧中世と同様なコミューンが成立したことが明らかになるであろう。

しかしこの事件の本質は、その前年の天正八年、大村氏による教会領長崎の寄進により名目的な上級領主権を手にいれたイエズス会が、都市長崎の自治の実質的な担い手である頭人中と、この事件を通じて初めて接触し、両者間に一定の支配・服従関係が成立したこと[20]、さらにそのことによりイエズス会が名実共に教会領長崎の支配者になったことにある。

一　事件を伝える史料

天正九年（一五八一）に教会領の長崎で起こった事件を知るための主要な史料は、『イエズス会日本年報』に同年の報告として収められていた「一五八二年二月十五日付、長崎発、イエズス会総会長宛、パードレ・ガスパル・コエリュ書簡」、特にその中でも「長崎及び大村のカーサについて」との表題のある一節の第二パラグラフの部分である（後出）。

この他、この事件の痕跡を示す史料として、江戸時代になって編纂されたいわゆる「長崎旧記類」の存在を挙げることができる。「長崎旧記類」としては**イ**『長崎縁起略件』（筑紫長崎縁起[21]）、**ロ**『長崎邑略記[22]』、**ハ**『長崎実録大成補遺[23]』等々がある。なお、本稿の構成としては、第二節から第四節までは、『イエズス会日本年報』の分析に当て、「長崎旧記類」は第五節で取り扱う。第五節では「長崎旧記類」を含めた他の日本側の史料を取り上げるが、史料はそのつど取り上げることとする。つまりそこでは諸記録の断片を取り集めて、一つの歴史像を形成するという方法を取るが、同時代の記録として史料的価値の高い『上井《うわい》覚兼《かくけん》日記』の記事と、これら「長崎旧記類」等とが矛盾なく理解できることに注目すべきであろう。

まず最初に、日本側の史料を取り上げて、論じたい。

1　「長崎旧記類」（（　）内は引用者注。以下同じ。）

イ　天正九年十月、当地古来ノ神宮寺ト云寺ヲ、彼吉利支丹共、謀計ヲ以、焼之、天ヨリ自然ト焼亡スト罵リ、当地ノ者共不残、耶蘇宗門ニ極メケリ、

ロ　天正九年、正法（仏教徒のこと）ノ者一人モ長崎ニ出入ナラザル様ニ、奇観（キリスト教会のこと。道教の教会・修行道場を「道観」という）ヨリ法度スル也、

ハ　天正九年十月、今ノ諏方社安禅寺ヨリ馬町マテニ境内広ク構ヘタル神宮寺ト云フ大寺ヲ蛮賊等謀計ヲ以テ焼却シテ、天ヨリ自然ト是ヲ焼亡スト訇リ、諸人ヲ扇惑〆己ガ宗ニ勧入レ、神宮寺ノ支院末坊八十余個所其外神社迄モ追々破却セリ。

これら「長崎旧記類」はすべて、長崎の住民たち自身の記憶に基づいたもので、彼ら自身の自分史でもある。ところで長崎の住民たちは「正法」から「耶蘇宗門」への集団改宗と、集団棄教して再び「正法」へという屈折した歴史を経験していた。ここから、彼等自

身どのような形で自分たちの過去を記憶していたのか、彼らが持っていた歴史意識とはどのようなものだったのか、等々、大変興味ある問題に直面することになる。

本稿の考察の結果が示すように、長崎の住民たちは天正九年に「耶蘇宗門」へ集団改宗を行なったはずである。とすれば、**イ・ロ・ハ**等々の記録はその集団改宗に関する記憶に基づき、その改宗のきっかけとなった出来事と密接な関係にあったと思われる。しかしこれら旧記類にある言葉がすべて〈奇観の法度〉や〈彼吉利支丹共の謀計〉と、出来事を外在的に捉えていることに注目すべきであろう。これこそが江戸時代の長崎人の歴史意識であった。

少し長くなるが次に村上直次郎訳の『イエズス会日本年報』の記録を掲げる。（立論の必要から、見やすいように適宜改行した。仮名遣いはママ）

2 『イエズス会日本年報』

当所において起つた一事件は、一ポルトガル人と日本の僕一人のことであつた。この青年の父が同所の頭立つた他の日本人に殺されたため、青年は復讐を企てたが、相手は非常に勇猛で力強いので、その気づかない折を見計つて、側方から剣をもつて彼を刺し、直に聖堂（岬の教会）に逃込んだ。傷を受けた者は抜刀を提げて非常な勢で追跡し、小銃の着弾距離に在つた聖堂内で追付き、これを斬つて両人ともに倒れたが、死に瀕して告白をなし、互に罪を宥し、悔悟の意を表して救はれる兆を示した。

この騒を聞いてポルトガル人及び日本人等が武器を執つて駈けつけ、ポルトガル人は住院（イエズス会の修院）に入つたので、パードレ（神父）は破壊を防ぐため、直に戸を悉く閉づることを命じた。外には多数の日本人が集り、その中には最初に傷を受けた者の兄弟一人と多数の親戚及び友人がいた。

この人達はポルトガル人がカザ（修院）内でその兄弟を殺したと聞いて非常に憤り、戸を開けよと叫んだ。騒擾が大きくなり、彼等が激昂の余り暴力を用ひて侵入し、かくの如き場合に通常であるやうに、大なる不幸の起らんことを懸念し、パードレは事の顚末を詳に語らせた。

事件の確実なる始末を聞いて彼等は全く鎮つたが、聖堂は荒され、強いて侵入せんとして不敬を行つたことが、貿易時期にして、異教の商人等が日本の各国から来集した際であつたため、ビジタドール（巡察師）はこのことを重大視し、キリシタンならびに異教徒等に聖堂を尊敬すべきことを覚らせる必要を感じた。

そこで、同夜長崎のキリシタン中最も身分高く有徳なる人を招いて、言葉少く聖堂に対して行はれた不敬の甚大なることを語り、これを破壊して地に委することを命ずる意向を伝へ、また殊に遺憾とするは、パードレが日本のキリシタンを愛し、そのために多くなさんと欲するにかかはらず、彼等が聖堂に対してかくの如き不敬を行ひ、同地のポルトガル人及び異教徒にその短所を示したことである、もし豊後及び都のキリシタン等がこのことを聞いたらば、彼等に対する信用と尊敬を失ふであらうと述べ、彼等がかくの如き者である以上、彼は一日もこの地に居ることを欲せず、早朝出発して有馬に赴き、祭壇の木彫の画像と装飾を聖堂より持出すであらうと言つた。

パードレはこの突発事件に関して彼等の責任が少かつたことは認めてゐたが、この新しいキリシタン教会にかくの如き事件の重大であることを覚つて遺憾と思はせる必要を感じたのである。市の重立つた人達は翌朝になつて、パードレがかのキリシタンに語つたことを聞き、彼が忽ち去り、聖堂は画像及び装飾を取除かれ、これを護る者もなくなることを知つて非常に悲しみ、パードレのもとに行つて同所に留まらんことを請ひ、如何なる贖罪も命令に応ずる旨を述べた。

而してこのことにつき責任者ありとすれば、死者の兄弟及び親戚ならびに同じ街の居住者であると考へ、直に彼等一同を市より追放し、妻子も市内に留めざることとした。異教徒等はこれを見て聖堂の大いに尊敬すべきことを覚り、市の人は皆非常に驚き且怖れた。つぎに聖堂を清掃修繕し、床を新にし、日本の習慣により畳を取換へた。

このことを終つて有馬滞在中のビジタドールのもとに使者を出して宥を請ひ、この上の贖罪をもなすべしと申出て、従前どほり聖堂においてミサを行はしめんことを願つた。パードレは少しく満足せることを示して彼等を帰らせたが、事は非常に重大なるをもつて、彼が準管区長と共に長崎に帰るまではその希望に応ずることは不可能であると言つた。

十五日を経過してパードレは長崎に帰り、同所にゐたパードレ及びイルマン一同荘厳なる行進 procissão を行ひ、無数の人がこれに参加した。行進が終つて説教をなし、聖堂を大いに尊敬すべきことを説き、人間の血を流したために聖堂が汚されたことを述べた。終つて市の重立つた者一同が聖堂を尊敬し、今後聖堂に逃げ込んだ者の自由と特権を尊重し、暴行者に対して聖堂及びパードレ等を守護すべきことを公に誓つた。

ついでパードレは荘厳なるミサを歌ひ、聖堂を祝福し、日本人及びポルトガル人皆大いに感激し、多数の人は信心の涙を流し、この事件によつて彼等が得た利益は多大であつたと語り、この式に列するを得たることにつき我等の主に感謝した。パードレはつぎに追放された者を悉く赦してその家に帰らせたが、男子はまず聖堂において公にヂシピリナを行ひ、前と同じ宣誓をなし、諸人の赦を請ふた。午後には一同パードレの帰還を喜んで大いに祝し、彼等を赦した恩を謝した。

3 『イエズス会日本年報』の史料批判

この記録に記されている事柄を、目に見える行為（これを〈身体行為〉と名付ける）の部分と、修院内における「告白」や教会前の広場での「誓約」のような言語を用いる行為、

「ビジタドール」の発言や思考内容など、言語によってのみ知ることができる事柄（これらを共に〈言語行為〉と名付ける）の二つに分けて考えた場合、当記録には次のような特徴があることに気が付く。

（イ）この記録に登場する諸個人の〈身体行為〉の取扱い方は、一見「因果律」に基づいているかに見える。しかしその連鎖は時たま分断され、そこに〈言語行為〉の記録が大きく挿入されている。すなわち、当記録の特徴の第一は〈身体行為の非完結性〉である。

（ロ）一方〈言語行為〉に関して言えば、当記録において最も大きなスペースをとっているのは、イエズス会士、中でも「ビジタドール」の発言や思考内容であり、また当記録の中心は「告白」と「誓約」の二つである。しかもこれらは共に〈言語行為〉そのものである。つまり、当記録の特徴の第二として〈言語行為の重視〉を挙げることができる。

（ロ）の〈言語行為の重視〉をその「行為主体」から眺めた場合、主体としては当然「ビジタドール」を中心とするイエズス会士たちが登場している。しかし一方、このイエズス会士たちは同時に、人々を「告白」「誓約」行為の主体に育成していくものとしても登場している。すなわち、イエズス会士は言語行為の主体であると同時に、人々を言語行為の主体に作り上げていく主体形成の主体でもあった。

つまりイエズス会士たちは自らの姿に似せて人々を作り変えていく主体でもあった。それゆえ当該記録には、中心部分にはイエズス会士が、周辺部分には「告白」や「誓約」を行なう人々が、さらにその外縁部分に言語行為と無縁な人々が配置されるという構造が存在し、記録の中核部分には中心的な価値が存在しているとなる。

もちろんこの場合、中核部分にあるものはキリスト教的な「価値」である。ここから肉体よりは精神を、表に現れる外面的・身体的な行為よりは目に見えない内面的なあり方を、行為の結果よりは意思や思考内容等々を重視すること、すなわち〈言語行為の重視〉が出てくるのである。以上からイエズス会士の記した当記録に、前述した第二の特徴が（ロ）見られるのは当然であろう。

〈言語行為の重視〉あるいは、その行為主体としてのイエズス会士、中でも「ビジタドール」の存在、あるいは「告白」「誓約」を通じて人々に主体性を育成して行く、特殊な権力としてのイエズス会のあり方等々が示していることは、キリスト教的歴史観の下での〈主体〉ということである。しかし、我々がこの研究において行なうべきことは、かかるキリスト教的な主体をできうる限り制度の問題や場の論理に還元した上で、出来事を再び歴史のなかに甦らせることである。

ところで引用した当記録の直前部分[24]で、記録者コエリュは、次のように述べている。

日本の風俗は大いにわが風俗と異り、新しき地にして、わが宗教のことを全然知らざる者の間に在って、我等が驚き、また感激する事件が度々起ることは、当然である。

すなわち、当該事件がイエズス会士によって記録の対象に選ばれたことは、この事件が総体として、イエズス会士たちに「驚き」や「感激」を与えるものであったことを意味している。〈事実〉と〈価値〉という言葉を用いて述べるならば[25]、イエズス会士たちにとって、この事件は「事実から価値が導き出される」あり方だったことは明白である。

しかしながら一方、「因果律」に従う限り、〈事実〉からは〈事実〉しか導き出すことはできないはずである。〈事実〉を〈価値〉に到達するための機会・契機に置きかえることができたとき初めて、「事実から価値へ」が可能となる。それゆえ、当記録の第一の特徴〈身体行為の非完結性〉は、この「事実を機会へ置きかえた」結果なのである。

こうした偶因論的・機会原因論的世界理解が可能であるためには、例えば「不動の動者」のような主宰神の観念や、目的論的世界観が不可欠の前提であった。それゆえ出来事の全体からみれば、当記録に記された事柄は、「より大いなる神の栄光のために[26]」という観点によって切り取られた出来事の一部分であるにすぎないとなる。それゆえ、当記録が「驚き」と「感激」とを記して終っているが、本稿第五節で述べるように、出来事はさらに出来事を生んでいるのである。

二　事件の登場人物

事件の発端は、『イエズス会日本年報』に「一人の日本人の僕」(hun moço Iapaõ)とある人物(これを「甲」と名付ける)が、過去に行なわれた甲の父に対する殺害事件を、彼自身に対してなされた犯罪として捉え返し、加害者つまり甲の父を殺し、甲から父を奪った「他の日本人」(outro Iapaõ)(これを「乙」と名付ける)に対して、自力救済を企てたことにある。ここでは立論の都合上、まず最初に「乙と彼の縁者たち」の説明を行ない、次いで「甲と彼の縁者たち」の説明を、最後に「イエズス会のメンバー」の説明を行なっていきたい。

1　都市長崎の頭人

乙に関する説明として、当記録には「彼は当地の principaes の一員であった」とある。[27]さらに他の部分から、乙には「一人の兄弟」(hum irmão)と「多くの親族や肉の朋友」(muitos parentes & amigos)(これらを「乙の系族」と名付ける)がおり、乙は彼等と共に「同じ街」に住んでいたことがわかる。ここから乙及び乙の系族は都市長崎の「住民」(moradores)となる。ところですでに別稿[28]で述べたように、当時の都市長崎は、堀と石垣で囲まれた環濠城塞都市であり、自律的な都市法を持ち、「都市の平和」が自治組織たる頭人中によって維持されていた。それゆえ、当該集合名詞principaesは、都市長崎の自治の担い手「頭人中」[29]のポルトガル語訳と考えることができる。

つまり乙は頭人中のメンバーの一員の「頭人」であり、都市長崎の有力者、門閥の一人で、地侍的な身分に属していたと考えて誤りないであろう。さらに、乙及び乙の系族は都市長崎の「住民」として、都市内部で定住生活を営み、都市の自治組織を担う存在として、「頭人中―乙―乙の系族」のような法秩序の下にあったと考えられる。

2　ポルトガル人グループと下人

乙の人物像がかなり明確であるのに対して、甲の人物像やその係累に関して、当記録はぼんやりとした印象しか与えてくれない。それは、当記録の書き出しの部分に論理性・整合性が欠けており、記録者の意識に混乱が見られるからである。当記録の書き出しの部分には「当所において起こったことは一人のポルトガル人に関わることであった」(Neste lugar aconteceo, que está do hum portugues)とあり、「一人のポルトガル人」(これを「丙」と名付ける)の存在が大きく呈示されているにもかかわらず、この文章自身においても、また当記録文全体においても、当の「丙」が主語としても目的語としても二度と登場していない[30]。

つまり、当記録の書き出しの部分は、Neste lugar aconteceo, que está do hum portugues とあった後で、直ちに & hum poço Iapaõ と続き、「丙」を呈示しながら、直ちに「甲」へと連続しているのである。このことは、甲の起こした当該事件を、記録作成者がまず最初、丙に関することとして意識したことを示している。こうして甲に関して丙が連想されたことは、甲が丙の「僕」であったことの暗示だと解釈するのが一番自然であろう。後述するように、当該事件の主要な骨格は、個人の問題が彼の所属する集団の問題に、小集団の問題が大集団の問題に転化する[31]パターンの繰返しによっている。それゆえ「僕」である甲に対しても、彼を保護・監督すべき「主人」の丙が、記録上では事件の展開の最初に登場したと理解することができる。以上から、この丙は甲の主人と考えることとする。

なおこの丙は、次の場面では「ポルトガル人グループ」(portugueses) の一員として舞台に登場してくる。彼等は教会領長崎の武装要塞化の政策により、その常備軍としてイエズス会に雇われたポルトガル人傭兵であった可能性も否定できないが、事件の起こった時期が、ちょうど「貿易時期にして、異教の商人たちが日本の各地から来集した際であった」とあるから、彼等はポルトガルの冒険商人たちの可能性の方がより大きいと思われる。それゆえ、当論文では「丙はポルトガルの冒険商人」だと考えて考察を進めて行くこととしたい[32]。

なお、彼等ポルトガル人たちがグループとして行動しているのは、彼等が属人法主義的な法団体を形成していたからである。かかる法団体はすでに岡本良知[33]が明らかにしたように、カピタン＝モール制と相互補完的な関係にあり、ポルトガル国王によって任命されたカピタン＝モールは、マカオ—日本間の一航海毎に、航海・貿易の凡てを支配すると共に、貿易船に乗り込んだ人々や、貿易船の寄港地の凡てのポルトガル人に対して、国王の代理として支配権を行使したのである。それゆえ、甲は「カピタン＝モール—ポルトガルの冒険商人—丙—甲」という法秩序の下におかれていたと考えることができよう[34]。

登場人物中、恐らく武器を一切身に付けていなかったものに、イエズス会士を挙げることができる。頭人である「乙」も「乙の系族」も、また冒険商人からなる「ポルトガル人グループ」もみな、「刀（espada）」を携えており、彼等三者はいずれも「抜刀を提げて」舞台に登場した。武力行使権（武器権 Waffenrecht）[35]を備えている点において、彼等三者は、ほぼ共通した社会的身分に属していたと考えられる。

これに対して、乙を「親の敵」として、相手の隙を狙い、敵討ちの機会を窺っていた甲が携帯していたものが、わずかに「短剣（hum punhal）」のみであったことは注目に値する。この武器の差こそは、戦国期の日本社会における身分制秩序の中で、ポルトガル人の僕である甲が、乙を始めとする他の登場人物と明白に区別され、彼等によって差別された「下人《げにん》」身分に属していたことを、最も象徴的に示しているのである。

い。

3　イエズス会の勢力

当記録に「同所にいたパードレ及びイルマン一同」(com todos os padres, e irmãos que ali estavão) とあることから、事件当時長崎にいたイエズス会のメンバーには、パードレとイルマン(修道士)がそれぞれ複数いたと考えられる。しかし当記録の直前のパラグラフ[36]には次のようにあり、事件当時、長崎担当のイルマンの数は一人であった可能性が大きい。

長崎のカザには、パードレ三人とイルマン一人がいてその世話をなし、また日本人のイルマンが三人説教をするため、ノビシャドから来る筈である。このパードレ達は周囲に五十以上の村を有する数レグワの地を管轄して巡視教化をなし、また諸儀式を行なふのである。

ところで、当記録の書き出しの部分「当地において起こった一事件……」が意味していることは、巡察師(Visitador)ヴァリニアーノがこの年、日本布教長で、さらに副管区長(Vici provincial)でもあるガスパル・コエリュと共に「下」教区内を巡回の途中「長崎=有馬地方に滞在していた際に起こった一事件は……」として述べているのである。この巡回中に数人のイルマン等を伴っていた可能性もあり、当地方を担当しているパードレ三人、イルマン一人からなるグループとヴァリニアーノ、コエリュを中心とする巡視団グループとの合計が、当該事件当時のイエズス会の全勢力であった。

イエズス会は「上長に対する絶対服従」を組織原理とし、ピラミッド型の命令系統をもつ軍隊的組織であった。それゆえ当地区を担当していたパードレ三人、イルマン一人からなる小世界においても、上長である一人のパードレと、彼の指揮下に入る二人のパードレと一人のイルマンという、ピラミッド型の命令系統が存在していたと思われる。しかしながら、この上長もまた彼等全体の総指揮権をもつ巡察師や副管区長に対しては絶対服従をしなければならなかった。それゆえ「巡察師―副管区長―地区担当イエズス会士たち」という支配・服従関係が、当該事件に際しても成立していたと思われる。

当記録が与える印象として、当該事件の前半部分、つまり敵討ちに端を発した聖堂狼籍事件においては、イエズス会の対応は全く受身であるのに対して、事件の後半部分においては、これとは全く逆に、イエズス会の積極的な姿勢が明白である。しかも、当該事件の後半部分に登場する「パードレ」(単数)は明らかに「巡察師」(padre Visitador)を指している。つまり当該「ビジタドール」のみがイエズス会全体の意志を代弁し、彼の強い意志が事件の新たな展開を押し進めたということができるのである。

このように「ビジタドール」の意思・思考内容・発言・行動等々に、記録の対象が集中し、「ビジタドール」の主体性が一人鮮やかであるのに対し、彼を除いた他のイエズス会士たちは、総体として没個性的で集団的な一体性を備えたものとして舞台に登場している。当該記録の作成者自身もまた、自己を第三者的に「副管区長」という言葉で記述しているのみである。このことは前述したイエズス会の軍隊的組織をそのまま反映したものであろう。こうしてイエズス会は、当事件に際して「ビジタドール」以下一糸乱れぬ統制下に集団的・組織的に行動することができたのである。

以上より、当該事件に際して、舞台に登場したイエズス会士たちを図式化して示せば、次のようになろう。なお、当該事件の前半部分で「パードレは破壊を防ぐため、直ぐに戸を悉く閉づることを命じた」とか、「パードレは事の顛末を詳に語らせた」とあり、修院内でパードレは人々を使役する立場にあったことが明らかである。それゆえ、イエズス会の勢力としてはこの他、数人の同宿の存在も想像することができる。

巡視団グループ

巡察師ヴァリニアーノ——副管区長コエリュ——他

長崎地区担当グループ

上長のパードレ——パードレ二人・イルマン一人

「ビジタドール」一人が主体的で、他の人々がすべて没個性的・集団的であること等々の原因は、前述したイエズス会の軍隊的組織の他に、ヴァリニアーノが教会領長崎に対して懐いていた次のような問題意識も、無視できないと思われる。すなわち、天正八年四月二十七日（一五八〇年六月十九日）大村純忠の寄進によって、教会領長崎が成立した直後の同年六月二十日（西暦）にヴァリニアーノが作成した「日本布教長内規(37)」には次のようにあり、教会領長崎の武装要塞化の方針を確認することができる。

キリスト教界とパードレ達の利益と維持のため、通常ポルトガル船が入港する長崎港を、充分堅固にし、弾薬、武器、大砲その他の必要なものを配備することが、非常に重要である。同じように、茂木の要塞を整備して、確かなものにすることが重要である。

つまり、イエズス会側はこれから述べていくように、敵討ちに端を発した聖堂狼藉事件を、逆に積極的な契機に転化させて、教会領長崎の地に「神の平和」の樹立を成功させるのだが、当該事件の特に事件後半部分の展開の過程は、この武装要塞化という既定方針の具体化としても捉えることもできよう。

三　事件の発端

1　敵討ちと返討ち

一般的に考えると、「復讐」は仁井田陞[38]の言うように「個人対個人の報復であるよりは、しばしば、部族、親族または家族等の団体による報復としてあらわれ」る。勝俣鎮夫《かつまたしずお》もまた「国質・郷質についての考察[39]」において集団的報復が日本中世を通じて広く存在していたとした。しかし当該事件においては、故戦者・甲が仇敵・乙に対して最初の一撃を加えるに際し、甲は全く孤立無援で、「集団による報復」という要素を欠いていた。

それは、事件の遠因たる乙による甲の父殺害という事実が、狭く甲一人の個人的な問題という水準に止まったままで、広く丙なりポルトガル商人団全体の問題にまで高まりえなかったことによっている。甲が孤立無援であることは、甲がカピタン＝モールを頂点とするポルトガル商人団の形成する属人法主義的な法団体から排除されており、甲とポルトガル人・丙との関係が、個人的な「主＝僕」という関係にすぎず、さらにこの「主＝僕」関係は、相互に信頼し・扶助し合うという義務を負うものでなく、連帯責任の片務性にこそその特徴があったこと等々によっている。

もしも甲の主人・丙が、当該事実を自分自身に関わる、あるいはポルトガル人の寄留者全体に関わる問題として採り上げていたなら、事態は異習俗集団相互間の平和的交渉という形をとって展開し、問題は解決の糸口を摑んでいたかもしれない。あるいは逆に、丙のみならずポルトガルの商人団全体と、乙及び乙の系族全体との全面的武力対決という形に、事態は進展していたかもしれない。しかし現実の進行はこのいずれでもなかった。

しかも「都市の平和」を考えるなら、六丁町の内部で、人もあろうに都市門閥の一人である乙を相手に傷害・殺戮に及ぶ行為自体、反社会的・反秩序的な公的犯罪として、全人民的反撃を受けるに値するものであった。それゆえ甲が自己の実力行使のみを唯一の手段として、甲の父殺害という過去の侵害に対する回復請求を、直接、下手人・乙に対して敢行する「自力救済[40]」としてのこの敵討ちは、文字通り「孤独な賭」だった。甲は乙の「気づかない折を見計って」離れた所から懐剣で彼を刺し「直に聖堂に逃げ込んだ」のである。

一方、乙は都市長崎の頭人として、ポルトガル人・丙の僕・甲と比較した場合、はるかに優越した社会的地位と実力とを備えていたばかりか、肉体的にも「非常に勇猛で力強い」人物であった。それゆえ、襲撃を受けるや直ちに反撃に転じ「抜刀を提げて非常な勢で追跡し、小銃の着弾距離に在った聖堂内で追付き、これ（=甲、引用者注）を斬っ」たのである。この際、注目しておくべき点は、乙の叫び声を聞いて現行犯である甲の追捕・殺害に応じたものが[41]、乙の系族のみならず、多数の日本人、恐らくは都市長崎の住民たちであった事実である。

このことは、都市の住民たちが一つの平和団体を構成しており、当該団体内部においては復讐は禁止され、相互に信頼し、扶助し合う義務があったからであろう。こうして故戦者・甲が「孤立無援」であったのに対し、防戦者・乙には、連帯責任の相互性という観点から「多数の人々が助力する」という際立った対比が存在していた。

2 「聖堂の平和」と走入り

ポルトガル人・丙を主人にもつ日本人の僕・甲は、都市長崎の内部で都市門閥の一人である乙を「親の仇」として刺した。この不意打ち攻撃の後で、乙の反撃を受けた甲は聖堂つまり「岬の教会」の敷地内へ、さらにはイエズス会士たちの住まう修院の内部へと逃げ込んだ。この「聖堂内への走入り」という行為自体は、乙に対する敵討ちの首尾の如何にかかわらず、甲にとっては予め計画されていたと思われる。なぜなら、長崎の六丁町から離れ、要塞のようになっている聖堂の敷地こそは、古くからの伝統的な平和領域であり、アジールとしてそこに逃げ込んだ人々を保護し、すべての暴力行為の禁止されている「聖地」でもあったからである。

さらにこの聖堂の敷地が、主人・丙を含むポルトガル人たちの居留地であったことから、当該走入りは殺人や喧嘩、盗賊等の犯罪を犯した被官人が主人の在所に走入りを行なうという、多くの戦国諸家法が想定しているケース(42)とほぼ同一構造をもった「走入り」と考えられる。それゆえ聖堂の主人であるイエズス会士なりポルトガル人なりが、「中人《ちゅうにん》」(43)として甲・乙両者間の紛争の仲裁を行なうことが期待されていた。しかし甲の走入りと乙の追跡とを受けた聖堂の敷地内は、乙の系族を含む多数の日本人が武装して集まっていた。わずかに甲・乙両人共に倒れた修院のみが、アジールとしての機能を保ちえたが、それとて、ポルトガル人グループの直接的武力に支えられていたのである。

この乙の系族を含む多数の日本人側の「現行犯に対する家宅捜査・逮捕の要求」に対して、修院内の平和やアジールとしての機能が、ポルトガル人たちの武力によってのみ支えられていたことは、都市住民の聖堂に対する尊敬の気持ちの度合いを示すものとして、記憶されなければならない。少なくともイエズス会側としては、伝統的な聖地としてや一般的な「家の平和」としてでなく、「聖堂の平和」そのものを主張する立場にあったと考えられる。

一方、この主張が全く踏みにじられていることにも注目すべきである。つまり聖堂の敷地内は、聖域・無縁の地・アジールというよりはむしろ、修院の建物を中に挟んで外側には乙の系族や多数の日本人が、またその内側には丙を含むポルトガル人グループが、互いに武装して相対峙する対決の場となってしまった。つまり本来潜在的な敵対関係にあった都市の住民たちと、聖堂内の寄留者集団との全面的対決の場となったのである。

当該武装対決は、パードレたちが「騒擾が大きくなり、彼等(=乙の系族等。引用者注)

が激昂の余り暴力を用いて（修院内部へ）侵入し、かくの如き場合に通常であるやうに、大なる不幸の起らんことを懸念」するまでに至った。乙の系族等の激昂の原因は「ポルトガル人がカザ内でその兄弟を殺したと聞い」たことにあった。

ところで勝俣鎮夫が明らかにしたように、中世の武士の家においては、その屋敷内に入り込んだ人々に対しては、家父長による「イエ刑罰権」の存在が考えられている。(44) ここから修院内部に入り込んだ乙に対して、ポルトガル人たちによる刑罰が執行されたと修院の外側にいる人々が考えたとしても、さほど不思議ではなかったであろう。それゆえかかる平和侵害に対して、咄嗟の措置として「ポルトガル人が乙を打ち殺す」という、当記録では「噂」として記されている出来事の可能性の否定はできない。

乙の当該事件での行為の全体像、すなわち不意打ち攻撃を受けた直後に反撃し、追跡・斬殺を行なったことは、現行犯に対する不可避的行為として必然的に貫かれている。しかし、それと同時に、斬殺した場所が正しく聖堂内部であったことから、逆にポルトガル人によって殺害されるのも不可避的であったとなろう。

甲が聖堂内に走入りを行なったことの背景にも、また乙がポルトガル人グループによって誅殺されたとして、乙の系族が「非常に憤」ったことの背景にも、聖堂なり修院なりが一個の独立した法圏だとの考え方が、共通して見られる。少なくともイエズス会側は、これを「聖堂の平和」として捉え返そうとしていたと考えられる。しかし、現実の事件の進行においては、聖堂の権威はほとんど認められず、伝統的な聖地としての平和領域というあり方や、それを支える宗教的タブーはほとんど解体し、死に瀕していた。

3 縁切りの場＝結縁の場

修院（カーサ）内はもちろん、聖堂の敷地内はすべて、寺院や神社の境内と同様な「聖地」であり、内部での殺生や乱暴狼藉等々は禁止されていた。このような〈平和領域〉を網野善彦は〈縁切り・無縁〉の場と述べている。[45] つまりここでは、人々の生活を構成している世俗の諸縁が切れ、人々を制約していたさまざまな絆から人々が自由になることができるというのである。

聖堂の敷地内や修院の内部がこのような〈縁切り・無縁〉の場であったとすれば、かかる場所そのものの性格として、外部の争いを内部に持ち込むことは拒絶され、厳禁されていたはずである。それ故〈甲の走入り〉とそれに続く〈乙の抜刀を提げての乱入〉、〈修院内での甲の斬殺〉という形態をとって、聖堂の外・六丁町で生起した甲・乙両人の紛争が聖堂内部に持ち込まれたことに対して、聖堂側はどのように対応したのであろうか。

聖堂側のとった対応には、単に乙の系族を含む多くの日本人たちの修院内部への立入りの阻止に留まらず、甲・乙両人、中でも乙に対して〈彼等の行動は平和の侵害であり、聖域侵犯である〉との強力な非難と、かかる犯罪に対する何らかの積極的な対抗措置の行なわれた可能性は非常に大きい。それゆえ先に見たように、咄嗟の措置としてのポルトガル人グループによる乙の殺害、つまりポルトガル人たちによる「イエ刑罰権」行使の可能性を否定することはできない。

ともあれ、六丁町で発生した紛争が聖堂内部に持ち込まれる際の問題が、何らかの形で解決されたとすれば、次の問題はかかる〈無縁〉の場における甲・乙両人の立場はどうなったのかである。六丁町において、出来事は〈人の僕・甲が都市門閥の乙を刺した〉であった。それゆえ甲の行為は全人民的反撃を要する反社会的・反秩序的な犯罪となり、甲は「孤立無援」であり、一方乙には「多数の人々の与力」という対比が成立していた。

これに対し、〈縁切り・無縁〉の場である聖堂や修院の内部においては、乙からは頭人という社会的な名誉や尊厳が奪い取られ、〈神の前での平等〉の原則により、乙は甲と同列に取り扱われることとなった。つまり修院の内部では、修院の主人であるイエズス会士を前にして甲・乙両人が平等な立場で互いに相対する形になった。それゆえ〈無縁〉の場への走入りは、甲には大きな利益をもたらしたはずである。

これまでは〈縁切り・無縁〉という観点から、当該事件を検討して来た。しかし「磁場」に置かれた鉄が「磁気」を帯びるように、〈平和領域〉では〈縁切り〉が行なわれるのみならず、その内部に入り込んだ人々に対しては新たな縁を結び、今までとは異なる者への変身が強制されていた。つまり〈縁切り〉の場は同時に〈結縁〉の場でもあった。

〈平和領域〉において、世俗の諸縁「からの自由」が許されているとすれば、新たな縁「への自由」という問題も考えなければならない。それゆえ一般的な〈平和領域〉ではなく「聖堂の平和」が貫徹する特殊な〈平和領域〉としての聖堂の敷地内には、その場に固有な法としての「教会法」がいわば属地法主義的な形で存在していたのである。

この〈結縁〉の場という観点から当該事件を再構成して行くと、甲・乙両者に対してはキリスト教徒としての受洗の有無、またはその意思の有無にかかわりなく、また受洗という儀式をも超越して、〈聖堂なり修院の内部にいる〉というただそれだけの理由から、両者は共にキリスト教徒として処遇され、またイエズス会士の指導下に置かれることとなったことを、まず確認する必要がある。

こうして甲・乙両人に対して、いわば属地法主義的な形で、キリスト教徒への変身が強制されたことは、両人が共に新たに教会法の支配下に置かれたことを意味し、両人に対してイエズス会士が「司牧者[46]」として臨んだことを意味している。ところで司牧者というものが本来、個々人の個人的な救済を目指していたことから、イエズス会士を前にして甲・乙両者が相対峙する場面においても、主人であるイエズス会士が重視していたことは、事件そのものではなくして、むしろ当該事件を契機として、各人の霊魂の救済に向けての教導をいかに行なうかであったはずである。

このため修院内部の出来事においては、甲・乙両当事者間の相互に主張の応酬が見られないばかりか、事件そのものを第三者が客観的に判断するという要素にも欠けていたのである。つまり、事件そのもののもつ因果的諸関係は軽視され、むしろ当該事件にはキリスト教的な価値である霊魂の救済に至るための一つのきっかけ、機会としての位置付けが与えられた。その結果、事件そのものよりはむしろ、事柄の背後にあるより高次元の精神的価値の方へ、主要な関心は移っていってしまった。

このようにして、偶因論・機会原因論(47)の立場からイエズス会の介入が行なわれた。その結果、甲・乙両人の相互的継続的な自力救済行為からなる事件の因果律的連鎖はバラバラに分解させられ、イエズス会士と甲・乙両人との関係は、裁判官のような「客観的な第三者と紛争中の両当事者」よりはむしろ「聴罪師と告白者」のあり方に近付いたのである。キリスト教徒への変身強制といい、霊魂の救済に向けての告白強制といい、これらは共に結縁の場である聖堂という場所に備わった論理であり、当記録による限り事態はこのような論理に従って進展していった。

ところで、甲・乙両人が「互に罪を宥し、悔悟の意を表」す「告白」をするためには次のような過程が必要であった。教会法に照らして考えると甲・乙両人の敵討ちと返討ちの行為は、共に啓示神法(＝「十戒」)の第一「汝、殺ス勿レ」に背いたことになる。また走入りとその追跡の結果、甲・乙両人が血だらけになって修院内部に横たわる「聖域侵犯」に対しては、「単純留保」に基づく破門刑という教会法上(48)の極刑が科せられることになっていた。
なぜなら「盛式誓願修道士もしくは修道女の修道院・院内禁域を侵すものに対しては、聖堂に留保されている破門の刑を自動的に科せられることになっていた」からである。それゆえ甲・乙両人は厳しく譴責された結果、処罰への恐怖心が植え付けられたのかもしれないが、その後恐らくイエズス会士の側は、人類のすべての罪を贖って十字架についた贖主キリストの〈愛による赦し〉の説教を行なったであろう。こうして過ちが赦された甲・乙両人は、心から済まないと思い懺悔する気持になり、記録にあるように「告白」するに至った。すなわち、処罰への恐怖としての罪悪感とは異質の、過ちが許された時におこる心から済まないと思う、より高次元の罪悪感[49]を甲・乙両人は懐いたからこそ、「互に罪を宥し、悔悟の意を表」すような告白を彼等は行なったものと思われる。

　ここにおいてもまた、〈罪に対してはそれを罰し・償わせる〉という近代的・形式合理的な法や裁判のあり方とは明らかに異質な原理を認めることができる。すなわち修院内部においては、抗争中の両当事者が「互に罪を宥し」合うことにより抗争を中止し和解すること、つまりキリストの下でのお互いの平和・一体感の回復が目指されたのである。

　ところで当記録には「激昂の余り暴力を用ひて侵入」しようとしていた乙の系族等が「事件の確実なる始末を聞いて」「全く鎮った」とある。つまり、教会側の処置が一般の日本人には、さほど異質とは思われなかったのである。甲・乙両人が共に倒れたことにより、修院の外側の人々と内側の人々との間に一種の均衡状態が成立したが、こうした均衡によって抗争に終息をもたらすやり方は、牧英正[50]や勝俣鎮夫[51]が既に明らかにしたように、日本の中世社会に広く存在した在地の慣習法的紛争解決法であった。それゆえ、教会側の処置による和解には充分な理解を示すことができなかったとしても、その結果には一般の日本人は満足したのである。

ところで、このような精神的な和解が「両人共に倒れたが、死に瀕して告白をなし……」とあるように、肉体的な死と同時並行的に進展していたことにも注目しなければならない。しかしながら我々は、甲・乙両人が聖堂内で〈いかに処遇されたか〉ではなく、彼等両人が実際は〈いかにあったか〉について、〈死人に口無し〉で何も確かめるすべを持ってはいない。

当該記録が公開性のものであり、別稿[52]でも述べたようにイエズス会士の作る記録は、〈事実性〉よりも〈正当性〉の方に重点が置かれていたことから、イエズス会士は〈司牧者としての建前〉を崩すことができなかったはずである。さらに甲・乙両人が瀕死の状態にあったとすれば、記録は必然的に「両人共に倒れたが、死に瀕して告白をなし……」という方向につき進まなければならなかったと思われる。

それゆえこうした条件反射的な紋切り型の表現の内部に、どれだけ〈事実性〉を認めることができるかははなはだ疑問である。当該記録から我々が読み取ることができる事実は、

㈠甲・乙両人が瀕死の状態にあり、㈡彼等に対してイエズス会士が司牧者として臨み、いわば〈母性原理〉としての「罪を宥し、宥される」というあり方を介して、㈢「告白」を勧めたことの三点のみであろう。

四　神の平和

1　新たな抗争

甲の「走入り」を受けた聖堂やイエズス会の立場から、事態の進行を眺めた場合、聖堂敷地内にまで甲を追跡し、修院の内部で甲を傷害（殺傷）した「乙」の行為や、聖堂敷地内に無断で抜刀のまま侵入し、修院内部の強制捜査を強要した「乙の系族」の行為は、「聖堂の平和」に対する明らかなる侵害・破壊行為であり、聖堂のアジール権に対する正面きっての挑戦となった。それゆえイエズス会士の立会いのもとで、キリストの愛によって甲・乙両人が互いに宥し合い、当該抗争事件はひとまず終息したかに見えたとしても、今度はイエズス会の側が「キリシタンならびに異教徒等に、聖堂を尊敬すべきことを覚らせる必要」から、「乙の系族」や「頭人中」を相手に取って新たな抗争を作り出していく。

しかもこの際、イエズス会側のとった方法は「罪を宥し、宥される」という「母性原理」とは対照的な、「罪に対しては、その罪を罰し償わせる」という「父性原理」に基づくものであった。この「母性原理」と「父性原理」の二つがイエズス会や、広くカトリック教会の世界に内在していることは、教会法に「改善刑（poene medicinales）」と「応報刑（poena vindicativa）」の二つの刑罰の存在から窺うことができる。この母性原理には「改善刑」が、また父性原理には「応報刑」がそれぞれ対応している。前者が「犯罪人を善良な心情に立ち戻らせるために科せられる」のに対して、後者の「応報刑」は「犯罪の償いと犯人の懲罰とを目的としたもの」である。[53]それゆえ当該事件に際し、イエズス会側が乙の系族に科した応報刑は、「単純留保」による「破門刑」[54]であったと思われる。

なお、ミッタイスの言ういわゆる「ゲルマン時代」的な世界では、家の平和（Hausfriede）の侵害に対しては、その名誉を回復すべく犯罪者を相手取って、これに「復讐」を行なうのが常であったと言う。[55]つまりゲルマン時代的な世界では「復讐」という私的刑罰の対象となる事柄が、この教会法の世界では「破門刑」という形をとり、応報刑とはいいながらも私的刑罰よりはむしろ公的刑罰の性格をもっている点に注目すべきであろう。[56]つまり「復讐」という私的刑罰は、「目には目を、歯には歯を」の原則の下で、相手と対等に渡り合いつつ、被害者側が加害者側に贖いをさせるものである。これに対して「破門刑」は、犯罪者は神への反逆者として、全人民的な反撃が要請されているのである。ここから刑罰を科するイエズス会側は、修院内での場合と同様「善なる神の代理人」として超越的な第三者の立場に立ち、犯罪者の追放を人々に勧めることとなった。

これまで我々は当記録に即して、前節の「縁切りの場＝結縁の場」から本節の「新たな抗争」にかけての政治過程を組み立てて来た。しかし、一旦終息したかに見えた抗争が、再び蘇ったことについては、当記録には記されていない別の要素の存在を推定することもできる。それは藤木久志が「近所之儀(57)」として明らかにした、戦国期の日本にはかなり広範囲に見られた慣行である。これは平和を維持するために直接的武力抗争を極力避け、政治的交渉へ持ち込むために「近所」の人々が事件に介入するものである。

例えば、明徳三年（一三九二）七月五日付の「松浦党一揆諾状(58)」において、私的な武力抗争の一時停止と、その上での「一揆一同」の「談合」に基づく「落居」とが次のように定められている。

> 就二私ノ所務雑務一之、弓矢以下子細、珍事闘諍出来之時者、先近所人々馳寄而無為ニ披レ事可レ宥二申ニ一也、至二于理非一者、一揆一同ニ加二談合ヲ一、僻事方令二教訓一、任二道理之旨一、可レ有二落居一也矣、……

この近所の人々の義務については、別の一揆諾状に「先近所人々馳寄可レ宥二時儀(59)一」ともあり、喧嘩闘諍に縁者が加勢して合戦にまで拡大することを、「近所之儀」が抑制する働きをもっていたことが知られる。

このことを以て、これまでの政治過程を振り返ってみると、乙の系族と共に舞台に登場した多くの日本人たちは、確かに乙の系族たちの方に馳せ寄り、彼等を援助したと思われる。しかしそれと同時に、乙の系族等に説いて直接的武力抗争の拡大を回避させる働きも行なっていたと思われる。つまり修院の外の人々が「全く鎮った」ことの主たる原因は、記録にある「イエズス会側の事件に関する報告・説明」よりはむしろ、多くの日本人たちが「近所の人々」として乙の系族を宥《なだ》めた結果であると理解することができよう。「近所の人々」の義務や武力抗争の一時停止は、一揆一同の談合を前提としている。当該事例においても例えば頭人中が「甲・乙両人の死体の引き渡しを聖堂側に要求する」という、頭人中とイエズス会との間でのトップ交渉を前提として、乙の系族が引き揚げた可能性が大きい。それゆえ乙の系族なり多くの日本人たちに強く押された頭人中が一同談合して、都市長崎の全体の意志としてイエズス会側に強く迫るという政治過程が存在し、当記録にあるヴァリニアーノの見解も、そのような頭人中側の積極的な働きかけに対応すべく生み出された可能性があるのである。

一般に、政治というものを考えた場合、一方の当事者のみが主体的・積極的で、地方が全く受け身であるということは、なかなか考えにくい。それゆえ当該事件においても、ヴァリニアーノが一方では頭人中の積極的な要求に対応しつつ、他方では既定方針にのっとり長崎の武装要塞化に向けて、彼の主導権下に新たな抗争を展開していったと考える方が、より事実に即していると思われる。

2　聖務禁止

イエズス会側の乙や乙の系族に対する対応の特徴を「私的刑罰」の「公的刑罰」への組み替えと捉えることができるとすれば、刑罰を相手に科す方法においても、情熱の代りには理性が、腕力の代りには雄弁が、実力の代りには政治がとって代っているのである。この間の事情は、当記録の次の文章から明らかであろう。

事件の確実なる始末を聞いて彼等は全く鎮ったが、聖堂は荒され、強いて侵入せんとして不敬を行ったことが、貿易時期にして、異教の商人等が日本の各国から来集した際であったため、ビジタドールはこのことを重大視し、キリシタンならびに異教徒等に聖堂を尊敬すべきことを覚らせる必要を感じた。

事態の進展に即して述べれば、イエズス会士はまず犯罪の行なわれた時期の指摘を行なうことによって「公共性の理念[60]」を積極的に自己の側に取り込むことを試みた。なぜなら「貿易時期にして、異郷の商人等が日本の各地から来集した際」の聖堂には「市場」（南蛮貿易の「大市」の立つ場所）としての性格があったからである。つまり当該行為は「市場の平和に対する侵犯である」との指摘によって、事件の性格を門閥と教会という両集団間の対立・抗争から、南蛮貿易都市全体の利益に敵対する行為に組み替え、「公共性の理念」を自己の側に取り込むことができたのである。

ところで「私的刑罰」の「公的刑罰」への組み替えのためには「公共性の理念」の強調のみでは足りず、禁域侵犯に対して神の怒りは犯罪者のみならず犯罪者を許容している共同体全体をも対象にする「連座の思想」[61]によって補強されなければならなかった。なぜなら「破門」とはキリスト教徒の共同体（christandade）からの追放を意味していた以上、教会が自らの力で自力救済を行なうのではなく、キリスト教徒の共同体が力を貸さなければならないからである。そのためにはキリスト教徒の共同体が自発的に刑罰に連座する姿勢を保つことが必要であった[62]。

つまり、教会法上の「単純留保」に該当する破門の刑を科すに際して、その刑罰の有効性はひとえに、教会法の適用に耐えられるほど強固にキリスト教徒の共同体が組織されているか否かにかかっていたのである。ところで当時の日本、狭くは都市長崎においては、この教会法を直接・機械的に適用できるほど十分に条件は熟していなかった。このことはヴァリニアーノが彼の著書『日本諸事要録』[63]の第八章で種々述べているところであるが、特に「実定法のみならず、自然神法の遵守についてさえ強制することはできない」と述べていることに注目すべきであろう。

ところで、当時の都市長崎においては、「頭人中―惣中」という形で自治を支える組織があり、しかもこの頭人中は都市の有力者＝門閥によって構成されていたが、これとは別に「イエズス会―キリシタン門徒代表―キリシタン門徒中」という宗教上の組織があったと思われる(64)。もしこの想像が許されるなら、イエズス会が影響力を及ぼすことができるのは、後者の組織に対してのみであり、門閥である乙の系族に対しては何らの影響力も持たなかった。特に教会法上の原則からすれば、教会はその成員に対してのみ、つまり洗礼を受けた人々に対してのみ刑罰を科す権利を有していたのである。それゆえ、イエズス会が乙の系族に対して直接的刑罰を科すことは、本来的に不可能であった。

それゆえ、イエズス会側は教会法の機械的・直接的適用という方法以外の何らかの手段を用いて、失われた聖堂の平和と名誉の回復を試みなければならなかったし、乙の系族を追放刑に処す必要があった。もちろんこのことは犯罪者たる乙の系族を相手取って行なう自力救済の変形・浄化としての一面を持ち、それゆえ本質的に一種の自力救済であると同時に、長崎におけるキリスト教徒の共同体を強化・鍛錬する上で有効な手段ともなるものでなければならなかった。イエズス会がいかなる手段を用いて目的を達しようとしたのかに関しては、当該記録には次のようにある。

ヴァリニアーノはキリシタン門徒の代表を招いて、聖堂の破壊を命じ、又、イエズス会士達が長崎を去り、有馬に転出する旨を伝えた。

この処置の意味するところは「長崎の聖堂における礼拝活動の禁止」と理解することができる。これは「属地的・集団的な聖務禁止（Interdictum）」[65]に該当し、「一つの教会乃至一つの小教区において正式の祭式を行うことを禁止すること」を内容とする教会法上の刑罰の一つで、西欧中世世界においてしばしば見られたものである。B・テッファーは十世紀のフランスにおいて、強制力を持たない教会が「神の平和」運動の実効をあげるために用いた方法の一つに、この一定地域にわたる聖務禁止の宣言に注目している[66]。

この聖務禁止は、都市内のキリシタン門徒中（christandade）のみならず、当地方担当のイエズス会士たちが管轄している周囲五十以上の村々のキリシタンたちに対するものでもあり、その影響は都市長崎に止まらなかった。さらにこの聖務禁止はあくまでも教会法上のものとして、イエズス会に固有な権限に基づいてなされたものだとしても、世俗的な方面、ことに南蛮貿易に対する影響は甚大であった。聖堂の閉鎖・破壊は直接には「貿易市」の閉鎖・破壊を意味し、イエズス会士が長崎を引き揚げて有馬に転出することは、南蛮貿易港としての長崎の終わりを意味していたはずである。

それゆえ、都市長崎のキリシタン門徒中に対する聖務禁止は都市長崎の死活問題となっていった。ここに至って頭人中は「パードレのもとに行って同所に留まらんことを請ひ、如何なる贖罪も命令に応ずる旨を述べた」のである。本質的には乙集団を相手にしながら、このように迂回したルートをとってことが進められていることにこそ、「政治」が「実力」にとって代っていることを示している。もっとも「聖堂を破壊して地に委す」と決定したとあるが、実際に行なったことは巡察師や副管区長等からなるイエズス会の巡回グループが、長崎より有馬へ赴くこと、聖堂破壊の象徴として「祭壇の木彫の画像」(retabolo)や「装飾」(ornamentos)を聖堂より持ち出すことであり、イエズス会の長崎地区担当グループは当地に留まったままだと思われる。

なお「聖堂を破壊して地に委す」決定をした後で、聖堂より持ち出された「祭壇の木彫の画像」や「装飾」には、それぞれキリスト教的な主題が表現されており、これらは十世紀フランスの「神の平和」運動において大きな力を振った聖者信仰や聖遺物崇拝の対象たる聖骨や聖遺物に代り得る性格のものであったと考えられる。江戸時代に入って、キリシタン撲滅に猛威を振った「踏み絵」という制度の背景には、このような聖遺物崇拝のような物神崇拝の大きな存在を推定することができる。キリシタン信仰とかかる物神崇拝との関係は、今後明らかにされるべき大きな課題であろう。[67]

3　贖　罪

これまで述べてきた「聖務禁止」に対して、頭人中は「パードレのもとに行って、同所に留まらんことを謂ひ、如何なる贖罪も命令に応ずる旨を述べ」て、次の二つの贖罪行為を行なった。

㋑　聖堂の清掃修繕・床・畳の一新。

㋺　妻子を含めた乙の親族・朋友及び同じ街の住人（＝乙の全系族）の都市よりの追放。

㋑は不法行為に対する「原状回復」を意味し、いわば「民法」上の行為であるのに対して、㋺の「追放刑」は「刑法」上の犯罪に対応し、イエズス会側の「破門刑」の要求に応えたものである。

㋺の「追放刑」は、イエズス会側の「聖務禁止」の処置に対して、都市総体の行なった贖罪行為である。それゆえ一方では、確かに教会的刑罰という側面を持ちながら、南蛮貿易都市長崎を存亡の危機に追い込んだ者たちを、都市共同体総体の意志として都市共同体から追放・排除するという都市法上の「平和喪失」の側面をも兼ね備えていた。

都市法なり頭人中の立場から、この「追放刑」の意味を考えると、加害者側である乙の系族を追放刑に処すことは、被害者＝イエズス会側の長崎退出と正確に対応しており、被害者・加害者双方共に長崎より退出した状態に置くことを意味していた。こうすることにより、失われた均衡の回復が目指されたわけである。ここから㋺の「追放刑」もまた、㋑

の財産刑と同様、「原状回復」を目的としたものであることが明らかとなろう。

つまり全体として、この贖罪行為の持つ意味は、頭人中を中に挟んで乙の系族とイエズス会側とが一定の均衡状態の中に置かれたとなるのである。このように考えると、頭人中がパードレのもとに行き「如何なる贖罪も命令に応ずる旨を述べた」ことは、ヨーロッパ中世の私的刑罰に際して、加害者側が被害者側の行なう自力救済から逃れるために、被害者側に対して行なった「贖罪のための契約」である「贖罪契約[68]」と同様なものと言うことができよう。

もしもイエズス会側がこの贖罪行為に対して満足の意を表したとすれば、それは、相対立するイエズス会と乙の系族との間に、頭人中が「仲人」として割って入り、抗争が頭人中の仲裁によって終了したことを意味し、このことはまた、頭人中がイエズス会に対して社会的に優位に立つことをイエズス会自らが認めたことになったはずである。それゆえ頭人中の行なった㋑・㋺の贖罪行為に対して「異教徒等はこれを見て聖堂の大いに尊敬すべきことを覚り、市の人は皆、非常に驚き且つ怖れた」にもかかわらず、ヴァリニアーノはこの「贖罪契約」になかなか満足の意を示さず「聖務禁止」を解こうとはしなかった。

さらに教会法上の説明[69]に従えば、元来応報刑においては、その刑期は犯罪者の意志によってではなく「権限ある権威者（この場合ヴァリニアーノ）の決定によって決められるべきもの」であり、応報刑に処せられた者は改心した後でも「刑罰の赦免を求める権利を有しない」定めであった。つまり、イエズス会士たちが「善なる神の代理人」として、超越的な第三者の立場に立とうとする限り、頭人中との間で対等者相互間における「贖罪契約」を結ぶことで満足することは、もとよりありえなかったのである。

以上からイエズス会側は、頭人中に対して「贖罪契約」よりはむしろ「服従契約」を求めたことになる。そこで頭人中の側も、以上の㋑・㋺の贖罪行為をなした後も「この上の贖罪をもなすべし」と述べて、それに応じようとしたのである。イエズス会側は頭人中の贖罪行為の後、なおもわざと十五日間も相手を待たせておいた後で、やっと頭人中の「達ての望み」を叶えて長崎に帰った。長崎ではイエズス会士たちを先頭に、彼等によって組織された民衆の示威行進（procissão）が行なわれた。[70] この示威行進に関して記録には次のようにある。

十五日を経過してパードレは長崎に帰り、同所にいたパードレ及びイルマン一同荘厳なる行進を行い、無数の人がこれに参加した。

先に指摘したとおり、イエズス会側は一方では「属地的聖務禁止」により、また一方では、聖堂より「祭壇の木彫の画像」や「装飾」を持ち出すことで、民衆運動を「扇動」したと思われるが、この行進もまた民衆を扇動し熱狂させるものであった可能性は大きい。

4　誓約

この行進が終った聖堂前の広場において、多くの民衆が見守る中でイエズス会士たちと頭人中とは一堂に会した。この多くの人々の集まることのできる広場で、衆人環視の中で行なわれた会議を「平和教会会議」と名付けることが許されよう。なぜならこれは、十世紀フランスにおける「平和教会会議」とも共通しているからである。(71)この「会議」の招集権は本来「司教」にあったが、未だ「司教」のいない日本においては、代ってビジタドールが招集に当った。

ともあれここにおいて、イエズス会側はまず「聖堂を大いに尊敬すべきことを説き、人間の血を流したために聖堂が汚されたことを述べた」。これに対して頭人中は、多くの人の見守る中で〈平和遵守の誓約〉または〈イエズス会に対する服従の誓約〉を行なった。こうして世俗の有力者たちは十世紀フランスと同様、教会による平和の仕事に参画することとなった。これは恐らく、頭人たちがイエズス会や多くの民衆の声に従わざるを得なかったことからきている。

以上から、この事件は全体として平和教会会議の場で〈世俗貴族に対して平和遵守誓約の強制がなされた〉十世紀フランスの「神の平和」運動のあり方と非常に似かよっているとすることができよう。(72)誓約については当記録に次のようにある。

市の重立った者一同（＝頭人中）が
（一）「聖堂を尊敬し」
（二）「今後聖堂に逃げ込んだ者の自由と特権（sua imunidade）を尊重し」
（三）「暴行者に対して聖堂及びパードレ等を守護すべきこと」
を公に誓った。（番号、注及び「」は引用者）

（一）はイエズス会側が述べた〈聖堂を大いに尊敬すべし〉の説教に対応している。しかも、このような形で頭人中が〈聖堂を尊敬する〉と誓うことは、頭人中のキリスト教への集団転向を意味していたと思われる。となれば、「キリシタン門徒代表―キリシタン門徒中」という宗教上の組織と、「頭人中―惣中」という自治組織の合体がこれ以後進行し、さらに頭人中の集団転向は惣中全体に対する強制改宗へと進展していったと思われる。（本稿第五節の1参照）

（二）の〈今後聖堂に逃げ込んだ者の自由を尊重する〉点は、この直前の〈人間の血を流したために聖堂は汚された〉というパードレの発言に対応しており、乙が聖堂内で甲を斬ったことを直接問題にしている。いずれにせよ、これは聖堂の持つアジール権のことである。しかも〈今後二度と同様なことが起らない〉と誓約したことにより、都市法としての永続的な効果が期待されたのである。
また〈聖堂の imunidade を尊重する〉の所で、村上直次郎は、この《imunidade》を「特権」と訳したが、「アジール権」と訳すか、あるいは「不入権」の意とするのが妥当であろう。なぜなら、このように聖堂のアジール権や不入権を頭人中が承認したことは、古くから聖地・「無縁の地」であった当地の固有のあり方が、教会領長崎という歴史的な環境の中で、新しい形をとって蘇ったと理解できるからである。
(三)の〈暴行者に対して、聖堂及びパードレ等を守護する〉ことは、イエズス会が聖堂のパードレの身辺警護等を内容とする「軍事的奉仕」を、頭人中やその配下のすべての都市住民から受けることを意味していた[73]。しかしひとたびイエズス会が手にいれたこの軍事力は、限定的に聖堂の警固やパードレの身辺警護等にのみ働いたのであろうか。
堀米庸三が述べているように、ヨーロッパ中世の「神の平和」運動においては、この運動が「外部からの平和攪乱に対しては逆に徹底的に好戦的であった[74]」ことから、研究者が「平和部隊[75]」「人民軍[76]」「民兵[77]」等々と呼ぶものが、平和のための強制装置として組織されていたと思われる。

この事件の直前にイエズス会は長崎の武装化を決定しており、また次章(第五節の2参照)で述べるように、事実この事件を契機として教会領の軍事的な膨張が見られるが、その際の武装の担い手はこの誓約条項を考慮にいれると、都市長崎の住民であった可能性が強い。
（二）（三）から当該誓約は、ヨーロッパ中世、中でも十世紀フランスにおいて多くみられた場所・人物・時期等を限って自力救済（フェーデ）や一般の暴力犯罪を禁止する、いわゆる「神の平和」の誓約と全く同じものだと結論を下すことができる。なお「神の平和」が宣せられた範囲は、次のとおりである。[78]

神の平和
- 場所……………聖堂
- 人物……………聖堂内に逃げ込んだもの、パードレ
- 時期……………無制限

また（一）（二）から、イエズス会と頭人中との間に一種の支配・服従が生じたことが確認される。このことがもった意味を都市長崎の歴史の中で再確認しておきたい。

すでに別稿[79]において述べたとおり、教会領寄進文書が示していることは、大村氏が上級領主権をイエズス会に寄進したことである。しかしこのことを以て直ちに、教会領長崎においてイエズス会の支配権が確立したと言うことはできない。在地において実際に秩序維持を行なっている在地の支配権者たちが、このイエズス会の名目的支配権を承認するという、一定の儀式を伴う政治過程が必要であった。そしてこの誓約行為こそは、イエズス会の支配権の実質的確立を示す儀式そのものなのである。

なお、当該誓約後の出来事として、追放刑に処せられた乙の系族のうち、彼等の妻子は

悉く赦されて家に帰ったが、男子は破門刑という教会法刑罰中の極刑に当るものから、「ヂシピリナ」[80]という鞭打ちの刑に減刑され、「神の平和」の誓約を行なうことで赦された。この際「諸人の赦しを請うた」(& pedindo perdas a todos) とあり、乙の系族の赦免もまた「平和教会会議」の決議事項であったことが知られる。

5 西欧と日本

現在の我々に与えられているヨーロッパ中世における「神の平和」ないし「神の平和」運動に関する説明は、おおよそ次のようなものであろう。[81]「神の平和」運動は、暴力や無秩序に対するローマ・カトリック教会の闘いとして、クリュニー修道院の教会改革運動と共に開始され、十世紀より十一世紀にかけてフランス全土に吹き荒れ、やがてドイツに広まった。この運動は各地に平和団体を生み出し、都市のコミューン運動とも結合したが、聖職者の指導を離れ、封建的支配秩序を脅かす自立的な民衆運動となるに及び、支配層の武力的な弾圧を被り挫折した。しかし暴力や無秩序に対する闘いとしての平和運動の理念それ自身は、その後も国王や都市に引き継がれ「ラントの平和」や「都市の平和」となった。

わが国における「神の平和」の研究[82]は、戦後の天皇制や国家に対する見直しの一環として、特に国制史の立場から、堀米庸三を中心に主に北海道大学の研究者たちによって精力的に行なわれた。そこでの研究の中心的なテーマは、中世裁判の原則である「当事者主義」と区別される「職権主義」の起源や、国王の「治安立法」の淵源、あるいは「個人を超えた公の秩序」の源流の探求にあった。「神の平和」の定義として、堀米は「誓約共同体説[83]」を唱えたが、これに対して石川武は「教会立法説[84]」を主張した。また世良晃志郎はこの両説を批判し、教会の側にはM・ウェーバーのいう「カリスマ的支配」を、誓約共同体の側には「カリスマ信仰」すなわち「自発的な内面的帰依」をそれぞれ対応させることにより、〈誓約共同体説と立法説とは二律背反ではない〉と主張し[85]、堀米・石川両説の総合を試みた。

ところで、西欧中世において「神の平和」運動が暴力や無秩序に対する教会の闘いとして、クリュニー修道院の改革運動と共に始まったことは、物理的な強制力を持たない教会の側が、この運動をもっぱら「世論」の力に頼る形で始めたことを意味していた。それゆえ当然、この「神の平和」運動の中に「カリスマ的支配」や「カリスマ信仰」の存在が考えられる。

民衆運動として「神の平和」運動を解明したB・テップァーによれば「当時民衆の文化と教会の文化とは明確に区別され[86]」ており、修道院は当時の民間信仰である「聖者信仰」「聖遺物崇拝」を利用して、これを再編成することで人々を教会の側に組織したという。つまり教会は、聖遺物崇拝の再編成によって「世論」を組織し、「司教座聖堂―司教都市

―教区」という「救区制度」の確立をも準備したというのである。「聖遺物崇拝」の再編成が教会の世論形成上決定的な力となったとすれば、西欧における「神の平和」は、人々の信仰の世界を民間信仰からキリスト教へと変化させるきっかけとなる事件を意味し、阿部謹也が問題とした「人々がキリスト教を受け入れたことにより、世界はどのように変化したか」という問題に直接結び付いてくるのである。

またテップァーは「聖遺物崇拝が修道院と俗人衆とを直接に結びつける役割を果していた(87)」という。それゆえ「カリスマ的支配」「カリスマ信仰」の内実として、民間信仰としての「聖遺物崇拝」を挙げることができるのである。いずれにせよ、テップァーの指摘したこの「聖遺物崇拝」の問題は、社会史研究のテーマと密接に係わっていることだけは明らかであろう。

これに対して、日本においてイエズス会が世論形成の切り札としたものは、民間信仰ではなくむしろ南蛮貿易であった。それゆえ教会領長崎におけるこの「神の平和」運動において、イエズス会側が人々から「自発的な内面的帰依」を勝ち得たとは考えられない。このことが、第一節の「史料」で指摘した「長崎旧記類」において長崎の人々が自らのキリスト教への集団改宗を「外在的」に捉えていたことの原因であろう。それゆえ、教会領長崎における「神の平和」においては、たとえイエズス会側がその存在を信じていたとしても、「カマスマ的支配」「カリスマ信仰」の存在は根本的に疑ってみる必要があろう。ここに、西欧中世世界におけるクリュニューの改革運動の一環としての「神の平和」運動の占める歴史的な位相と、戦国期の日本社会におけるそれとの根本的な違いがある。

しかしいずれにせよ十世紀・十一世紀の西欧世界において存在した「神の平和」が、カトリック改革の担い手であるイエズス会によって、戦国期十六世紀末の日本社会にもたらされたことは注目に値する。つまりイエズス会士たちは都市長崎に「神の平和」の理念を暴力的に持ち込み、人々に西欧の場合と同じ「神の平和」の誓約を強制したのである。その結果長崎には、後述するように「誓約共同体」やコミューンが成立した。これは一つには、ローマ・カトリック教会の一分枝であるイエズス会の内部に「神の平和」の理想が受け継がれていたことによっている。しかしそれ以上に重要なことは、これらの事件に先立って、例えば都市の自治を担う組織など、以上の出来事を可能とさせる歴史的な条件がすでに存在していたことである。

イエズス会士たちが自由都市「堺」について述べているように、当時の日本社会には西欧のコミューンや「都市の平和」と対応するものがすでに存在しており、ヨーロッパ史の成果を移植するに足る土壌はすでに充分に形成されていたのである。

この問題は、日本と西欧の比較がなぜ可能なのか、あるいは梅棹忠夫が『文明の生態史観』[88]において述べている「日本と西欧が共に封建制を経験した第一地域に属している」のはなぜか、等々、日欧の歴史の類似性あるいは共通性の問題と直接関係してくる。そしてすでに十六世紀に、梅棹の指摘した日欧の類似性あるいは共通性の問題を指摘した人がいる。日本にキリスト教を初めて伝えたフランシスコ・ザビエルである。

ザビエルは日本人アンジロウとマラッカで会ったとき、彼が理性に導かれ、知識欲が旺盛であることを発見し、また彼が理性的な宗教であるキリスト教に帰依したことから、日本布教を決意するに至った。つまりザビエルは、アンジロウの中にヨーロッパ人キリスト教徒との本質的な同質性を発見したのである。[89] そこで彼は「彼ら（日本人）は理性的な人たち[90]」だ、「日本人は白人だ[91]」と述べることになる。ここで重要なことは、日本人の中に西欧人との本質的な同質性を見たことの持つ意味である。この同質性の認識は、日本を布教の対象として発見したことを意味している。そして日本布教の成功は、自己の真実の再発見・アイデンティティーの再確認を意味し、ヨーロッパにおいて失墜したローマ・カトリック教会の権威の再建を意味したのである。

それゆえこの同質性の認識は、闘う教会であるイエスのコンパニア（＝軍隊）・イエズス会にとって決定的に大きな意味を持ち、すべてのイエズス会士たちの日本布教への情熱を支えるものとなった。また日本布教の成功は、ローマ教会の失地回復運動にとって大きな宣伝ともなった。『日本通信』『日本年報』が当時のヨーロッパにおいてベストセラーになった原因がここにある。

このような文脈の中に、教会領長崎における「神の平和」を置くと、イエズス会が都市長崎に「神の平和」の理念を持ち込んだこと自体、前述したザビエルの同質性の予感に基づいているとすることができる。しかしこの西欧と日本の同質性の認識が日本布教に大きな力を発揮したとしても、これは所詮一つのイデオロギーにすぎず、日本におけるキリスト教の歴史が西欧と全く同じ歴史を歩んだわけではない。とはいえこのイデオロギーに基づき『日本年報』が作成されたこともまた疑いえない事実なのである。つまり『日本年報』が都市長崎における「神の平和」に関する出来事を記録したことは、ヨーロッパにおけるローマ教会の正統性の宣伝になったのである。

ここから直ちに問題となることは、都市長崎における「神の平和」の後に、『日本年報』が伝えていないどのような歴史が展開されたのかである。天正十五年の秀吉のバテレン追放令は、西欧における「支配層からする神の平和運動の弾圧」に対応するものであろう。それゆえ教会領長崎におけるコミューンの歴史は短く、たとえコミューン運動があったとしても、ヨーロッパ法の継受等々が問題になるほど時間的なゆとりはなく、その後の展開を追うのに十分な時間が与えられなかったと思われる。しかしこれらの問題を考察するためには、第一節で取り上げた日本側の記録の詳細を考察の対象にしなければならない。

五　教会領長崎の成立

1　コミューンの成立

「日本に来るポルトガル船はゴアを起点とし、マラッカ、マカオを経由するものと、マカオから直接日本に来るものの二種類があったが、双方ともマカオを出るのは六、七月頃で、季節風を利用し、二週間から二十日で日本に着き、十、十一月頃から翌年二月頃にかけて再び季節風で日本を去るのを常とした」(92)（幸田成友《しげとも》）。

長崎の「貿易時期」は早ければ日本暦で七月からと考えることができよう。それゆえ都市長崎で「頭人中」が「神の平和」の誓約をしたのは、天正九年の夏から秋にかけてであった可能性が強い。『長崎縁起略件』『長崎実録大成　補遺』等々によれば、真言系山伏の勢力下にあった「神宮寺の焼き討ち」が、同じ天正九年十月にあったとあり、この「焼き討ち」事件は、「神の平和」に連続して起こったと見るのが妥当であろう。「神宮寺」が都市長崎の背後に位置していたことから、この「神宮寺」は都市住民の生活を見守り、精神的に彼等を保護する関係にあり(93)、例えば都市長崎の自治組織「頭人中—惣中」は、この「神宮寺」を氏神とするなど、「神宮寺」と都市住民との間には密接な関係があったと思われる。このためイエズス会は「神宮寺」をキリスト教の敵として、もっとも嫌っていたものであっただろう。

「神社仏閣の焼き討ち」それ自身は、一向一揆においても見られ、キリシタン布教には珍しくないが、それに続いて「当地ノ者共不残　耶蘇宗門ニ極メケリ」といわれる事態に至ったことや、『長崎邑略記』に「正法ノ者一人モ長崎ニ出入リナラサル様ニ奇観〈キリスト教の教会堂〉ヨリ法度」とある事柄に注目すべきであろう。これは都市長崎の全住民に対する、キリスト教への強制改宗を意味している。『長崎邑略記』では〈奇観よりの法度〉という点ばかりが強調されているが、前述したように原理的にはキリスト教会が強制力を持てるのは、キリスト教徒に対してのみである。一方キリスト教徒以外の人々を都市長崎から排除し、出入りを禁止する強制力は、むしろ都市の自治組織「頭人中―惣中」の側にあったはずである。それゆえ、都市の自治機能が都市内の全住民や都市に出入りする凡ての人々に対するキリスト教への強制改宗のために利用されたと考えられる。

以上のように事柄の性質上から考えても、「神宮寺の焼き討ち」は「神の平和」の誓約に時間的にも連続して行なわれた可能性が強い。

「頭人中」がイエズス会に対して「神の平和」の誓約をして、イエズス会が都市長崎の自治の担い手「頭人中―惣中」に対して支配権を持ったことの必然的な結果として、都市の自治組織とキリスト教徒の共同体との合体が進められ、都市長崎の自治組織「頭人中―惣中」はキリスト教の敵から教会を守るための「外部に対しては徹底的に好戦的な」組織へと再編成されたのである。

こうして「神の平和」に関する一連の事件の終了後、教会領長崎には一つのコミューンが成立した。この教会領長崎におけるコミューンは、イエズス会と「頭人中——惣中」からなる「誓約共同体」の両者によって、二元的に形成されていた（詳しくは本節「3　コミューンの二元性」参照）。

ところでこの「神宮寺の焼き討ち」に際して、「彼吉利支丹共、謀計ヲ以、焼之、天ヨリ自然ト焼失スト罵リ」とあることに注目すべきである。この記録の中には「神宮寺の焼き討ち」に関する事実の因果律的な説明として、恐らくはイエズス会士たちを指すであろう「彼吉利支丹共」が、自ら「謀計ヲ以、焼之」という事実の記述がある。それと共に、同じこの「彼吉利支丹共」が事件を「天」すなわちキリスト教の神・デウスの働きによって「天ヨリ自然ト焼失ス」と主張したという事実の説明のされかたをも伝えているのである。つまりこの記録が伝えていることは、イエズス会士たちは自ら手を下した「神宮寺の焼き討ち」を、「神のみわざ」あるいは「神の審判」という「奇跡の物語」として人々に説明したことである。

第一節「一　事件を伝える史料」の3の史料批判で述べたように、イエズス会士たちが事実の認識を因果律よりも、むしろ機会原因論によって行ない、目的論的な世界認識に偏り、「事実」から「価値」へという物の見方になれていたことを思い出すことができる。

しかしこのように出来事の背後に「神の見えざる手」の働きを認める説明は、全体として具体的な出来事の説明を凡て全知全能の神デウスの宣伝にしてしまうものである。「長崎旧記類」にもこれと同じ記録が数多く見られる。このことは、この記録が都市長崎の住民たちの共通した記憶に基づいていることを示しており、この記録の背後に、イエズス会の都市長崎の住民凡てに対する宣伝活動を見て取ることができよう。『長崎実録大成補遺』には「神宮寺の焼き討ち」に続けて「諸人ヲ扇惑」せしめ「己カ宗ニ勧入レ」とあることはこのことを伝えている。つまりイエズス会士たちは、自らキリスト教の敵である「神宮寺の焼き討ち」を行なうのみか、直接、都市長崎の住民に対する宣伝活動として「奇跡の物語」を語り、人々の信仰の獲得にも努めていたのである。この「物語」を宣伝した場所には当然「聖堂」が考えられるが、「神の平和」の誓約が衆人環視の中で行なわれたように、このイエズス会の宣伝活動もまた人々の集まる中で、イエズス会士たちが直接人々に語りかける形で行なわれたと思われる。

それゆえ先に見たように『長崎邑略記』等には「奇観よりの法度」として「正法ノ者一人モ長崎ニ出入リナラサル様ニ」とあるが、イエズス会が「法度」を発布する手続きもまた、イエズス会士たちが直接人々に語りかけ、人々がさらに「頭人中―惣中」に働きかける形で行なわれたと思われる。

このように教会領長崎の支配権を持つイエズス会士たちが、直接人々に訴えかけて初めて「法」が効力を持つに至るという、支配者と人々とが直接相交わるあり方の中で「当地ノ者共不残　耶蘇宗門ニ極メケリ」といわれる事態が出現したのであろう。

2　コミューンの拡大

天正九年、教会領長崎における「神の平和」を契機として、イエズス会は、教会領の実質的な支配者となり、教会領長崎にはコミューンが形成された。このコミューンが「外部に対して徹底的に好戦的な」組織であったことは、ヨーロッパ中世の各種のコミューンや誓約共同体等の平和団体とよく似ている。ここでは次に「神宮寺の焼き討ち」の後に、教会領長崎のコミューンの歴史がどのように展開されたのかを考えたい。『長崎記』(94)には次のようにある。

> 天正九年、浦上村長崎村吉利支丹ノ領トナル。然ルニ大村利仙ヨリコレヲ不用ニ依リテ、当地ノ者共憤テ黒舟商売ヲ止メ、且又当湊へ黒舟入ルヘカラ(ズ欠カ)ト云ヘリ。(黒舟商売ハ大村利仙ヨリノ支配ナルユヘ也＝原注) 既ニイラン(違乱カ)ニ及バントス、依テ有馬修理太夫ヨリ種々扱ヲ入ラレ、則寺ノ知行ト成リニケリ。

この記録は、先に取り上げた『イエズス会日本年報』の記録と似かよった事件を伝えている。「当地ノ者共」と「大村利仙」の関係を、「イエズス会」と「当地ノ者共」の関係に置きなおせば、同一事件の記録とさえ見ることができる。しかし天正九年十月の「神宮寺の焼き討ち」後、さらに長崎のコミューンが外に向かって発展して行き、「浦上村長崎村」が「吉利支丹ノ領」となったと考えれば、この記録は大変注目するに価する。特に「長崎村」には地頭の長崎甚左衛門がいたのだから、長崎氏は「長崎村」が「吉利支丹ノ領」となった時点で、本領を退出した(95)と考えられる。

また「浦上村」に関する記録として『大村家記(96)』巻二には次のような風聞を伝えている。すなわち天正十一年十月下旬、大村の一族・大村左兵衛は、佐賀逗留中に龍造寺隆信から「浦上の地に於て知行を給り」、龍造寺氏に一味したという。ここから天正十一年の段階で龍造寺氏が「浦上村」を領主のいない土地と見做していたことは確かだと思われる。

一方、イエズス会側の公式な記録(97)によれば、「浦上村」の教会領化は天正十二年の出来事であり、島原合戦に勝利した有馬氏が、これをイエズス会に寄進したことによっている。しかし、この場合の「寄進」とは、この『長崎記』にあるように、天正九年以来、教会・コミューン側が事実上支配していた土地の支配を有馬氏が保証したと考えた方が、歴史の実態に近いのではあるまいか。

またイエズス会の記録では「長崎の港」と「茂木村」からの年収が三百クルサードであったのに対して、この「浦上村」からの年収は五百クルサードであったとある。さらにこの『長崎記』の原注に「黒舟商売ハ大村利仙ヨリノ支配ナルユヘ也」とあることも注目したい。これこそは「教会領寄進文書」[98]において大村氏が保留した「黒船の船公事」に当たっていよう。

これらの記録から明らかなことは、「神宮寺の焼き討ち」の場合は主体性がイエズス会の側にあったのに、「浦上村長崎村」の件ではむしろ「当地ノ者共」が主体で、頭人中や「当地ノ者共」の活躍により、「浦上村長崎村」が「吉利支丹ノ領」「寺ノ知行」となったのである。ここから、コミューンの構成が前述したとおり〈イエズス会と頭人中との二元性〉になっていたことが確かめられる。

いずれにせよ「浦上村長崎村」が教会領になるに際して、この地域を取り巻く政治情勢として、天正十二年の島原合戦に集約される龍造寺隆信と島津義久との対立を背景にして、島津氏と同盟した有馬鎮純と龍造寺氏との対立を考えなければならない。また龍造寺氏の家臣となった大村家では、キリシタン大名・大村純忠は追放され、代わりに長く人質として佐賀にあった息子の大村喜前が、大村の当主に据えられた[99]。

一方、イエズス会や「当地ノ者共」は長崎周辺地域のこうした混乱・対立を利用して、自己の勢力の拡大を図っているのである。天正八年の教会領寄進当時は、長崎のイエズス会に対しては大村氏が外護者の立場にあったが、天正十二年の島原合戦の前後に至っては、有馬氏がその位置にとって代わっていたと思われる。

なお天正十二年の島原合戦に、イエズス会は有馬方の軍事力の一つとして参加している。フロイス書簡(100)には、イエズス会の任務はもっぱら後方の有家・加津佐・口ノ津等の防衛にあったとあるが、有馬晴信の陣所の大砲二門に「黒奴一人が装薬し、大村より逃亡したキリシタンの兵士が狙いを付け、マラバル人が火を附けた」とあることから、対龍造寺氏戦の最前線沖田畷《おきたなわて》においても、イエズス会は登場していたのである。

また『深堀茂宅由緒』(101)には天正十二年三月二十五日のこととして、「自二長崎一為二武略一、兵船十四五艘来二于小ヶ倉土井首一、種々雑説申懸」とあり、長崎を根拠にするコミューン側が長崎から龍造寺氏側の深堀領内に向けて軍事行動を起こしたことがわかる。この当時教会領長崎では戦艦の「フスタ船」を持っていたことは有名である。

また『上井覚兼日記』(102)の天正十二年五月二日付には「大村へは理泉入道被打入候」とあり、追放された大村純忠が大村の城を回復したことがわかる。こうして島原合戦は長崎周辺のみならず大村領内にも波及していたのである。同じく『上井覚兼日記』には「長崎へ先日為使遣候飫肥衆玉泉坊・湯之浦衆早水方帰参候」とあって、次のようにある。

南蛮僧万天連よりも、西浦廿ヶ所計之質人召捕候て搭護候、向後御入魂所レ仰候由也、質人銘々書記被持せ候也、長崎地下衆者、有馬殿彼方ハ進退たるへき様ニ存候由、使僧物語也、是非以従鹿児島御直領にて候ハてハと、是も被レ申候也、彼方へ浮地なとの候

をも、悉皆な南蛮僧分別にて領置候由也、

まず注目すべきは「南蛮僧万天連」が「西浦廿ヶ所計之質人」を「召捕」て「挌護」していることである。これはコミューン側の軍事行動を示している。「西浦」は浦上村よりさらに西の「外海村」[103]地方を意味し、この地の人々が政治的には喜前派に属し、キリシタンの純忠派ではなかったことが以上の原因と思われる。この軍事行動の結果「外海村」は新たに教会領に加えられることとなったのであろう。『長崎年来記』[104]にも次のようにある。

於長崎町郷に集居るともから、何れも諸国筋目有る浪人共なれば、商売之中にも武を磨、何事といへば、時津・長与浦を堅め、其外日見峠江関を居、南蛮寺の知行なれ共あへて不随。

「諸国筋目有る浪人共」とは、私がすでに別稿で検討した「頭人」たちのあり方[105]と一致し、特に「於長崎町郷に集居るともから」とあることから、都市の門閥からなる頭人中に、都市周辺の有力者たちが加わって、自治組織が教会領長崎のすべてを覆うものに再編成されていたと推測される。「時津・長与浦」とあるのは、『大村郷村記』[106]に天正十四年九月のこととして、長与村の地頭長与純一が大村純忠に背き、浜の城にたてこもり、さらに純忠に攻められて深堀に敗走した事件を記しているが、恐らくこのことと関係があろう。長与から深堀へは長崎を経由しなければならないことから、長崎のコミューンが長与氏に好意的であったこと、さらに長与氏は、恐らくは有馬氏の影響下に大村純忠に背いたことなどが想像される。

またここでは「南蛮寺の知行なれ共あへて不随」とあって、「於長崎町郷に集居るともから」の主体性が強調されていることに注目すべきであろう。さらに「武を磨」という側面は、町方が一つの政治軍事上の単位として周辺の諸勢力と合戦したことと対応している。ともあれ「神宮寺の焼き討ち」に引き続いて「長崎村・浦上村」が教会領に編入されたとすれば、さらに拡大した教会領長崎の支配領域が「時津・長与浦」から「目見峠」へかけての範囲であったことはよく理解できる。

先に取り上げた『上井覚兼日記』において注目すべきは、「彼方へ浮地なとの候をも、悉皆な南蛮僧分別にて領置候由也」とあることである。この「浮地」は、本来教会領長崎を構成していた「長崎町村・茂木村」を始め「長崎村・浦上村」「外海村」等々を指していたと思われる。天正十六年に「伴天連知行分」が「公領」となり、代官の鍋島飛騨守に預けられた際、「長崎村」に関しては大村氏の本主権が認められたが、鍋島飛騨守に預けられた「伴天連知行分」には、「長崎町村」「浦上村」「外目村」等々があったのである。

この記録からわかることは、長崎の代表者として「南蛮僧万天連」と「長崎地下衆」の両者が登場しており、「長崎地下衆」が〈長崎の進退は有馬殿〉と主張するのに対して、教会領を代表する「南蛮僧万天連」は、島津氏の使者に対して〈長崎を義久の直料とするよう〉に述べていることである。この「長崎地下衆」の主張からは当時教会領が有馬氏の保護下にあったことが窺われる。またこの二股外交にコミューンの二元性が見事に表現されているのである。

3 コミューンの二元性

先に我々は教会領長崎のコミューンがイエズス会と頭人中との二頭制ないし二元性を持っていることを見てきた。一方、ヨーロッパ中世の都市コミューンの研究者・井上泰男は、都市コミューンが「神の平和」運動との密接な関係を持ち「一般民衆の平和団体・教区共同体であると同時に都市ブルジョアの都市共同体でもある」という二重性格を持つことを指摘し[107]、さらにベルギーの歴史家A・フェルメースの研究を引いて次のように述べている[108]。

コミューンは一方では民衆的・都市的な共同体であるとともに、他方では教会的・教区的な共同体であり、この両者はともに封建社会における〈神の平和〉運動の時代的潮流から生まれ、十一世紀末から十二世紀を通じて相並んで発展した。

ここでいう「教会的・教区的な共同体」とは、私有教会を克服し「司教座聖堂―司教都市―教区」という「教区制度」の確立を目指したクリュニー派からなる改革派修道院の運動によってもたらされたものを指しているのである。一方イタリアにおいては、この「神の平和」運動の存在はあまり知られていないが、イタリアの都市コミューンはこの「教区制度」[109]との関連において都市郊外の周辺地域（コンタード）を征服することによって領域的に拡大し、小都市国家の成立に至った[110]のである。

つまりコミューンの発展には二つの方向があり、一つは「誓約共同体」を構成する都市構成員の量的な拡大による「民衆的・都市的な共同体」への道で、他の一つは構成員の都市・農村にまたがる地域的拡大による「教会的・教区的な共同体」への道である。後者からは「教区制度」の確立や小都市国家の成立が導きだされると整理できよう。

前節で述べたように、教会領長崎のコミューンの歩んだ道は、イタリアの場合とよく似た都市コミューンの地域的拡大発展の道だが、これは何よりもコミューンという組織が「外部に対しては徹底的に好戦的」であったことによっている。またこうした教会領長崎の領域的な拡大の背後には、イエズス会の前述した都市長崎の武装化・軍事化の方針や、都市長崎を中心とする「司教座聖堂―司教都市―教区」という教区確立に向けての努力を考えることができよう。

教会領長崎のコミューンが二元性を持ちながら、なお教会側の主導権が勝っていたと纏めることができるとしても、コミューン内部においては、教会と「頭人中」のどちらが主導権を持っていたかという問題がまだ残されている。先に述べた「平和維持軍」「人民軍」の問題は明らかに教会側に主導権があることを示しているが、一方『長崎記』の記事や『長崎年来記』の「於長崎町郷に集居るともから」「南蛮寺の知行なれ共あへて不随」の記録からは「民衆的・都市的な共同体」の自立性の強さが窺えるのである。

イエズス会が教会領長崎の実質的な支配権を掌握した事実から、教会領長崎のコミューンが「教会的・教区的な共同体」であるのは当然だと思われる。しかしイエズス会士たちは教会領の運営に際して、〈なぜ直接大衆に向かって働きかけるというやり方をしたのか〉というイエズス会の支配の「質」の問題が残されている。さらにこの問題はコミューンの持つ二元性の問題と密接にかかわっていると思われる。

ところで洋の東西を問わず、〈コミューンが二元性を持つのはなぜか〉と問題を一般的に考えた場合、前述したイエズス会の〈母性原理〉は大きな参考になる。つまり先に見たように「告白」や「誓約」が示していることは、人々を立派なキリスト教徒に育てていくこと、人々をキリスト教的な主体に改造し、人々の意志をある一定方向に誘導することである。このように人々をキリスト教徒として立派に育成していくことは、イエズス会士たちを含むすべての聖職者の当然の義務である。ここから、権力主体としてのイエズス会、さらにはカトリック教会の特徴を〈主体育成的な権力〉と捉えることができよう。

この主体育成権力とは、現実政治の世界においては、ある水準にまで達した各々の主体に権限をどんどん委譲していくことにより、自らは政治の世界から引退し、政治の第一線から次第に後退して行く権力、後見人の立場が一番ふさわしい権力である。それゆえ例えば「神の平和」運動がなぜ各地に平和団体を生み出し、なぜ都市のコミューン運動とも結合したか、なぜ聖職者の指導を離れ、自立的な民衆運動となったのかという疑問もこれで解くことができる。

ここにこそコミューンが「一方では民衆的・都市的な共同体であるとともに、他方では教会的・教区的な共同体である」といわれる二重性・二元性の原因である。教会領長崎に戻ると、例えば乙の系族を赦免するに際して、イエズス会側はただ発議するだけで、決定権はすべて平和教会会議全体の同意に委ねるという手続きが示しているように、主体育成的権力は下部への権限委譲を組織原則としていたのである。

それゆえ教会領長崎の組織の問題に戻ると、キリスト教への強制改宗を除けば、支配者・イエズス会が自治都市の自治の内容に手を触れることは、ほとんどなかったと思われる。ここに頭人中による輪番体制を、寄進文書にいう「カピタン」としてそのまま承認して行く体制[111]が成立したのである。ワリニャーノの書簡[112]に次のようにあることに注目したい。

日本の習慣により凡ての領主の行なう裁判に関しては、我々はそれを役人と呼ばれているCabezasやCapitanesに委せているのである。

つまり、「教会領長崎」という名称からも明らかなように、イエズス会の側には在地領主としての性格もあったが、一方の頭人中の側は自治都市の自治の担い手という点に限れば、自らの主体性を何ら損なうことなくイエズス会の支配に服したのである。それゆえ教会領長崎の実態としては、イエズス会と頭人中との共同統治という方が、むしろ歴史の真の姿に近いと思われる。先に見たように『上井覚兼日記』に「南蛮僧万天連」と共に「長崎地下衆」が登場していることはこの共同統治を何よりも明確に示している。

ところで教会領長崎のコミューンが「誓約共同体」の構成員の量的な拡大という側面において、つまり「民衆的・都市的な共同体」の次元で発展したとすれば、どのようなことが問題になったのかをここで述べておきたい。西欧と日本の中世都市を比較する際に、都市の自治の担い手となった市民の数に大きな隔たりのあることがよく問題となる。また、西欧の中世都市が「誓約共同体」によって形成されたとして、これとよく似たものとして日本中世の「一揆契諾」を挙げる際にも、彼我の違いとしてはやはり構成員の数が問題となる。

また彼我のそれぞれの「誓約共同体」を宗教・信仰面で支えたものに、キリスト教と氏神信仰を挙げることができる。西欧の場合、キリスト教の普遍性が組織の原則となり、一般に開かれているのに対して、日本の場合はむしろ閉鎖的・特殊的な鎮守の神が組織原則となり、「一揆」のメンバーは閉ざされた特権階級を構成することになる。これが彼我の構成員の数の違いをもたらしたのである。それゆえ、長崎の自治組織である「頭人中」の組織が、氏神信仰に支えられていたとすれば、キリスト教がこの氏神信仰に取って代わったことは、この自治組織に大きな変化をもたらしたはずである。

氏神信仰の狭さに代わってキリスト教の普遍性が組織の原則となったことは、都市門閥の閉鎖的な「頭人中」の組織に対して組織替えを迫ったと思われる。つまり、キリスト教の普遍性が氏神信仰の閉鎖性を打破し、信仰面・組織面における「頭人中」の特権を否定したことを挙げることができよう[113]。もっとも天正十五年の秀吉による「バテレン追放令」の発布で教会領長崎のコミューンの歴史には、一つの区切りがつき、歴史の具体的な展開については、領域的な拡大ほどにははっきりとしたことはわからないのだが。

むすび

前章で述べたように、イエズス会士たちあるいは広く中世のカトリック教会を「主体育成的権力」「後見人的権力」と呼ぶとすれば、宗教界と区別された世俗世界の側には、彼らの「後見」や「育成」の対象となる、彼らに最も相応しいパートナーとなるべき「主体」がおり、しかもその「主体」が権力を持っている状態が必要であった。この「主体」は「弱い者・抑圧されている者を保護しキリスト教を信じない者と戦う」というキリスト教的義務を負っており、このような義務を自らの理想としていたものに西欧中世の騎士階級を挙げることができる。こうして騎士たちは「十字軍の騎士」として歴史の舞台に表れてくるのである。また、ヨーロッパの辺境領域に各種の騎士団が作られ、これがヨーロッパの領域的な拡大に大きな役割を果したこともよく知られている。

ところでカトリック教会全体を考えた場合、このカトリック教会のパートナーとして歴史上に登場したものは、カール大帝によって再建された「西ローマ帝国」や、その後継者である「神聖ローマ帝国」あるいは中世末の再征服運動の結果イベリア半島にできたいくつものキリスト教国家等々である。これらを総称して「キリスト教国家」[114]と名付けることができよう。つまりカトリック教会と「キリスト教国家」とは、相互成立的・相互補完的な関係にあり、カトリック教会は、一方では「キリスト教国家」の精神的な支柱となり、また一方では「キリスト教国家」の保護の下に布教活動を続けることができたのである。そしてこの両者の力が一つに纏まったときに表れるものが「十字軍」である。

近代を切り拓いたものとして「ルネッサンス」「宗教改革」と並び「地理上の発見」が挙げられるが、これはイベリア半島における再征服運動の成功の結果、「十字軍」運動が海外にまで溢れだしたものとして理解することができる。そして「地理上の発見」を支えた政治理念は中世の「キリスト教国家」そのものなのである。

ここから、カトリック教会と「キリスト教国家」の相互成立的・相互補完的な関係を具体的に示すものに、いわゆる地理上の発見期に「キリスト教国家」のスペインとポルトガルがローマ法王の仲裁で、布教保護権をもとに世界分割（デマルカシオン）を行なったこと、あるいはイエズス会の海外での布教活躍が布教保護権を持つポルトガル国王の保護の下に行なわれたことなどをあげることができる。

日本におけるイエズス会の布教活躍が「上からの布教」として、キリシタン大名の保護下に、上から下へと行なわれたことはよく知られている。しかしこの「上からの布教」が持っている真の問題は、イエズス会が自己のパートナーである「キリスト教国家」を日本社会のなかに見出すことができたことなのである。つまり戦国期の日本社会に、イエズス会の布教活動が可能であったことは、政治思想としての「キリスト教国家」の理念がまがりなりにも日本社会に定着しえたことを意味している。

それゆえ敢えていえば、イエズス会士たちが実際に行なったことは、『日本通信』や『日本年報』等々に記していないとしても、異教徒撲滅のため日本国内のキリシタン大名たちを「十字軍」に組織化することであった。またその限りでイベリア半島の再征服運動と同様な宗教戦争が、戦国期の日本に展開されたのである。この時代のキリシタン大名の中で、理想都市ムジイカの建設に向けて日向征服を試みた豊後の大友宗麟や高槻のキリシタン大名・高山右近などを「キリスト教国家」の国王と名付け、彼らの行動を「十字軍」と呼んでもよいはずである。

これまで多くの研究者たちは、キリシタン・バテレンの問題を純粋に「宗教」の問題として考えてきたように思う。しかし、イエズス会が布教したキリスト教という宗教は、その内部に本来的に宗教として自立できない、パートナーとの一体化・政治権力との癒着という構造を持っていた。それゆえ、キリスト教の問題を全体的に捉えるためには、パートナーとの一体化構造の問題こそが考えられなければならないのである。

ところでこの問題を、政治思想としての「キリスト教国家」の理念がなぜ日本社会に定着しえたのかと言いかえるとすると、本願寺を中心とする一向一揆等の存在から戦国期の日本社会が、一面では宗教戦争の時代であったことに気がつく。このことから、ここでは深く立ち入ることはできないが、この「キリスト教国家」の理念が戦国期の日本社会に定着したことは、さほど不思議ではないと思われる。

ところで教会領長崎の場合は、イエズス会がパートナーとの一体化構造を無視し、自らの力で「キリスト教国家」建設に向かった場合と考えることができる。（これと同様に、イエズス会自身が国家権力を担った事例として、新大陸・南米パラグアイのイエズス会国家の場合を挙げることができる。）南蛮貿易港としての特殊な事情や、有力なキリシタン大名の保護を期待しにくい政治情勢等を考慮に入れるなら、このことはやむをえなかったとも思われる。しかしながら、キリシタン大名の保護下で布教活動を行なうのが原則であるとすれば、その原則からは外れたことになる。

長崎の武装要塞化方針やバテレン追放令発布後のイエズス会の方針を巡って巡察師ヴァリニアーノと副管区長コエリュとの間に対立があった(115)ことはよく知られているが、この対立は以上述べた原則との関係で生じた現実主義と原則主義の対立として理解することができよう。

これまでイエズス会を「主体育成的・後見人的権力」と捉えてきたのは、労働者階級に階級意識を外部注入し、階級闘争を指導し、革命を達成しようとするレーニンのボルシェヴィキ党＝共産党なるものをイエズス会との比較をとおして、多少なりとも捉え返してみたいと思ったからである。ともあれこれまでの分析から、イエズス会が大衆と対立する知識人の前衛組織の源流の一つということだけは許されよう。

辞書で「ジェズイット」(イエズス会士)、あるいはそれに係わる項目を引くと「悪賢さ、偽善、猫被り、二枚舌、権謀術数、目的のために手段を選ばない人」等々、思いもかけない説明に出会う。中村雄二郎も述べているように(116)、一つの宗教上の宗派が言葉の世界にこのような意味を定着させたことは、ただならぬ事柄である。しかしこれは知識人の前衛組織が実際に行なったことに対して、大衆がどのように応え・判断したかを明白に物語っている。

日本においても、教会領長崎はイエズス会の根拠地であり、ここではこれまで見てきたような、それなりの根拠地作りが行なわれたが、キリシタン大名の領地や畿内など、その他の地域でイエズス会はどのような政治工作を行なっていたのか。またそうした政治工作の総体が当時の日本の大衆からどのように評価されることになったのか。これが次の課題といわなければなるまい。

(1)『長崎名勝図絵』(長崎文献叢書)長崎文献社、一九七四年、二三五―六頁。
(2)同右、二三七―四〇頁。以下長崎の説明は多くこれによる。
(3)一般に秀吉の印子金貿易独占事件として知られている一五九一年の事件に際して、ポルトガル船の「加美丹」が「日本都御奉行」宛に提出した「黒舟船長謹而言上」とある文書の第三項目に次のような語句がある。「日本に到着岸候へば、海上難を安堵仕候為に、先陸にあがり客衆相甘候事ならひにて候……」(「鍋島文書一」)。なおこれは金井俊行編『増補長崎略史』下巻「外国商法沿革史上」(長崎叢書四、長崎市役所、大正十五年、三八九―九一頁)にも収められている。)
この意味するところは「ポルトガルの黒船が長崎港に入港し、波止場近くに碇を下ろしたあと、乗船していたポルトガルの客衆は一同揃って陸に上がり、岬の教会において航海の無事を神に感謝した」であると思われる。岬の教会がポルトガル人たちに対して持っていた意味は、以前この地にあった森崎権現が海人たちに対して持っていた意味と変わらないと思われる。聖堂の敷地は旧い昔から来航する異国人にはなじみの深い聖地であった。

（４）『長崎縁起略評』（国会図書館蔵）には次のようにある。「森崎ト八今ノ西役所ナリ……此処ニ恵美須ノ社有シヲ今ハ諏方ノ三社ノ内ニ森崎権現是也」、なお『長崎縁起略記』（『続々群書類従』には「蛭子の社」とある。

（５）『長崎略記』（長崎県立図書館13―199）には次のようにある。「春徳寺之下より西屋敷之はつれ迄、松之繁り続たるを以って森崎と云う。西屋敷今ニ在ル松の下ニ石之廟在。恵美須を石ニ彫付て是を氏神として尊む。（中略）江戸町より西屋敷裏門上り坂之上ニ大き成榎木在。此脇より参詣す。後に段々繁昌ニ付森之続きたるを片取、森崎権現と崇む。其後大権現と崇め近年森崎大明神と相なる」。

（６）網野善彦『無縁・公界・楽』平凡社、一九七八年。

（７）長崎のこの地が無縁の地であり、迫害された諸国のキリシタンたちの避難場所であったことは、元亀二年の長崎開港や、天正八年の教会領成立に際して、イエズス会士たちが繰り返して強調していることである。例えばパチェコ・ディエゴ『長崎を開いた人』（中央出版社、一九六九年）二二三頁、二二四頁、二三八頁、また、一六七〇年に大友軍が大村領の境までやってきたとき、トルレスが長崎に避難したことも、この長崎の地が無縁の地であることを示している。パチェコ前掲書二五二―三頁。

（８）『中世再考』日本エディタースクール出版部、一九八六年。

（９）『長崎縁起略記』（『続々群書類従』）には「文知町ハ即ち文知といふもの、その前より家居大にして有ゆへに、町の名とす」とある。

（10）拙稿「中世都市長崎の研究」（『日本歴史』三一〇号、一九七四年三月）参照。

(11)拙稿「教会領寄進文書の研究」(『史学雑誌』第八五編一号、一九七六年一月)。

(12)A・ヴァリニアーノ著、松田毅一・佐久間正訳『日本巡察記』平凡社東洋文庫、一九七三年。

(13)高瀬弘一郎「キリシタン宣教師の軍事計画」(『キリシタン時代の研究』岩波書店、一九七七年)一二二頁。

(14)ルイス・フロイス著、岡田章雄訳『日欧文化比較』(『大航海時代叢書XI』岩波書店、一九六五年)。A・ヴァリニアーノ著、松田毅一・佐久間正訳『日本巡察記』(前注(12)参照)。

(15)岡本良知『十六世紀日欧交通史の研究』(初版・弘文荘、一九三六年、改訂増補版・六甲書房、一九四二年、再版・原書房、一九七四年)四八九頁所載のフロイス書簡には次のようにある。「暴君(秀吉)が亡きドン・バルトロミウ(大村純忠)の与へたる長崎の町を耶蘇会より取上げたる後には我等は隠れて生活するの要あり……ポルトガル人の風俗と行為とは、全く日本人と反対なるが故に、両者の間に争闘・喧嘩殆ど絶えざりしかば、我が会の人は常にそれを糾し鎮めたり……」。特に永禄四年(一五六一)のポルトガル人と邦人の喧嘩(岡本良知、前掲書、三七一―三頁)は有名である。

(16)マックス・ウェーバー著、黒正巌・青山英夫訳『一般社会経済史要論 下巻』(岩波書店、一九五五年)第三章第一節、三頁参照。

(17)拙稿「中世都市長崎の研究」(前注(10)参照)の第四章参照。

(18)村上直次郎訳、柳谷武夫編輯『イエズス会日本年報 上』(『新異国叢書』3、雄松堂出版、一九六九年)四三―五頁。

(19)天理図書館善本叢書『クラシカ・ヤポニカ』キリシタン資料編一所収、雄松堂出版、一九七二年、二一頁裏、二二頁表。
（20）拙稿「中世都市長崎の研究」（前注（10）参照）。
（21）国会図書館所蔵。
（22）東京大学付属図書館所蔵。
（23）内閣文庫所蔵。
（24）村上直次郎前掲書、四三頁。
（25）「事実」と「価値」については、碧海純一「事実と価値」（『岩波講座 哲学』九、岩波書店、一九六八年、所収）に負っている。
（26）これはイエズス会のモットーである。
（27）マルク・ブロック著、新村猛他訳『封建社会 1』（みすず書房、一九七三年）「Ⅱ個人間の紐帯 1血の紐帯 第一章系族の連帯性 一肉の朋友（amis charnels）」参照。マルク・ブロックが述べているように「血によって結び付けられた人びとの間にしか真の朋友関係は存しなかった」ということは、ヨーロッパのみならず日本の封建時代にもあてはまると思われることから、amigos「朋友」を「肉の朋友」と訳すこととした。
（28）拙稿「中世都市長崎の研究」（前注（10）参照）。
（29）同右、特に第二章参照。
（30）次に続く文章に登場する「ポルトガル人」は複数の portugueses であり、そのなかにこの「一人のポルトガル人」丙が含まれていることは確実であるが、この記録の書き出し部分には論理整合性が欠けており、記録者の意識に混乱があると思われる。cujo pai lhe matara outro Iapaõ の部分の関係代名詞 cujo の先行詞が hum moco Iapaõ ではなく、それより遠くにある hum portugues であるとすれば、甲は主人丙に代り、主人の為に敵討ちを行ったことになり、少なくともここのところに関しては文章の論理整合性は高いことになる。しかしこれでは、逆に当記録中段部分にこの事件が「突発事件」であったとしていることと矛盾する。

なぜなら、丙が甲をそそのかして丙の親の敵を甲に討たせたのなら、この事件はポルトガル人やイエズス会士にとって「突発事件」ではありえず、予め計画され予想されていた事件であったはずである。さらにイエズス会士がこの事件を「突発事件」と述べているのは彼らの二枚舌を示しているとするのは、あまりにも恣意的な史料解釈であろう。

(31) 勝俣鎮夫「国質・郷質についての考察」(『戦国法成立史論』東京大学出版会、一九七九年、所収)参照。勝俣氏はここで、個人は集団に所属することによって初めて生存することができ、集団もまた外部に対して個人を保護する機能を持っていたとして、西洋法制史上フェーデ(復讐)の主体といわれるジッペ(氏族)に相当するものが日本中世社会にも存在していたことを明らかにした。

(32) 特に傭兵・常備軍であったとすれば、彼らは都市長崎の定住生活者でなければならず、一方冒険商人たちは都市長崎の単なる滞在者・寄留者であったと思われる。ここから後者の長崎での滞在期間の長期化をまって、初めて前者の存在は可能となる関係にあり、後者の歴史的な発展の過程で前者の存在が可能となるのであるから、ポルトガル人たちの東洋発展・日本進出の程度いかんにすべては係っていたと思われる。

(33)『増訂版 十六世紀日欧交通史の研究』(六甲書房、一九四二年)、二二七頁以下参照。

(34) ポルトガル人グループがイエズス会の常備軍であったとすれば、彼らはカピタン＝モールの支配下から離れてイエズス会の下に従属しなければならず、手続き的にも複雑なものがあったと思われる。

(35) 堀米庸三「自由と保護」(『ヨーロッパ中世世界の構造』岩波書店、一九七六年、所収)。

(36) 村上直次郎訳『イエズス会日本年報 上』(前注(18)参照)四三頁。

(37) 高瀬弘一郎『キリシタン時代の研究』(岩波書店、一九七七年)一二二頁。

(38) 『中国法制史研究——刑法』(東京大学出版会、一九五九年)三一八頁。

(39) 勝俣鎮夫「国質・郷質についての考察」(前注(31)参照)。

(40) 明石三郎『自力救済の研究』(有斐閣、一九六一年。一九七八年増補)。

(41) この部分は「現行犯に対しては、被害者の叫び声を聞いた同一ジッペの者は、直ちに加害者を追跡する義務を負っており、追跡に当っては、家宅捜査もなしうる」とあるゲルマンの復讐の形態と甚だ似通っている。なお、現行犯に対しては、家宅捜査を許可すべしとの趣旨の法令として、『塵芥集』第十八条の次の部分を挙げることができる。「人の被官以下人を殺し……又、くだんの科人主人格護のよし、敵人相支へる事あり、その当座ならば、主人在所を捜させべし。」

(42) 「今川仮名目録十条」「塵芥集十八条」「信玄家法十八条」「新加制式十一条・二十二条」のいずれもが前提としている事態は、被官が人を殺したり、喧嘩をした後で主人の在所に走り入りを行ない、主人がこれを格護する事態である。「新加制式十一条」に「為決実否 暫相拘其人者、非主人之過」とあることからも明らかなように、主人が被官を庇い、被官の主張を代弁することが想定されているのである。なおこの問題については拙稿「下人と犯罪」(『下人論』日本エディタースクール出版部、一九八七年、所収)参照。

(43) 勝俣鎮夫「戦国法」(『戦国法成立史論』所収)。

(44) 『中世政治社会思想 上』(岩波書店『日本思想大系』、一九七二年)四五一頁、「今川仮名目録」補注7。なお、ゲルマン法の世界では、「家」は家長の承認がない限り、他人の侵入を許さない神聖不可侵の地域であり、アジールの役割をも果たすことができる一種の特殊平和領域であった。また「家」と「これに属すもの」とはラント法上「家」の所有者の自由処置に任されていたのである。(世良晃志郎『封建制社会の法的構造』創文社、一九七七年、三六—七頁参照)。

(45) 『無縁・公界・楽』(前注(6)参照)。

(46) 司牧者についてはM・フーコーのいう「牧人=司祭制」(pastorat)(M・フーコー+渡辺守章『哲学の舞台』エピステーメ叢書、朝日出版社、一九七八年)の考えに負うところが大きい。

(47) 機会原因論については、カール・シュミット著、大久保和郎訳『政治的ロマン主義』(みすず書房、一九七〇年)に負っている。

(48) ルネ・メッツ著、久保正幡・桑原武夫共訳『教会法』(カトリック全集七九、ドン・ボスコ社、一九六二年)。

(49) 小此木啓吾「阿闍世コンプレックス」(『モラトリアム人間の時代』中央公論社、中公叢書、一九七八年、所収)。

(50) 「下手人という仕置の成立」(日本大学法学会編『法制史学の諸問題——布施弥平治博士古希記念論文』一九七一年、所収)。

(51) 「国質・郷質についての考察」(前注(31)参照)。

(52) 拙稿「伴天連追放令とイエズス会」(『日本歴史』四〇六号、一九八二年三月)、本書Ⅱの「バテレン追放令とキリシタン一揆」。

(53) ルネ・メッツ前掲書(前注(49)参照)。

(54) 破門という教会的刑罰は、本来司教の権限に属していた。未だ司教のいない日本の布教区に、教会的刑罰を科すことは、法理論上可能なのか否かという問題もあるが、当該事件が修道院の一つであるイエズス会の建物に対する狼藉であったため、「単純保留」に基づく破門刑となった。

(55) ミッタイス゠リーベリッヒ著、世良晃志郎訳『改訂版 ドイツ法制史概説』(創文社、一九七一年)第四章一3(b)、第九章一1参照。なおここではフェーデと血讐の主体はジッペとなっている。

また既に走入りやアジールの問題に関して先駆的な業績を挙げた田中久夫(「戦国時代に於ける科人及び下人の社寺への走入」『歴史地理』第七六巻第二号、一九四〇年)が注目したように『上井覚兼日記』天正二年十二月十九日の条には、福昌寺に走入りをした盗賊を島津氏の役人が寺内で討ち留め、これに抗議して、福昌寺の東堂は寺家を立ち退き他国しようとした事件を記している。東堂が寺家を退出する理由を「御上様・義久・又者老中衆などへ被対候て少しも御遺恨無是候、只寺家之疵 覚不可然候」と述べている。ここからアジール権の否定、家の平和侵害が「寺家之疵」すなわち名誉棄損であったことが知られる。

家の平和に対する侵害行為が戦国期の日本社会で重犯であったことは『塵芥集』第二十条「喧嘩・口論・闘諍のうへ、理非披露にあたはず、わたくしに人の在所へ差懸くる事、たとひ至極の道理たりといふとも、差懸け候かたの越度たるべし。」から窺うことができる。

(56) ミッタイスのいうゲルマン法の世界ではフェーデ事件とアハト事件という概念を異にする二つ

の犯罪が存在していた。この事実そのものには異論はないと思われるが、これをどう理解するかについては多くの議論がある。石尾芳久・井上光貞はこの二つにM・ウェーバーの外部的刑罰・内部的刑罰をそれぞれ対応させることで、日本古代法中でも「天津罪・国津罪」の研究を前進させた。私はここでは、フェーデ事件には私的刑罰を、アハト事件には公的刑罰を対応させて考察を進めて行きたい。なお阿部謹也『刑吏の社会史』(中公新書、一九七八年)参照。

(57)「戦国法の形成過程」(『戦国社会史論』東京大学出版会、一九七四年、所収)。

(58)石井進他『中世政治社会思想』上(『日本思想大系』岩波書店、一九七二年)四〇二―三頁。

(59)同右四〇一頁。

(60)堀米庸三「自由と保護」(『ヨーロッパ中世世界の構造』岩波書店、一九七六年、所収)、石川武「ドイツ中世の平和運動における「公共性の理念」」(『歴史学研究』一七二、一七三号)。

(61)宗教的犯罪についてM・ウェーバーは次のように述べている。「宗教的犯罪の場合にはある呪術的な規範、例えばタブー規範が犯されると、このことが、呪術的な威力・霊力または神々の怒りを犯罪者自身に対してのほかに、この犯罪者を自分達の仲間として甘受している共同体に対してもまた、悪しき呪力の形で招来することがありえたのである。」(M・ウェーバー著、世良晃志郎訳『法社会学』創文社、一九七四年、第一節五参照)。

(62)この間の事情は、当記録に次のようにあることから確かめることができる。「パードレは、この突発事件に関して、彼らの責任は小さかったことは認めていたが、この新しいキリシタン教界Christandadeに、かくの如き事件の重大であることを覚って遺憾と思わせる必要を感じたのである。」

(63) 前注(12)参照。

(64) 脇田修が近世初頭の富田林寺内について明らかにしたところ(「寺内町の構造と展開」、『史林』四一の一)に従えば、寺内町内部には、政治組織と宗教組織とが二元的に存在していた。前者は自治の担い手たる「惣中」とその代表「年寄中」からなっており、後者は宗教上の「信徒」とその代表「年預中」である。注目すべきことは、前者の「年寄中」が本願寺の御坊と無関係であることである。つまり、「年寄中」には門徒でないものも含み、御坊の檀徒でないという共通性をもっているのである。この政治組織と宗教組織の二元性は、当該期の都市長崎を理解する上で、大きな参考になると思われる。

(65) ルネ・メッツ前掲書(前注(48)参照)。

(66) B・テップァー著、渡部治雄訳『民衆と教会——フランスの初期「神の平和」運動の時代における——』(創文社、歴史学叢書、一九七五年)一二五頁。

(67) 聖像に関して、トレント公会議においては、聖像そのものではなく、聖像が表している「原形」に「神性や善性」が備わっているとの理由から、聖像に対する「正当な尊敬と崇拝」は承認された。その結果中世ヨーロッパにおける聖像や聖遺物崇拝は、イエズス会士たちを経て、そのまま戦国期の日本に持ち込まれたのである。こうしたキリスト教的聖像崇拝が「隠れキリシタン」の崇拝物へと連続していることについては、すでに坂本満が指摘しているところである(坂本満・吉村元雄『南蛮美術』ブック・オブ・ブックス日本の美術、小学館、一九七四年)。

(68) マルク・ブロック著、新村猛他訳『封建社会 1』(みすず書房、一九七三年)一二〇頁。一般的に考えて、フェーデの終りを意味する和解 Urfehde に際して被害者集団と加害者集団との関係はさまざまであり、両者対等な平和同盟や婚姻契約によって和解が強化される場合もあれば、マルク・ブロックの述べているように、被害者側にたいして、加害者側が公然と謝罪を請う儀式や服従を誓う儀式を行なう場合もあった。日本においても、和平が婚姻や養子縁組み・起請文・人質の提出等々を伴うことは、よく知られている。ミッタイス＝リーベリッヒのいう加害者が被害者側のジッペへ移籍するケースは日本においても下手人の制度として定着していたと思われる。当該事件におけるイエズス会と頭人中との和解の在り方は、服従を誓う儀式を伴うケースであった。ここにおいて初めて、イエズス会士たちは「善なる神の代理人」として、すべての人から超越している自己を確認することができ、大きな満足を覚えたと思われる。

(69) ルネ・メッツ前掲書（前注(48)参照）。

(70) これは一〇三八年にブールジュの大司教 Aimon が結んだ同盟に関連して、マルク・ブロックが述べている「司祭たちは教会の旗幟を掲げて行進し、それに従う民衆は神の平和を求めて実力でいくつかの城を崩し、或は焼き討ちにした」という民衆運動としての「神の平和」運動に非常に近い形態と考えることができよう。B・テップァー前掲書、一二九頁。

(71) B・テップァー前掲書一四七―八頁。

(72) B・テップァー前掲書一二五―六頁。

(73) イエズス会士たちに対して、「彼等が外出するときは、騎馬徒歩の三百有余人の同勢を以てし、修道士の如くではなくして、在俗の王侯のように暮らしている」（イエズス会士たちの在地領主としての性格を述べた拙稿「教会領寄進文書の研究」第三章五参照）といわれる理由もまた、ここにあると思われる。

(74)「中世後期における国家権力の形成」(『ヨーロッパ中世世界の構造』岩波書店、一九七六年、所収)二三一頁。

(75)井上泰男『西欧社会と市民の起源』(近藤出版社、世界史研究双書、一九七六年)一八六頁。

(76)B・テップァー前掲書(前注(66)参照)一二九頁。

(77)マルク・ブロック著、新村猛他訳『封建社会 2』(みすず書房、一九七七年)一三四頁。

(78)勿論、この「神の平和」は、かつてイエズス会士の主張した貿易時期の「市場の平和」をも含んでいた。なお、人物としては記されてはいないが、外国商人という項目が考えられる。外国商人に対するフェーデの禁止が、このとき以来長崎の慣例となっていたとすることによって、初めて天正十九年の秀吉禁令のもつ歴史的な性格が明らかになるだろう。「定　肥前国長崎津/一喧嘩刃傷事双方日本仁者不立入理非両方可加成敗　但南蛮船唐船之儀者異国仁之条、理非遂糾明　十之物五ツ五ツにわゐて日本人可処罪科事(中略)天正十九年六月朔日(秀吉朱印)」(鍋島文書一)。

(79)拙稿「中世都市長崎の研究」(前注(10)参照)。

(80)このヂシピリナは、宗教的な苦行としてこの時代盛んに行なわれた。これは刑罰というよりもむしろ懲戒的な制裁手段であり、教会的な刑罰に数えるべきかも知れない。一方これを体刑として捉えるとすれば、神の平和やラント・フリーデにおいて体刑が行なわれるに至ったというヨーロッパの刑罰史との共通性を認めることになる。

(81)ヘルベルト・ヘルビック著、石川武訳「十一世紀のフランスとドイツにおける《神の平和》」(『法制史研究26』一九七六年)等。

(82)「中世後期における国家権力の形成」、「戦争の意味と目的」、「自由と保護」。これらはすべて

『ヨーロッパ中世世界の構造』に収められている。なお、前注(60)(74)参照。
(83)「自由と保護」前注(60)参照。
(84)「ドイツ中世の平和運動における『公共性の理念』」前注(60)参照。
(85)世良晃志郎の前二者に対する「書評」(『法制史研究 6』一九五六年)。なお、B・テップァー前掲書の「訳者あとがき」に「神の平和」の研究史のまとめがある。
(86)渡部治雄訳『民衆と教会――フランスの初期「神の平和」運動の時代における』(創文社歴史学叢書、一九七五年)六一頁。
(87)同書五三頁。
(88)中公叢書、中央公論社、一九六七年。
(89)この問題については弥永信美『幻想の東洋』(青土社、一九八七年)より多くを教えられた。
(90)河野純徳訳『聖フランシスコ・ザビエル全書簡』平凡社、一九八五年、書簡第九四号、4節、五一六頁。
(91)同上、書簡第九六号、50節、五四三頁。
(92)『日欧通交史』岩波書店、一九四二年、六六五頁。
(93)中国の風水思想で青竜・白虎・朱雀・玄武の四神感応の地を樋口忠彦(『日本の景観』春秋社、一九八一年)は蔵風得水型空間と名付けたが、沖縄の地理学者仲松弥秀(『神と村』伝統と現代社、一九七五年)は、この山ふところに抱かれる姿を、御嶽(うたき)の神に抱かれ、神の膝に座り腰を当てて安心して依りかかる状態「腰当(くさて)」を表すとし、一方、御嶽の神は人々を「愛護・育成」したとして、これを「おそい」と呼び、人々が住まう場所の原理をクサテとオソイによって説明した。長崎においても江戸時代に奉行所の立山屋敷が建てられる場所には、キリシタン時代には「ベアドノ」といわれたサンタ・マリア教会が立てられていたが、これもクサテとオソイによって説明することができそうである。

(94) 長崎県立図書館所蔵。

(95) 古賀十二郎『長崎開港史』古賀十二郎翁遺稿刊行会、一九五七年。

(96) 東京大学史料編纂所所蔵。

(97) 一五八九年二月二十四日付加津佐発『イエズス会日本年報』(村上直次郎著『長崎市史 西洋諸国部』長崎市、一九三五年。一九八一年に清文堂より復刻、一三四頁、所載)。

(98) 拙稿「教会領寄進文書の研究」(前注(11)参照)。

(99)『イエズス会日本年報』上(『新異国叢書3』雄松堂書店、一九六九年)。

(100) 同右。

(101) 佐賀県立図書館所蔵、鍋島文書。

(102) 東京大学史料編纂所編纂『大日本古記録』岩波書店、一九五四年。

(103) 藤野保編『大村郷村記』(国書刊行会、一九八二年)。「黒崎村由緒之事」には「外海村と云う八三重村の内并陌刈平村黒崎村雪浦内、是を統て外目村と云ふ」とある。またこの『大村郷村記』と「大村家記」(前注(96)参照)とを突き合わせて考えると、角力灘に面した地域は天正十五年以降、公領(旧教会領)と大村領(大村氏に属す在地領主の所領)と佐賀領(深堀領)とが錯綜していたことがわかる。ここから「外海村」はいくつもの飛び地の集合を指していると思われる。

(104) 九州大学図書館所蔵。

(105)拙稿「中世都市長崎の研究」(前注(10)参照)第三章参照。

(106)『大村郷村記』(国書刊行会、一九八二年)第四巻、八六、八八頁「旧来地頭之事」「古城蹟并古館蹟之事」参照。

(107)『西欧社会と市民の起源』前注(75)参照、一七一頁。

(108)井上前掲書、一七六頁。

(109)D・ウェーリー著、森田鉄郎訳『イタリアの都市国家』(平凡社世界大学選書、一九七一年、一四三頁)によれば、西欧世界では「すでに十二世紀初めごろまでに、司教座都市は司教管区を都市に従属する領域すなわちコンタードとして要求しうる、という考えが一般化していた」とある。この原則で都市周辺領域をコンタードとして要求したことが考えられる。

(110)イタリアの都市においてはコンタードの征服後、都市の有力者たちはコンタードの土地を集積し、また一方コンタードの封建貴族や大土地所有者たちは都市内部に屋敷を構えることによって、両者は混和し、都市と農村の二元性は止揚され、貴族的な都市国家が成立した(N・オットカール『中世の都市コムーネ』創文社歴史学叢書、一九七二年)。

(111)拙稿「教会領寄進文書の研究」(前注(11)参照)第三章四。

(112)同右、一五八〇年八月十五日付書簡。

(113)拙稿「中世都市長崎の研究」(前注(10)参照)第三章参照。

(114)A・ラトレイユは『国家と宗教――カトリシスムとプロテスタンティスム』(A・ラトレイユ/A・シグフリード著、仙石政夫/波木居斉二訳、岩波現代叢書、一九五八年)五〇頁においてキリスト教国家について次のように述べている。「中世期は、事物の本性と天地創造の秩序に由来するこれらの要求を満たすため、聖アウグスティーヌスに従い、また当時の一般風潮に従って壮大な理想的構造をつくりあげた。即ちキリスト教国家である。このキリスト教国家の主権者は国民に対して、神の正義をとり行うことをその使命としている。グレゴリーウス大教皇によれば〈権力は、善を行おうとするものを援けるために、天上への道をもっと広く開くために、地上の王国が神の王国に奉仕するように神から与えられたものである。〉従って国王は神の名誉を維持し、聖なる教会を保護し、使徒職あるいは十字軍によってキリスト教の拡大に努力し、最後に各人にその権力を回復し、特に圧迫されたものにその権力を回復しなければならない。国王にとって最高の資格は信仰の擁護者としての資格である。」

(115) 松田毅一『太閤と外交』(桃源社桃源選書、一九六六年)。

(116)『パスカルとその時代』岩波書店、一九六五年。

Ⅱ　バテレン追放令

「バテレン追放令」とその影響

秀吉の九州御動座に繋がる天正十五年夏の出来事には、島津氏を討ち博多に凱旋し、戦後処理として「九州国割り」を発表したことがある。しかしここでは、正にその瞬間にキリシタン大名の高山右近が追放され、「バテレン追放令」Aが出されたことを問題としたい。私の理解では、この法令の発布により日本国の在り方は大きく変わり、「キリスト教国家」の〈亜周辺国家〉としての道を選択したことになる。この法令が日本史上で持つ意味は、古代に唐の律令制を取り入れたこととか、現代に大東亜戦争の終結に当たり、ポツダム宣言を受諾したことなどとも対比し得るもので、日本の歴史にとって、計り知れない深みと大きさを持っていたのである。

第一節ではAが出されるまでの政治過程と、その前提となった事柄を。第二節では法令とその現代語訳と法令の意味を。第三節ではAが後世に与えた影響を取上げる。

一　「バテレン追放令」Aが出るまで

第1項では「バテレン追放令」が出るまでの歴史を簡単に見ておきたい。第2項、第3項ではカピタン＝モールのドミンゴス・モンティロを取上げ、秀吉が八代でモンティロに「貿易自由令」を与えたことを見たい。第4項ではこの時なぜ高山右近が追放になったのかを「キリシタン党」と「八宗九宗」という秀吉の言葉を取上げて、考えたい。第5項ではイエズス会士たちが予想もしていなかった「バテレン追放令」が出る直接のきっかけになったコエリュと秀吉の会見の姿の再現を試み、その上で「教権制」「殉教」「思想・信教の自由」を取上げたい。第6項ではこれまで多くのキリシタン大名を抱えていた秀吉政権が、この法令の発布でどう変質したのかを、〈中心〉〈周辺〉〈亜周辺〉という観点から考えたい。

1　「九州御動座」と「バテレン追放令」

天正十五年の秀吉の「九州御動座」において、上方軍は二手に分かれ、秀長軍は日向路を進み、秀吉本隊は肥後路を南下した。この時、四月十八日にキリシタン大名の大村純忠が、五月二十三日には大友宗麟が、相次いで病死した。また「博多」で「九州国分け」の最中の六月十九日に「バテレン追放令」五カ条を発布した。イエズス会士たちはこの「追放令」発布を「青天の霹靂」としたが、秀吉政権の側にはもともと隠された「キリシタン党」解体の意図があったのかもしれない。『九州治乱記』[1]には四月十一日に筑後の高良山で「取次」の小西行長の下にいた次の武将たちが「段々参陣して御礼を遂げた」とある。「波多下野守鎮、有馬左衛門佐鎮貴、松浦肥前守鎮信、宗彦七郎、宇久大和守盛勝、大村新八郎喜前、深堀中務大夫純賢」等、西肥前の領主である。参謀本部編『日本戦史』『九州役』[2]以来、秀吉軍すなわち「北軍」は日隅と筑肥の二方面から薩摩に迫ったとし、これが通説となっているが、海の道を逆時計回りに回り、平戸から西肥前に進んだ小西行長の水軍もあったのである。次に天正十四年に来日し、天正十五年の四月には肥後「八代」で、六月には筑前「博多」で、二度にわたり秀吉と面会したカピタン＝モールのドミンゴス・モンティロの活躍を述べたい。

2　多忙な外交官・モンティロ

原則主義者のカブラルやコエリュが主張した「イエズス会の貿易関与禁止令」は天正十三年にマカオに伝えられ、マカオ・長崎間貿易に影響が出た。新事態に対応すべく天正十四年（一五八六）に、ドミンゴス・モンティロは定期航船とジャンク一艘を率い、イエズス会士の要望を無視して[3]、長崎を避け、平戸へ入港した。彼はイエズス会が南蛮貿易を支配し、日本貿易に関し、インド副王から大きな権限を任されているカピタン＝モールが単なる運び屋に転落している現状に反発し、独自な行動に出た。モンティロ船の平戸入港[4]につき、イエズス会士たちは大村・松浦両氏間の勢力関係に影響が出ることを懸念した。

この年島津氏の勢力は長崎港にまで及び、凡てが新しい事態だった。入港先の変更や当時の戦争の影響により貿易は振るわず、モンティロの定航船は平戸で二度目の冬を越し、天正十六年二月に平戸を出港した。一方、天正十五年は秀吉の「九州御動座」の年で、モンティロは天正十五年の「九州役」の一部始終を見届けていた。モンティロが二度秀吉と面会したことは、カピタン＝モールがポルトガルを代表して日本の実力者と接触した最初の出来事である。モンティロはこの当時活躍したカピタン＝モールの中では〈傑出した外交官〉で、彼の活躍が秀吉に「バテレン追放令」の発布を促しただろう。

岡本良知はモンティロを、「通商上は閑散」だが「外交上は多忙[5]」と評価した。秀吉はカピタン＝モールのドミンゴス・モンティロと直接接触したことから、〈イエズス会なしでも南蛮貿易は可能だ〉との感触を得て、「布教NO、貿易YES」を内容とする「バテレン追放令」を発布したのだろう。天正十五年六月に「バテレン追放令」は発布された。モンティロは四月に「八代」で秀吉から得た〈貿易自由令〉を内容とする「特許状」と、六月に「博多」で得た〈南蛮貿易の存続希望〉が記された「バテレン追放令」の二つの朱印状を携えて、翌年二月に平戸を出帆し、マカオさらにインドのゴアに帰った。

この時秀吉は奴隷売買を禁止していたので、積荷には奴隷はいなかっただろう。

3　モンティロ宛て「三カ条の特許状」

われわれがここで問題とする秀吉の「貿易自由令」とは、天正十五年四月に肥後「八代」で秀吉がドミンゴス・モンティロに発給した「三カ条の特許状」を指している。イエズス会の記録係フロイスはモンティロの八代会見記の終わりで、モンティロが秀吉に三項目の特権を記した「特許状」の発給を要求し、秀吉がこれに応えて祐筆に二通の「特許状」を作らせ、一通はモンティロがマカオへ携行し、他の一通は日本に留め置かれたと記している。手渡された特許状は三カ条からなる「定書」で、秀吉の朱印が押されていたはずだが、外国に持ち出されたので、日本には残っていない。[6]

この「貿易自由令」である特許状を取上げた研究は、これまでなかったので、ここで取上げたい。三項目とは次のものである。

i　ポルトガル船への保護。
ii　戦時下であっても、日本商人が取引のため黒船（の停泊地）へ来ることの自由。
iii　支那より来航するポルトガル船がどこの港に着いても、その港の領主は黒船を保護すること。

i・ii・iiiは共に〈南蛮貿易の自由〉を保障するものである。ここで確認すべきは「特許状」のiにある「ポルトガル船」とは何かである。ポルトガルのインド副王から任命されたカピタン＝モールが航行する〈マカオ—長崎〉間の定航船が含まれることは当然である。これは大型船のナウ船である。この他にもマカオを拠点とした自由貿易商たちのナウ船より小型の黒船もあり、中国船のジャンクによる航行もあった。カピタン＝モールが航行する定航船は「ポルトガル船」の中では特権的な立場にあったが、モンティロはカピタン＝モールとして「ポルトガル船」全体の利益を擁護する立場に立っていた。

　東シナ海の倭寇世界が〈万人が万人に対して互いにオオカミである〉状態にあったことから、iの〈ポルトガル船への日本近海における保護〉の要求は絶対である。ポルトガル側が要求したiiの「黒船との取引のために来航する日本側商船への自由」とは、具体的には長崎湾口を扼する深堀氏が、長崎湾へ入港する日本船からの「通行税」徴収への禁止令であろう。秀吉はiiで平戸や長崎など〈黒船の入港する港における「入港税・停泊税」や「関税」の廃止を約束した〉と考えたい。iiiの「黒船の自由入港」とは、長崎はもとよりそれ以外の平戸等々の港への入港・交易の自由の保障である。

「関税」については、横瀬浦開港時には黒船への関税は無税であった。その原則は長崎港にも引き継がれていたので、大村氏が徴収した「関税」は日本側商人の取引商品にのみ課せられていたものである。この段階ではその「関税」も廃止となり、地域領主の市場への介入を禁止する「楽市楽座」の原則が貿易港にも及んだことになる。iiiには「支那より来航するポルトガル船がどこの港に着いても、その港の領主は黒船を保護すること」とある。黒船が入港したことがある平戸や口之津等々、九州各地の領主たちへの命令である。以上、モンティロ宛「特許状」が「貿易自由令」を内容としていることを見てきた。

再び「九州御動座」に戻ると『九州治乱記』には「同（五月）二十日既に薩州平均しければ、関白殿下太平寺の御陣を払はれ、大隅・日向を征せらるべしと、御勢を二に分けらる」とあり、大隅へ向かう肥前の軍勢中には「有馬、松浦、宇久、深堀」と共に「大村新八郎」がいた。新八郎喜前は従軍中に父・大村純忠を亡くしていた。『九州治乱記』では「バテレン追放令」発布後の六月二十八日以降に、小西行長配下の九州西海岸の領主、松浦鎮信、波多鎮、宇久盛勝、大村喜前、有馬鎮貴、深堀純賢、宗彦七郎が「本領安堵」の御朱印を給わったとある。「追放令」発布は「下のキリシタン」大名たちへの脅しだった。

有馬晴信は天正十二年の「沖田畷の戦い」で龍造寺隆信を討ち取り、名門意識の下で、祖父・晴純の肥前守護職回復に向かっているとの自覚を持っていた。秀吉の「九州御動座」には同盟軍として参加しても、幕下に属す意識はなかった。宗・松浦・大村・有馬など西九州の領主たちには、本領安堵に先立って人質提供が命じられていた。有馬氏は他の領主たちと共に小西行長の与力として、その指揮下にあったが、人質の提供を拒否した。

これがイエズス会士の言う「有馬の美女狩り」である。フロイスはこの人質拒否を「バテレン追放令」発布の原因だとした。

これは、イエズス会なりの犯人捜しで、当時イエズス会と対立していた有馬氏に白羽の矢を立てたのである。フロイスはじめイエズス会士たちは、天正十五年の「九州御動座」の最終局面で「バテレン追放令」が発布されたことを「青天の霹靂」と受け止めていた。しかし、現地を遠く離れたマカオにいたヴァリニャーノは、「都布教区長」のオルガンチーノやその影響下にあった高山右近・小西行長の意見に従い、「バテレン追放令」発布から三年後の一五九〇年十月十四日付けイエズス会総会長宛書簡[10]の中で、死んだコエリュの屍に鞭打つかの様に、アルマゲドンとして対決したコエリュの軍事路線や冒険心がその原因だと断じた。

しかし「下布教区」で次第に煮詰まる軍事・政治情勢をアルマゲドンと見ない別の選択肢が実際にあり得たのだろうか。

4　高山右近

キリシタン大名の高山右近には九州の一国が与えられると思われていた[11]。右近は既に信長によりキリシタン大名として認められていた。天正十年（一五八二）の山崎合戦の折には、明智光秀の軍事指揮下にあったにも拘わらず、秀吉軍の先鋒を務め、信長の弔い合戦を勝利に導いた。ここから右近が秀吉政権内部で重用されているとフロイスは記している。しかし同年、秀吉の行った大徳寺での信長葬儀の折、右近はキリシタン信仰を理由に焼香を断った[12]。このことが秀吉に従う旧信長家臣たちの心を掴んだ。その結果、秀吉政権内部に右近を頂点とする蒲生氏郷や黒田孝高[13]等々からなる「キリシタン党」が生まれた[14]。

蒲生氏郷は信長の娘婿で、息子の信雄・信孝に次ぐ信長の跡目相続人の立場にあった。秀吉政権内部ではキリシタン一揆がおこり、政権と敵対する可能性が心配されていた。九州における武装したコエリュの在り方はその心配を可視化させた。フロイス『日本史』の第一六章[15]には次のようにある。

使徒サンティアゴの祝日の前日、……（ポルトガル船の）総司令官が、立派な贈物を携えて関白を訪問した。その同じ七月二十四日、関白は何の予告もなく、キリシタン宗団の最大の支柱から攻撃を開始した。すなわち同夜、彼は突如として（高山）右近殿の追放を命じたのである。

この章には、関白が右近やコエリュを詰問する際に「箇条書の宣告文[16]」を伴っていたとある。「バテレン追放令」の前日に作られた「キリシタン禁令」の「覚[17]」Bがそれに相当しよう。「キリシタン禁令」の「覚」がそのまま「宣告文」として示されたのか否かには慎重でありたいが、この第一条から第四条に当たる文書を伴っていたことは確実だろう。「キリシタン禁令」[18]Bの第一条には「伴天連門徒之儀、其者之心次第たるへき事」とあり、第二条には「国郡在所を御扶持ニ被遣を、知行中之寺庵・百姓以下を、心さしニ無之処へ押付而、給人伴天連門徒ニ可成由申、理不尽ニ成候段、曲事候事」とあった。

第三条には「其国郡知行之儀、給人ニ被下候事ハ当座之儀候、給人ハかハり候といへとも、百姓は不替ものニ候条、理不尽之儀、何かに付て於有之者、給人を曲事ニ可被仰出候間、可成其意之事」とあった。この第二条・第三条から、高山右近に対して、領民に対する強制布教を止めるよう命じられたとあり、右近に対しては「理不尽・曲事」と断じられ、この命令を聞かなければ秀吉の家臣団から追放にするとあった。しかし右近は領民へのキリスト教の勧誘は間違ったことではないとして、むしろ、追放を受け入れると明言した。秀吉は右近を失いたくなかったので、攻撃の対象をコエリュに切り替えた。

「八宗九宗」

その後施薬院《せやくいん》徳運も加わったところで、「キリシタン党」と一向一揆の類似点が問題となり、「宣告文」には第六条・第七条・第八条が付け加えられた。注目すべきはBの第五条・第九条には日本仏教の「八宗」にキリシタンの「一宗」が新たに加わったに過ぎないとする「八宗九宗」の言葉があることである。「八宗」とは奈良仏教の顕教六宗と平安仏教の密教二宗の本質的な同一性の確信の上に築かれたもので、叡山を中心に「八宗」兼学が行なわれていたことから、「八宗」とは、日本の正統教学として仏教諸派の共存を言う言葉になり、ここからキリスト教も仏教諸派と共に共存すべきだとの主張となっている。

ところで、ザビエルが直面した当時の日本社会では、信仰の自由が広く認められていた。一五五二年コチン発ヨーロッパのイエズス会員宛のザビエル書簡(19)には次のようにある。

それぞれ異なった教義を持つ九つの宗派があって、男も女もめいめい自分の意志に従って好きな宗派を選び、誰も他人にある宗派から他の宗派に改宗するように強制されることはありません。それで、一つの家で夫はある宗派に属し、妻は他の宗派に、そして子供たちは別の宗派に帰依する場合もあります。このようなことは彼らのあいだでは別に不思議なことではありません。なぜなら、一人びとり自分の意志に従って宗派を選ぶことは〔まったく自由だからです〕。

信仰の自由が認められていたからこそ、キリスト教は仏教の新しい一派として受け入れられたのである。「バテレン追放令」発布の前日、秀吉が高山右近やコエリュとの交渉のために作成した「覚」を、これまで研究者は「キリシタン禁令」とも、「もう一つの「キリシタン禁令」」とも呼んできたが、これは「教権制禁止令」である。その第一条には、信教の自由の原則が「其者之心次第」と記されており、全体を通じて「八宗九宗」の言葉で繰り返し表現されている。第四条には「弐百町二三千貫より上」の給人がキリシタンになる際には、秀吉からの承認が必要だとした上で、第五条では「右之知行より下を取候ものハ、八宗九宗之儀候条、其主人一人宛ハ心次第ニ可成之事」とある。

ここまでは専ら家臣団の内部統制がテーマだったが、第六条以後では「一向宗」「本願寺門徒」との比較がなされた。第六条の初めに「伴天連門徒之儀ハ　一向宗よりも外ニ申合候由、被聞召候」とあり、最後に「一向宗」は「天下之さハりニ成候儀　無其隠候事」とある。秀吉政権内部では、施薬院徳運を中心とする反「キリシタン党」のメンバーらが、彼らを「一向宗」以上に「天下のさわり」になると申し合わせていた。

歴史を遡れば、叡山を中心とする「八宗」への敵対者には、法然の「浄土宗」や「一向宗」があった。「一向一揆」と富樫氏などの守護大名との対立を経て、この対立は織豊権力と本願寺との石山合戦にまで持ち越された。『相良氏法度』の〈晴広法〉では「一向宗」は禁止の対象で、町で「宿」を借りることも、「祈念」を誦えることも禁止されていた。秀吉権力は「一向宗」「本願寺」との対立を克服して初めて、仏教諸派を「八宗」として自己の世界に繰り込み、支配したとなる。「九州御動座」に際して、秀吉は高野山の木食上人や本願寺の下間頼廉《しもつまらいれん》を同道させて、日本仏教の全てを「八宗」として自己の「天下」に包摂したことを宣伝していた。これと同様にBの第六条・第七条・第八条を基にして、

「キリシタン党」を「天下」に服すべきだとしていたのである。

この仏教諸派の共存の考え方が神道にも及ぶと「神仏習合」「本地垂迹」となる。仏教が後生や現世での安寧を専らテーマとしているのに対して、産土の祭り、地域共同体の祭りは神社に任されていた。逆に言えば、キリスト教では個人の内面に関わる、死後の安寧・後生・パライソなどと、共同体全体の祭り、クリスマス・復活祭などが共に教会の祭りとして統一されていた。それゆえキリスト教の側からは「神社仏閣の焼き討ち」が行なわれたのにも拘わらず、日本人の確信として、秀吉もまた仏教を念頭に置いて「信心は各自の自由」だと宣言されていたのである。

5　博多でのコエリュと秀吉の会見

「バテレン追放令」発布のきっかけとなった博多におけるコエリュと秀吉との会見の全体像は、フロイス『日本史』等からはあまり明らかではない。イエズス会側の記録や「九州御動座記」には「バテレン追放令」の前提として、牛を殺して食べることや南蛮貿易での日本人奴隷の売買が問題になったとある。これらは共に「バテレン追放令」の前日に発せられた「キリシタン禁令」Bの全十一カ条の最後の第十条と第十一条に対応している。秀吉側は「小牧・長久手の戦い」以後は東への発展を阻止されていたが、中国・四国・九州の西日本を統一したとの誇りがあり、「唐入り」を次の政治・軍事目標としていた。

一方、コエリュ側は天正十二年の島原合戦でアルマゲドンの危機を乗り越え、自らの働きで秀吉を動かして勝利を勝ち取ったとして、自分の軍事計画の成功に酔い、有頂天だった。コエリュは「九州御動座」でアンチ・キリシタンの島津氏が敗北し、九州の地からキリシタンの抑圧者がいなくなったので、九州はキリシタンの世界になると期待していた。会見でのコエリュ側の話題はシナの征服、そのための高麗渡航だっただろう。地球儀を俯瞰して、スペイン・ポルトガル連合王国が支配する色塗られた世界地図を基に、南北アメリカ・アフリカ・インド・東南アジア・フィリピン等が彼らの支配下に入っており、支配の及ばないのは東アジアでは極東の日本・朝鮮・中国のみだと述べたであろう。

当然コエリュは秀吉にキリスト教への改宗を勧め、「キリスト教国家」「十字軍国家」への参加を求めたはずである。前日の「キリシタン禁令」＝「覚」Bの第五条・第九条には日本仏教の「八宗」に新たにキリシタンが加わったとする「八宗・九宗」の言葉があった。秀吉は仏教の「八宗」を「天下」に包摂したが、これと同様に、キリシタンも「天下」に服すべきだとしていた。信教の自由を説くこの考えは、キリスト教が広まった世界ではどこでも繰り広げられるべきものだった〈キリシタンか、アンチ・キリシタン〉の宗教的な対立に対して、「秀吉平和令」の一環として、信教上の平和を命ずるものであった。

しかしコエリュは、民衆がキリスト教を正しく聖なるものだと信じているので、神社仏閣を破壊しているのだとした。この言葉は秀吉の怒りの原因となった。フロイスは秀吉が怒り狂ったと記している。アルマゲドンを語る高揚したコエリュの狂気に秀吉は感染したのだろう。これが秀吉の「バテレン追放令」発布の原因となった。「キリシタン党」の存在やそれに敵対する秀吉政権内のアンチ・キリシタンの中心人物・施薬院徳運を、昔私は取り上げて論じたが、施薬院徳運については史料が少ないせいか、その後の研究者からは無視されており、遺憾である。

ここで残された問題の第一は「教権制」とは何かであり、次の問題は、イエズス会士たちが対応した「殉教」の問題であり、また日本における「信教の自由」の問題である。これらを順に取上げて論じたい。

「教権制」とは何か

中世ヨーロッパでは、人生の通過儀礼に当たる「冠婚葬祭」の際、教会がそれぞれの場面で人々に「秘跡」を授ける形で、彼らの人生を管理・束縛していた。生まれた幼児には「洗礼の秘跡」が、結婚には「結婚の秘跡」が、死ねば「終油の秘跡」が行なわれた。成人式に当たるキリスト教徒としての自覚に関わる「堅信の秘跡」もあった。毎日曜日に参会する教会の共同体＝「小教区」は生活の場で、村落共同体と一体化していた。ヨーロッパ世界では地域住民を丸ごと支配するため「異端尋問所」を設置し、魔女や異端の摘発に当たっていた。近世の日本ではキリシタンの組織的摘発のために「踏み絵」が発明された。

ここでは共に、思想・信教の自由のない全体主義的な社会が前提となっていた。ザビエルなどの世界布教はイベリア半島の再征服運動の連続線上に位置付けられ、彼らが地域住民を丸ごと支配し、教区と村落共同体を一致させる「教権制」の直輸入を志向していたことは当然である。ここから日本布教における神社仏閣の破壊もまた必然だったとなる。教会領長崎成立の際、イエズス会側は教会法に基づき「神の平和」を強要し、地域住民全体に対してキリスト教信仰を強制し[20]、近くの古刹・神宮寺を焼き討ちした。これに対して、支配者たちの「教権制」への嫌悪感がキリシタンは「国を奪うもの」との言葉になった。

フロイスによれば[21]、大村領内の強制改宗は来日直後のコエリュの発案に基づき、大きな成果を上げたとある。大村氏は仏僧に「キリシタンになれば今までの収入と生活費は保障する」と言い、あるものは結婚して還俗し、またあるものは寺院の跡に建設した教会堂の世話をすることになった[22]。領内に百余人いた僧侶の内、領外へ退散したのは二人を越えなかったとある。ここにはイベリア半島での再征服運動に伴う強制改宗の経験・知恵が生かされている。このコエリョの発案に基づき大村領内の強制改宗は進展した。教会領長崎では、領主であるイエズス会は「教権制」の上にさらに領民から年貢を徴収していた。

秀吉が九州に来て見聞したキリシタン大名の領地には、ヨーロッパと同様に、地域の人々を教会が丸ごと管理する「教権制」があった。僧侶への改宗には僧侶の自由意思に委ねた面もあるが、秀吉はこれを領主による〈強制改宗〉と見做して、前日の「キリシタン禁令」Bの第二条の「寺庵百姓以下」の言葉になった。この「バテレン追放令」Aの第二条の前半は〈領主の行なう強制布教〉への禁止令で、Bの第二条「その国郡在所をご扶持に遣わされ候を、その知行中の寺庵百姓以下を、心さしもこれ無き所へ、押し付けて給人伴天連門徒に成すべき由申し、理不尽に成り候段、曲事に候こと」に対応している。

一方、Bの第九条では「伴天連門徒、心さし次第ニ下々成候義ハ、八宗九宗之儀ニ候間、不苦事」とあり、庶民の自覚に基づく信仰・道理に基づく改宗は自由だとしている。そもそもザビエルが日本人の安次郎と邂逅し、日本人がヨーロッパ人と同様、理性に基づきキリスト教を理解することができることを発見して、日本布教に乗り出したのだが、ここにはコロンブス以来の新大陸に対する政治支配を背景とした布教との対比という問題があった。コエリュの進めた村々の僧侶を改宗することに依る集団改宗路線は、新大陸型の政治支配権力を背景とした集団改宗を日本に適用させたものであった。

他方、道理に基づく改宗であっても、正しい信仰に目覚めれば、モーセの十戒に基づき、偶像崇拝はやめなければならず、神社仏閣の焼き討ちは避けられなかった。ところが、当時のキリスト教が個人の宗教ではなく、「教権制」に基づく「集団の宗教」であると布教を進めるイエズス会士たちが確信していたとしても、当時の日本人にとっての宗教とは、個人の内面の問題であった。ヨーロッパ世界では長い宗教戦争を経て「ナントの勅令」[23]によって初めて確立する問題は、この当時の日本では常識であった。秀吉が「八宗九宗」との言葉を言い出す前提には、当時の日本人のこの常識があった。

「殉教」とは何か

「バテレン追放令」によって避難を強いられたオルガンチーノが、小西行長の所領・小豆島に高山右近と共に匿われていた。右近を匿うべきだとして数人のキリシタンたちと相談している中で、右近の言葉の中に「殉教」の称賛として次のようにある。

現下我らが直面しているのは、その悪魔との戦いではないか。この戦いで死ぬことは、キリストとともに勝利者になることであり、この徳行によって、キリストの家族である当日本の教会は庇護されるのである。あたかもそれは世界の教会が何千という殉教者の死によって崇められるに至ったのと同じであり……すなわち死によって勝利を得、キリストの教えが高揚し弘布するのである。……

ここから、イエズス会関係者側の反応には〈弾圧には殉教を〉があったことが知られる。オルガンチーノは「私は彼らの信仰を疑うどころか、もし暴君が、ほとんどすべてが重立った昔からのキリシタンである彼らの生命を奪うことを決めたならば、彼らは我らが主キリストの信仰のために、心から喜んで生命を捧げ、主の許に、私ともども赴くことは一点の疑いもないことであります。他のキリシタンたちも、その時にはあたかも偉大な勝利の祭典に赴くかのように殉教に馳せ参じると思われます[24]」と述べている。後にイエズス会は殉教・マチルダムを「丸血留」と漢字訳して、これを組織的に推奨してゆく。

江戸幕府による禁教令の強化に対抗して「イエスの軍隊」を意味するコンパニア・デ・イエズスのイエズス会は「殉教路線」を強めていた。江戸幕府が鎖国政策をとり、イエズス会士たちの入国が厳しく禁止されるに及び、イエズス会は江戸幕府に対して「殉教攻撃」を仕掛けた。〈殉教を厭わず〉と言うよりもむしろ、敢えて〈日本の地で殉教を〉として密航を続けた。命よりも信仰を重視する点では、自分の信じる真理や正義を絶対視し、相手側の持つ真理や正義の存在を無視しており、現在のイスラーム世界における宗教原理主義者の自爆テロと似ている。「殉教」には、長崎にある「二十六聖人の記念碑」が有名である。

江戸幕府は殉教者がキリストに倣って天国に行ったなどと思われないように、十字架に近い磔の刑を避け、また殉教者の血が付いた衣服や周りの小石などを聖遺物として獲得されることを避けるために、殉教者の死を視覚的にも聖なるものとは縁遠い存在にしようと、逆さ吊りにして糞壺に漬けるなどの措置をした。中世ヨーロッパでは魔女や異端者を衆人環視の中で火炙りにしたが、これらは信仰を理由としたおぞましい歴史の一齣である。スペインやポルトガルの「キリスト教国家」が聖戦を仕掛けて宗教弾圧を止めさせることができないなら、イエズス会に残された手段は、カトリック教会の教会成立神話に基づく殉教であった。

ことはローマカトリック教会の成立神話、〈ペテロやパウロなど十二使徒の殉教によってキリスト教はローマ帝国内部に広まった〉が日本の地で再現するか否かに関わっていた。しかし歴史は繰り返さなかった。ローマ教会の神話は日本の歴史の中では再現しなかった。天正十五年当時コエリョが持っていたアルマゲドンの考えにしろ、イエズス会が次第に強めていく殉教の考えにしろ、自己の観念に強く縛られていることが特徴である。遠藤周作の言う「踏み絵」を踏み、その度毎に主に許しを請う在り方の方が、むしろ野の花を愛で、鳥の声を楽しむようにとイエスが述べた日常性を大事にする感覚に近かったのではあるまいか。

イエス自身はユダヤ教の戒律主義に反対し、野の花や鳥の声を楽しむ生活の方が神の国が近いと人々に諭したのに、宗教における観念の逆転は避けられないものなのか。他方日本では、イエズス会士の司教や司祭がいなくなった後でも、隠れキリシタンの中からは殉教者は続出した。ローマカトリック教会は、正式な叙任を受けた司教や司祭たちの関与がなければ殉教者に認めないとの硬直した官僚主義の立場から、これを無視し続けている。このような宗教原理主義に対して、幕府はキリシタンの根絶を目的とした「踏み絵」と「寺請け制度」「宗門人別制度」を全国的に導入し、列島の住民全てを形式的に「日域の仏法」の信者とした。

これらの制度は「十字軍国家」「キリスト教国家」の教会が秘跡の儀式を通じて人々を支配する「教権制」を反転して模倣したものである。それゆえイベリア半島では「隠れユダヤ教徒[25]」が、徳川幕府の下では「隠れキリシタン」が問題となった。江戸幕府は反転模倣した日本的な「教権制」の国内実施を通じて、結果として、徳川幕府の禁教政策がローマ教会の「教権制」を打ち破ったのである。キリスト教の教会神話の破綻、ローマ教会の歴史的敗北という世界史的な出来事である。ヨーロッパの「教権制」も日本の「反転した教権制」も思想・信教の自由、基本的人権を認めない点では共通している。

しかし幕府は大きく見れば〈「魂」よりもむしろ「生活」を〉〈「来世」よりもむしろ「現世」を〉という〈世俗主義〉によって対決していた。鈴木正三の活動[26]が思い起こされる。日本布教におけるローマ教会の敗北は、教会の正史に隠された大地母神のマリア信仰への導入[27]とか、「聖霊」の赤い舌で覆われた時、ある者は「預言」を、ある者は「異言」を語ったという「聖霊」信仰の内実が、実はアルコールによる狂躁道・オルギアであったこと、ローマ帝国の遺産をローマ教会が受け継ぎ、地域住民への支配をローマ帝国に代わり継承したことなど、古代末期の宗教事情を教会の正史が無視した結果、教会が柔軟性を欠き、硬直化してしまったことによるのではあるまいか。

「思想・信教の自由」とは何か

その後のキリシタン側の殉教の歴史を考えるなら、唯一神・至上神の神観念と、天下人である自己を神とする神観念とが衝突したとする歴史理解・歴史解釈に導かれて行くが、近代において確立する「思想・信教の自由」というものが、新・旧両キリスト教会の勢力に対して、そこからの断絶を宣言する絶対王政が、寛容の考えから、内面のことは個人に任せるとして、宗教戦争の終焉を宣言したことに端を発しているとの歴史を信じてよいのなら、「八宗九宗」の言葉は「秀吉の平和」の一つであり、また日本版の「信教の自由」宣言でもあったということが許されるのではあるまいか。

神田千里が明らかにした「天道思想(28)」では、多くの宗派の共存を許す側面があったとなり、秀吉の言う「八宗九宗」はこの「天道思想」からきているという。この言葉の秀吉理解では、後の「豊国大明神」に対応する、方広寺の大仏を中心とする秀吉主宰のパンテオンの中に、大日如来・阿弥陀如来・八万大菩薩等々に並んで「ゼウス」が並び立つ神々の秩序が構想されていたが、コエリュはこれを拒否した。セム族の信仰として崇めるべきは世界の創造神ただ一人だと主張した。そこで秀吉には他宗派を排撃する偏狭なキリスト教の「教権制」が問題となり、背景にある「十字軍国家」との対決が課題となってきた。「バテレン追放令」の翌年、カピタン゠モールのドミンゴス・モンティロは平戸を出港する際に、実際にはイエズス会士たちがほとんど出国しなかったので、秀吉の怒りを予想し、元軍人のポルトガル人ガルセスを使者に、日本人の通訳を付けて、大坂の秀吉の下に派遣して、言い訳を行った。そこでの使節と秀吉の会話が『日本年報』とフロイス『日本史』に二通り記されている。[29]ここで秀吉は使者に「神国宣言」を説明させて、「日本の根幹をなすものが神であり、神は領主と一体であり、[30]秀吉は最高の神と位置付けられるべきである」と説明したとある。

「今、ここにある国家」・秀吉の天下を「神国」として、美化したことになる。「領主は神になろうと努力している」ともあり、「天下人」である秀吉や家康等が死後神として祀られることになることを、この時点で秀吉は予想していたことになる。秀吉の意識の中では、自分の死後神になることと、方広寺の大仏建立との間は、切れ目なく繋がっており、戦国の世を終わらせる、常人にはない「天下人」としての特別な能力・カリスマを、秀吉は「神」と自覚していたことになる。秀吉＝神との考えに立てば、これを認めないものは秀吉の天下に従わないものとなる。

また秀吉が語ったことの中に「汝ら（ポルトガル人）は汝らの教えを持ち、日本人は日本の教えを持つべきである」[31]がある。キリスト教の普遍主義を否定し、ナショナリズムを強調したことになる。

6 〈亜周辺〉国家への道

「九州国割り」が「九州役」の締め括りだとして、戦いを始める際と、戦いを締め括る際の政治姿勢の間には大きな断絶があった。秀吉が「九州御動座」へ出発した当初は、高山右近・小西行長などの「キリシタン党」の力を利用して勝利を得たのだが、島津氏征伐に成功した博多では「バテレン追放令」を発布し、逆に家臣団の中からキリシタン大名の高山右近を排除し、「キリシタン党」を解体に追い込んだ。イエズス会士たちにとっては「青天の霹靂」で、予想や期待を裏切るどんでん返しだった。こうして日本は「十字軍国家」の〈周辺〉国家から「十字軍国家」に敵対する〈亜周辺[32]〉国家への道を選択した。

スペイン・ポルトガルの「キリスト教国家」「十字軍国家」を〈中心〉とすると、キリシタン大名は「キリスト教国家」を模倣した〈周辺〉国家となる。一方〈亜周辺〉国家とは「キリスト教国家」の影響を受けながらも、それに敵対する国家である。平川新《あらた》は『戦国日本と大航海時代[33]』で、秀吉がスペイン・ポルトガル両国に対抗して「明国・天竺・南蛮」までも支配しようとしたことを強調して、朝鮮出兵を「領土拡張が目的」とする通説に対して、「明国・南蛮・天竺の征服構想」が先行している事実から、朝鮮出兵は「ポルトガルとスペインによる世界征服事業への対応のあらわれ[34]」だと主張した。

平川は「朝鮮出兵によって日本は、朝鮮および明国の軍隊と干戈《かんか》を交え、それと前後して、世界最強といわれたスペイン勢力にも服属を要求するなど、強硬外交を展開した。朝鮮出兵という、日本による巨大な軍事行動は、スペイン勢力に重大な恐怖心を与えた[35]」、「フィリピン総督はマニラに戒厳令を布いて、恐怖におびえた」とした。平川は朝鮮出兵で明らかになった軍事大国日本についての西欧列強の評価が「帝国」日本であり、こうした認識が近世を通じて西欧列強諸国に引き継がれたとして、『開国への道[36]』では近世日本が「世界七帝国」の一つだったことを指摘し、〈「帝国」としての近世日本〉を論じた。

明治の日本が「帝国日本」「大日本帝国」と自称した背後には、西欧列強が日本を〈「世界七帝国」の一つ〉とする認識があったからとなる。ここから平川は「弱くて臆病だから鎖国、ではなく、強かったから貿易統制や入国管理を可能にしたのであった。それが、のちに鎖国と呼ばれた体制であった[37]」とし、「キリスト教国家」への〈模倣と敵対[38]〉として秀吉の積極外交を位置付ける視角を提示した。平川説に従うなら、〈亜周辺〉国家への道として第一に挙げるべきは、対外政策としての朝鮮出兵であり、スペイン・ポルトガルの世界帝国への対抗としての領土・支配権拡張の追求となる。

村井章介が指摘する朝鮮出兵における戦争のむごたらしさ[39]は、「十字軍国家」スペインの〈亜周辺〉国家として、スペインが新大陸で行なった大量の住民虐殺・富の収奪の再現と見ることができよう。しかしスペインは新大陸の原住民インディオの心に文明としてのキリスト教を残した。秀吉は高麗の民に何を残したのだろうか[40]。

二　「バテレン追放令」

現在平戸の松浦歴史資料館には、秀吉朱印のない「バテレン追放令」Aの写しが伝来している。第1項では、この平戸の松浦家に伝来した「バテレン追放令」の翻刻を示し、第2項以降では、山本博文が著書『天下人の一級史料[41]』で行なった現代語訳を参考に、その現代語訳を掲げ、さらにこの法令の意味を考えたい。ここで行なう各条令の解釈は、字句の分析に止まらず、その背景となった九州、中でも特に西肥前のキリシタン大名の大村氏や有馬氏の領国の「教権制」の在り方や教会領長崎の在り方を踏まえて進めていきたい。

1　写しの翻刻

原文に読点だけを付けたものを「釈文」と言う。しかしここではわかりやすくするためにさらに濁点と句読点とを付けて紹介したい。

定

一　日本ハ神国たる処、きりしたん国より邪法を授候儀、太以不可然候事。

一　其国郡之者を近付、門徒になし、神社仏閣を打破之由、前代未聞候。国郡在所知行等、給人に被下候儀者、当座之事候。天下よりの御法度を相守、諸事可得其意処、下々として猥義曲事事。

一　伴天連其知恵之法を以、心さし次第ニ檀那を持候と被思召候へバ、如右日域之仏法を相破事、曲事候条、伴天連儀日本之地ニハおかせられ間敷候間、今日より廿日之間ニ用意仕、可帰国候。其中に下々伴天連に不謂族申懸もの在之バ、曲事たるべき事。

一　黒船之儀ハ、商売之事候間、各別候之条、年月を経諸事売買いたすべき事。

一　自今以後、仏法のさまたげを不成輩ハ、商人之儀ハ不及申、いづれにてもきりしたん国より往還くるしからず候条、可成其意事。

已上

天正十五年六月十九日

五カ条からなるこの文書の冒頭には「定」とあるので、これは「豊臣秀吉定書」である。この文書の正式な宛先は恐らく「インド副王」で、同じものがいくつも複写されて、黒船の船長のドミンゴス・モンティロやイエズス会日本準管区長のコエリュ、平戸の松浦氏、『長崎根元記』からは長崎にも出されていたと考えられるので、平戸伝来文書には、本来あるべき秀吉の朱印は省略されたのであろう。

五カ条の個々の法文の対象は誰か。第一条では「神国日本」と「邪法」を齎す「キリシタン国」が対比されており、ポルトガル領インドが相手である。後の歴史展開を考えれば、「インド副王」となろう。第二条は「神社・仏閣の破壊」がテーマだが、「給人」「下々」の言葉で示される「キリシタン大名」が相手で、キリシタンの「大旦那」高山右近が該当しよう。第三条には「伴天連」の言葉が三度も登場しており、「バテレン」すなわち「イエズス会士たち」が相手で、日本副管区長コエリュが対象である。第四条は「黒船」、インドから派遣された「カピタン＝モール」のドミンゴス・モンティロが相手である。第五条は第一条と同じ「キリシタン国」が相手である。

「南蛮貿易」と言われる日本とポルトガル領インドとの貿易、イエズス会士によるキリスト教日本布教の問題、「国郡在所」を「知行」する「給人」制度などが総合的に取り上げられている。次にそれぞれの条文とその現代語を掲げ、それぞれの条文の説明を行ないたい。

2　第一条

一　日本ハ神国たる処、きりしたん国より邪法を授候儀、太以不可然候事。

「日本は神国なのに、キリシタン国より邪法を授けることは、はなはだ不当である。」

法令の分析

「日本は神国」との宣言は、第一条と第五条にある南蛮の「きりしたん国」を意識しており、国際的な視野に立って、この宣言はなされている。それゆえこれは日本を統一した秀吉政権ならではの宣言となる。ここではキリスト教を「邪教」と断定した。これが禁教宣言を意味するとしても、この段階で政権側はどこまで禁止を覚悟していたのか疑問である。

神国宣言

「神国宣言」はコエリュとのやり取りの中で〈突然〉言い出され、「十字軍国家」に対抗して新たに語り出されたもの[42]である。古代の律令国家では仏教の目的は「鎮護国家」にあり、元寇の際には、神社の神々に国家守護を祈願していた。「神国」とは「神仏が守る国」を意味した。今、ここにある国家を、神々の力を借りて荘厳化・絶対化するものだった。「国」が意味の中心で「神」はその修飾語である。この「神国」に対応する言葉をこの法令中に捜すと、第二条の「神社仏閣の破壊は曲事」や第三条の「日域の仏法」となる。これは「神仏習合」「本地垂迹」を前提とし、秀吉の政治体制・「天下」の美化となる。「神国」の言葉は「我が国は神国である」など、述語[43]として用いられている。天正十九年のインド副王宛て秀吉返書では〈神・儒・仏、三教一致〉の上に、日本の優越性を主張する「枝葉花実論」が展開された。日本中世の三教一致・神仏習合の議論は、身内内部にのみ通用する内向きの議論で、日本の伝統や文化の外側の第三者を説得する契機を欠いた「自惚れ」の議論である。ローマ法王の裁定で、スペイン・ポルトガル両国王の持つ布教保護権に基づき、地球を分割するデマルカシオンの議論が、身勝手な自尊意識の表明で、征服される側の人々を説得する契機を持たなかったが、これへの対抗する議論もまた、これと同様な手前勝手な自尊意識となるのは当然なのだろうか。

これに対してキリスト教の場合は「時は満てり、神の国は近づけり。汝ら悔い改めて福音を信じよ」（マルコ1-15）、「神の国は見ゆべき状にて来たらず。また「視よ、此処に在り」「彼処に在り」と人々言わざるべし。視よ神の国は汝らの中に在るなり」（ルカ17-20、21）とあり、また「幸福なるかな、貧しき者よ。神の国は汝らの有なり」（ルカ6-20）等々と、「神の国」は主語として用いられている。その結果「神の国」は個々人の内面の倫理との関係を持ちながら、布教・宣教の論理を内包していた。「福音を全世界に伝えよ」とのイエスの言葉通り、第三者を説得する契機を持ち、普遍性を持っていたのである。

「神の国」＝「天国」・パライソと考えれば、これはイコール来世・浄土となり、現世の支配秩序のみを問題とする秀吉政権には、あまり意味のない議論となるので、秀吉政権に即した言葉で表現すれば、「現世では秀吉の秩序に従え」との「キリシタン禁令」Bの

「八宗九宗」の議論となろう。しかし当時のキリスト教は「教権制」という現世の秩序を指向していた。

「キリスト教国家」への対抗

スペインやポルトガルなどの「十字軍国家」「キリスト教国家」は、外に対しては「キリスト教会」の外護者、布教の保護者、キリスト教の敵に対して戦うもので、「神の国」は政治体制を美化する軍国主義・侵略主義のイデオロギーだったが、内に対してはキリスト教徒でないユダヤ教徒やイスラーム教徒を排除・排斥した。「キリスト教国家」においては教会が地域住民の魂の救いを独占する「教権制」であったので、キリスト教を〈邪教〉として禁止するためには、人々からキリスト教を遠ざける方策が求められた。「十字軍国家」の侵略主義への対抗に、信長・秀吉・家康はとりあえず自らを神格化した。

秀吉は死後「豊国大明神」となり、東山阿弥陀峰の豊国廟に祀られた。これを朝尾直弘は一向宗克服のためとしたが、むしろキリスト教との対決の中で捉えるべきで、「神国宣言」の装置であった。(44)〈日本＝神国〉の考えは〈日本の神仏＝正〉、〈キリシタン国のデウス＝邪〉となり、〈神〉とは至高の存在だから必然的に〈「邪」は「正」に服し、従うべきだ〉となる。国際政治の場では〈日本は神の如き最高の存在だ〉〈どんな国からも制約を受けない〉〈全世界は日本に従うべきだ〉となる。地球儀を俯瞰して「キリスト教国家」

に対抗するために、支配の空白地帯・東アジア世界での覇権確立が取敢えずの課題だった。

ここから秀吉外交は、論理必然的に日本を中心とした東亜新秩序の建設＝「八紘一宇」(45)や「唐入り」となった。朝鮮国や高山国（台湾）などに宛てた国書には、秀吉自らが「日輪の子」だとの奇跡の誕生譚を以て「神国」の説明とし、侵略の論理とした。ここからAの第一条の「神国宣言」は「キリスト教国家」「十字軍国家」のポルトガルに対する宣戦布告がその内容だったと言える。原理的にはスペイン・ポルトガル連合王国からの武力侵攻も予想された。(46)しかし「バテレン追放令」発布の翌年の一五八八年には、スペインの「無敵艦隊」はイギリス艦隊によって撃破され、連合王国の海軍力は消滅していた。

しかし日本副管区長のコエリュはスペイン艦隊の攻撃計画に飛付いていた。問題はマニラのスペイン人社会や、ゴア・マカオのポルトガル人社会が日本征服をどう捉えるかにあった。マカオの市民たちは「キリスト教国家」としての国是よりも現実的な貿易上の利益を重視しており、翌年もこれまで通り黒船を日本に派遣した。秀吉政権の方も「バテレン追放令」第四条・第五条から明らかなように、宗教と貿易の分離を望み、南蛮貿易の破綻を望んではいなかった。それはともあれ、この「日本は神国である」「キリシタンは邪法である」との宣言は、第三条の「バテレン追放令」の根拠となった。

3　第二条

一　其国郡之者を近付、門徒になし、神社仏閣を打破之由、前代未聞候。国郡在所知行等、給人に被下候儀者、当座之事候。天下よりの御法度を相守、諸事可得其意処、下々として猥義曲事事。

「自分のいる国郡の者を近付けてキリシタンの門徒になし、神社仏閣を破壊しているとのことだが、これは前代未聞のことである。国郡在所知行等を給人に下されたのは、当座のことである。天下から出された御法度を守り、給人は全てのことに対して法度の意味を理解しているべきなのに、下々として勝手な振る舞いをすることはけしからぬことである。」(47)

法令の分析

この第二条で大切なものは、第二パラグラフの「国郡在所知行等、給人に被下候儀者、当座之事候」である。ここでは、中世以来の「在地領主」としての武士の在り方を止め、大名が「国郡在所」等を知行するのは「当座」のこと、一時的なことで、土地の真の所有者は「天下」＝秀吉だとしている。それゆえ大名は律令国家時代の「国司」と同じ「吏務」に戻り、「天下よりの御法度を相守り、諸事可得其意」となるべきものとなった。これより以前、秀吉は「征夷大将軍」ではなく、「関白」に任じられていた。この時から秀吉の課題は、旧時代の律令制度の秩序に倣うことだった。

諸大名に領地の争いの仲裁や、新たに領地を給付する際に、「国」・「郡」を単位にすることが行われた。この在り方が諸大名の在り方に及ぶと、大名は「吏務」だとなり、これまでの在地領主としての在り方は否定された。それゆえ第二条では、「給人」のくせに、自分の自由になると勘違いして「猥義曲事事」を行っているとの非難となった。具体的には「其国郡之者を近付、門徒になし、神社仏閣を打破」ったとして断罪した。それゆえこの法令は、直接的には高山右近を相手に出されたもので、追放を辞さずとして自分の信念を曲げない右近説得のための法令と見るのが歴史的な状況に即した解釈であろう。

秀吉としては右近を手放したくなかった。侘びを入れて戻ってくることを期待していた。それゆえ色々な人を通じて右近を説得した。ここで示したものは、右近への帰順のための条件だと考えてよいだろう。「天下よりの御法度を相守、諸事可得其意」がそれである。しかし右近は自由人として振舞っていた。そうでなければ「山崎の合戦」の働きはなかった。秀吉には自由人である右近を説得する手段はなかった。そこで、コエリュとの会談となり、翌日の五カ条の「バテレン追放令」の発布となった。

神社仏閣の破壊

ここには、キリシタン大名たちが国郡の者をキリシタンの「門徒」にすると、それが「神社仏閣の破壊」に直結するとの現状認識が記されており、これを秀吉は「前代未聞」のことだとした。しかしこの問題はザビエルの山口布教の時から始まっていた。神社仏閣の破壊は、高山領でも、大友領でも有馬領でも大村領(48)でも、キリシタン大名領ならどこでも行なわれた。高山右近は所領換えが行なわれたばかりだったので、高山領での出来事は衆人環視の事柄であった。宣教師たちが信じる神は唯一絶対の神ただ一人で、他のものはすべて偶像崇拝として否定すべきものだった。セム族の宗教として排他性が強かった。

それゆえ、既存の仏教各派や神社からは、対抗的にキリスト教の否定・排斥の運動が起きた。大内氏の領国も、平戸松浦氏の領国も、領内は対立した。大内氏が滅んだ後、後継者の大友氏はキリスト教を保護し、後にキリシタン大名になったが、領国の大半を継承した毛利氏はアンチ・キリシタン大名となった。キリシタン大名に近隣する大名はどこでもアンチ・キリシタン大名となった。最初にキリシタン大名となった大村氏に対して、後藤貴明・松浦龍信・西郷純堯《すみたか》などや、キリシタン大名の大友義鎮や有馬晴信に対抗した佐賀の龍造寺隆信である。彼らは、キリスト教は国内に混乱をもたらすとして排斥を図った。

アンチ・キリシタンの領主たちは神社仏閣の破壊は怪しからぬ、とんでもないこととしたが、秀吉のように「神国宣言」はしなかった。南蛮の「キリシタン国」との対峙という国際的な意識を持てなかったからで、南蛮貿易の利益も魅力であった。しかし「神社仏閣の破壊」を「前代未聞」とすることは、キリスト教布教の影響下にあった日本社会の中でキリスト教に反発した伝統主義の領主たちの裏側半分の世界に共通するものだった。キリスト教の布教の進展は戦国期の日本において、領主間対立を激化させていた。「九州御動座」の総仕上げに秀吉がこの問題に言及することは必然であった。

イベリア半島の「再征服運動」はキリスト教の領主・騎士団とイスラーム教の戦士団との戦いで、新しく支配下に置いた住民に改宗を迫った限りで、戦国末の「豊後教区」や「下教区」は、イベリア半島の「十字軍国家」「キリスト教国家」の同類となろう。ここには近代の思想・信教の自由の考え方が入り込む余地はなかった。あったのは「正義」のみである。そもそもこの近代ヨーロッパの考え方は、宗教改革の後、旧教側勢力と新教側勢力との間の内乱にヨーロッパ世界全体が陥り、そこから抜け出すことができず暗黒の数世紀を過ごしたという歴史の大きな負債に依っている。

高瀬弘一郎は「キリシタン邪教の思想」[49]のなかで、「豊臣政権の末期になると〔キリシタンは〕〝国を奪う〟〝国を傾ける〟邪宗だとする考えが表面化し、江戸時代に入るとこれがはっきり定着する」とした[50]。

Bの第三条

Bの第三条には「其国郡知行之儀、給人ニ被下候事ハ当座之儀候、給人ハかはり候といへとも、百姓は不替もの二候条、理不尽之儀、何かに付て於有之ハ、給人を曲事ニ可被仰出候間、可成其意之事」とある。Aの第二条の後半の「国郡在所知行等、給人に下され候儀は、当座の事に候」は、このBの第三条前半の傍線部に対応しており、共に「兵農分離」の原則を述べたものである。Aの「天下よりの御法度を相守、諸事可得其意」を「天下から出された御法度を守り、給人は諸事に関して法度の意味を理解して当たるべきだ」と現代語訳してよいなら、これは「給人」に求められた「吏務」としての〈心得〉となる。

給人たちには秀吉の法を内面化して理解し、それを体現して行動すべきだとの厳しい倫理が求められたとなり、B第三条後半の「理不尽之儀、何かに付て、これ有るにおいては、給人を曲事仰出さるべく候間、其の意を成すべきの事」に対応している。もしも「理不尽之儀」があれば、「百姓」は御咎めなしで、「給人」のみを処罰するとある。この第二条の違反者として、旧信長の家臣でキリシタン大名の高山右近は所領を没収され、政権より追放された。長崎の領主・長崎甚左衛門もまた領地を没収[51]された。逆に「百姓」たちが形作る宮座制度など、自治の中身、村落の在り方には秀吉権力は介入できないとされた。

キリシタン大名が目指す領国支配における領主と教会との密接な関係は、「兵農分離」の原則と相いれず、「九州国割」で大胆な大名・領主の転封を計画していた秀吉には妨げとなった。しかしキリシタン大名の領国内に存在する「教権制」、村落共同体と布教区の一体化それ自身は、秀吉権力が介入できない事柄であった。それゆえ、神田千里[52]や平川新[53]の言うように「バテレン追放令」にもかかわらず、B第九条を根拠に〈信仰は自由であった〉となろう。この「給人」と「百姓」の分離により、「百姓」には彼らの独自な世界が保障されていた。これは「郷村制」や年貢の「地下請」などに連動している。

この分離が幕府・諸藩・給人・領主がいかに禁教を命じても、「百姓」が「隠れキリシタン」を維持できた原因ともなった。秀吉はキリシタン大名の実態を知り、政権の目指す「給人」制度に反するとしてキリシタン大名の統制に乗り出した。この当時、大友宗麟も大村理専も共に他界し、秀吉政権は畿内から引き連れてきた上方軍内部のキリシタン大名・高山右近の処分で、九州のキリシタン大名に対する政権の姿勢を示したのだろう。後の時代、実際にキリシタン大名の有馬氏や小西氏の領地・島原半島や天草島に、新たに松倉氏や寺沢氏が入部し、弾圧を強化した時、現地の百姓との緊張が「島原の乱」にまで発展した。

神田千里は『島原の乱[54]』で、一旦キリシタンを棄教した後、立ち返ったキリシタンたちが周辺の村々を襲い、「強制改宗」を行なった事実を明らかにした。興味深いのは、一揆に参加した村々が原則主義者のコエリュの布教地である島原半島と、天草では上島に限られており、天草南方の下島の西南部には一揆は及んでいないことである。下島は順応主義者のダルメイダの布教地で、島原の乱とは無縁であったらしく、布教区＝小教区毎にキリシタン文化に違いがあったことが考えられる。

4 第二条

一 伴天連其知恵之法を以、心さし次第ニ檀那を持候と被思召候へバ、如右日域之仏法を相破事、曲事候条、伴天連儀日本之地ニハおかせられ間敷候間、今日より廿日之間ニ用意仕、可帰国候。其中に下々伴天連に不謂族申懸もの在之バ、曲事たるべき事。

「これまではバテレンが機知に富んだ思いがけない方法で、自由にキリシタンの檀那を持っていると考えていたのに、[55]右（の第二条）のように日本の仏法を破壊することはとんでもないことである。それゆえバテレンを日本の地に置いておくことは出来ないので、今日から二十日の間に準備をして帰国せよ。その期間にバテレンに謂れのないことを申し懸けるものがあれば、処罰する。」

法令の分析

この条文の解釈は難しい。条文がコエリュに示されたのち、フロイスの行なった西欧のスペイン・ポルトガル文への翻訳をさらに日本語に翻訳した村上直次郎も、松田毅一も、共に再翻訳の難解性をこぼしている。後半は「今から二十日以内に帰国せよ」その間「バテレンに謂れのないことを申しかけてはならない」と明確なのだが、前半の解釈は困難である。この条文は最初に「伴天連其の知恵の法を以て、心さし次第に檀那を持候と思し召され候へバ」とある。

「知恵の法を以て」を山本博文は「人々の道理に訴えて」としたが、第一条でキリスト教自身を「邪法」としていたので、この判断がここにも影響していると考えるならば、「悪知恵を働かせて」などが良いのかもしれない。ここでは〈機知に富んだ思いがけない方法で〉としておきたい。「心さし次第」とは「自由に」の意味だろうが、これには「キリシタン禁令」Bの第九条の「伴天連門徒心さし次第ニ下々成候義ハ、八宗九宗之儀ニ候間、不苦事」との比較が必要である。第九条では「下々の者が自分の意志でキリシタンになるのは「八宗九宗」のことだから構わない、問題にしない」とあった。

しかしこちらでは、ここにはバテレンが「知恵の法を以て」自分の自由に給人をキリシタン大名の「旦那」にしており、これを放置するとバテレンが次々と大名をキリシタンにしかねないとの危機意識がある。それを断つためには、イエズス会士の国外追放より外に手がないとの認識に繋がっている。第二条、第三条は共に前日の「キリシタン禁令」の「覚」Bを意識しており、「八宗九宗」として秀吉を中心とする神々の世界の内部への包摂を目指していたのに、秀吉の支配に服さないことが明らかとなったので、秀吉の判断は〈バテレンの追放〉を内容とする「定」Aに大きく方針を転換したのである。

法文解釈では「思召され候ハバ」がまず問題である。未然形の後に「バ」が従う「被思召候ハバ」の場合は〈順接の仮定条件〉を表し、「……ならば」の意味となるが、この場合の「被思召候へバ」は已然形に「バ」が付いており、〈逆説の確定条件のような意〉を表す「……のに」や、〈事柄の継起的関係やある事態に気づく契機となった行動〉を示す「……としたところが」の意味だという。また「思し召す」は〈「思う」の尊敬語で、「おぼす」よりも尊敬の度合いが強い〉とあり、〈断定・推量・意志・回想など様々な心の働きをいう〉とある。「お思いになる・お考えになる・お感じになる」の意となる。

この部分は右筆が秀吉の言葉を敬って記した表現なので、秀吉が口頭で述べたであろう言葉を再現すれば「……と考えていたのに」「……と思っていたところが」となり、〈「伴天連其の知恵の法を以て、心さし次第に檀那を持候」と回想していたところ〉となり、次に続くことになる。それゆえ、大坂にいた時には「伴天連其の知恵の法を以て、心さし次第に檀那を持候」と思っていたのだが、時間を経て、「九州御動座」を経た博多に居る今となっては、「右の如く日域の仏法を相破る事」を知り、秀吉は「とんでもない」「曲事」

だとの判断に至ったとなる。ここに、西肥前のキリシタン領国の実態についての秀吉の見聞・認識が集中的に表れている。

バテレン追放令発布の理由

この法文で、これまで検討してきた部分は、前日の「キリシタン禁令」B第二条の「国郡在所を御扶持ニ被遣を、其知行中之寺庵・百姓以下を、心さしニ無之処へ押付而、給人伴天連門徒ニ可成由申、理不尽ニ成候段、曲事候事」と、強制布教の面ではほぼ同じ認識を示しているが、Bでは強制布教の責任者を「給人」＝キリシタン大名としていたが、Aではその根本原因を「バテレン」に代えているのである。それゆえ「……曲事候条、伴天連儀日本之地ニハおかせられ間敷候間、今日より廿日之間ニ用意仕、可帰国候」と続いていく。秀吉政権内部の家臣団統制の問題から、日本国とバテレン国との外交問題へと問題は転換した。

この第三条を理由に、この五カ条全体を「バテレン追放令」と呼ぶのである。イエズス会士たちはカピタン＝モール、ドミンゴス・モンティロのいる平戸に集められ、黒船での帰国が命じられた。モンティロは先に与えられた「貿易自由令」と共にこの「バテレン追放令」を携えてインドに帰った。しかしイエズス会士はこの追放令に従わず、有馬領内に潜伏して時間を稼いだ。

バテレンへの申し懸け

第三条の最後には「其の中に下々伴天連に謂わざる族申し懸けるものこれあらば、曲事たるべき事」とあり、「追放令」を理由にしたバテレンへの不当な干渉を禁止している。これは当時の日本社会に〈追放になった者は社会的な保護を失い、略奪の対象になる[56]〉という慣行があったのに対して、秀吉政権が行なったイエズス会士たちへの人身保護の約束である。後の時代になって「バテレン追放令」にはバテレンやキリシタンの処刑が伴っていたはずとの想像が生まれるが、この法令を見る限り、それはなかった[57]。ともあれキリシタンは「邪法」とされ、バテレンが追放となったことで教会領長崎は闕所地として没収された。

この法令を境に「教会領長崎」は否定され、秀吉直領の長崎＝「御料所長崎」が始まった。

5 第四条・第五条

一 黒船之儀ハ、商売之事候間、各別候之条、年月を経諸事売買いたすべき事。

一 自今以後、仏法のさまたけを不成輩ハ、商人之儀ハ不及申、いづれにてもきりしたん国より往還くるしからず候条、可成其意事。

「黒船のことは商売のことなので、以上のこととは別の事であるので、これからも年月をかけて様々な商売をすべきである。」

「今より以後、仏法の妨げをしない人は、商人は言うまでもなく、誰であっても、キリシタン国からの往還は自由なので、心得ておくように。」

バテレン追放と南蛮貿易

この第四条・第五条から明らかなように、「バテレン追放令」は南蛮貿易を強く意識しており、〈バテレンを追放しても南蛮貿易は続ける〉として、黒船に対してはこれまで通りの入港を期待している。この判断の基には、春の八代でのカピタン＝モール、ドミンゴス・モンテイロとの会見があった。第四条では「黒船」の「商売」を課題とし、第五条では〈布教は認めないが貿易は続行する〉「貿易YES、布教NO」を謳っている。ここではキリシタン国の人々に対し〈誰でも往還は自由だ〉と明言しているが、これを一般化すると〈どこの国の人も往還は自由だ〉となり、モンテイロ宛ての「貿易自由令」となる。

秀吉は「倭寇世界」の中での〈貿易の保護〉を追求しており、前日のBの段階で、秀吉が信仰の自由を認めて述べた[58]「八宗九宗」と、島津征伐の途中の八代でドミンゴス・モンティロに与えた「貿易自由令」との間には、「自由令」としての共通性がある。[59]しかし「バテレン追放令」Aを発布するに至り、日本にキリスト教を齎した「バテレン」そのものを追放するとして、キリスト教布教の禁止を一歩進めた。これは「東亜新秩序」を目指す「唐入り」と結びつき、「貿易自由令」とは異なる政策の出発点となった。しかしポルトガル人のキリスト教信仰は否定できないので、貿易港における禁教の徹底は不可能であった。

そのためには寛永の鎖国令、中でもポルトガル船を対象とした「がれうた船禁止令」を待たなければならない。南蛮貿易の歴史的な性格として、長崎の「岬の教会」が生糸貿易のセンターで、布教と貿易は一体化しており、イエズス会士たちは南蛮貿易に深く関与していた。それゆえ南蛮貿易港長崎からイエズス会士たちを排除することは、南蛮貿易の仕組みに対する一大変革で、秀吉政権にとって〈布教は認めないが貿易は続行する〉「貿易YES、布教NO」が可能か否かは大きな賭だった。

6　バテレン追放令に見る秀吉の自己分裂

「バテレン追放令」Aと「キリシタン禁令」Bとの間には共通面もあるが、法令の表層に注目する限り、大きな断層があった。山本博文は「「キリシタン禁令」の本質」[60]において、これまで研究者が「もう一つの「キリシタン禁令」」と呼んできたものは「キリシタン大名による領民の強制改宗禁止令」と呼ぶべきだとした。しかしこれまでの私の議論からはむしろ「教権制禁止令」とすべきだろう。秀吉をはじめ日本の宗教界はヨーロッパよりも早くに「信教の自由」を確立しており、ザビエルなどイエズス会士たちの広めたキリスト教は中世の旧体制下の古いキリスト教、近代以前のキリスト教だった。

宗教や信教について認識の次元に差があったので、Bの第一条や第九条には「伴天連門徒之儀、其者之可為心次第事」「伴天連門徒心さし次第ニ下々成候義ハ八宗九宗之儀候間、不苦事」とあり、秀吉は個人の信教の自由を当然のものとし、秀吉の秩序の中に包摂されるように勧めたのだが、これをイエズス会士たちは理解できず、その振舞いを秀吉は狂信的だと眺めていた。それゆえAの第一条で「日本ハ神国たる処、きりしたん国より邪法を授候儀、太以不可然候事」となり、個人の信仰ではなく「日本」と「きりしたん国」との国家間の問題がテーマとなり、キリスト教を「邪法」だと断じるに至った。

この「バテレン追放令」A=「定」の五カ条は、前日の「教権制禁止令」B=「覚」との比較から、〈突然〉言い出されたものと、秀吉政権が前々から温めてきたものの二つに分解できる。第一条の「神国宣言」や第三条の「追放令」はコエリュとの会話の際の秀吉の突然の怒りに基づくもので、秀吉の支配する日本は〈至高の国〉だと宣言したことになる。「唐入り」が織豊政権の初心だったとすれば、それを正当化する理論にもなり得るものだった。これに対して第二条の基礎には「兵農分離」や知行地の交換「鉢植え化」による大名の「吏務化」があり、これは秀吉政権の前々からの方針で、この時突然に始まったものではない。

南蛮貿易継続を期待する第四条・第五条は、春に八代でモンティロに宛てて発給した「貿易自由令」と共通している。これは、南蛮貿易港を自分の支配下に置き、「海賊禁止令」を通じて「倭寇世界」を自分の統制可能な対象としたことや、「キリシタン国」を貿易の相手国とし、従来通りの処遇を約束したものである。この時初めて言い出されたとしても、もともとの秀吉政権の方針に基づくものであったと言えよう。日本国を軍事的に統一した支配者としての当然の希望に基づいていた。

対外政策の二重構造

秀吉の対外政策はA第五条の「貿易自由令」をベースにしながら、その上に、それとは異質なA第一条の「神国宣言」を被せた、二重構造になっている。秀吉政権の自己分裂である。時代は少し後になるが、寛永の「鎖国令」の段階に至ると、上部の「神国宣言」が下層の「貿易自由令」を踏み潰している。「バテレン追放令」を禁教令でないとする神田千里説[61]は、こうした二重構造を否定しているので、ここで再度取上げたい。神田はイエズス会士たちが広めたキリスト教の神「デウス」を、当時の日本人たちは「天道」という言葉で理解していたことを明らかにした。

ここから神田は諸宗教の共存が「天道思想」の原則だとした。その上で「バテレン追放令」Aの第一条の「神国」を「天道思想」で解釈すべきだと主張した。神田の主張は、天道思想は「キリシタン禁令」Bの第一条や第九条の「八宗九宗」の言葉に表されていると なる。そこまでは私も賛成である。しかし発見した「天道思想」を強調するあまり、Aの「神国宣言」をこの原則で理解すべきだとするのは勇み足であろう。第一条の「神国」は秀吉がこの時初めて生み出した言葉で、この「神国宣言」の表出という絶対的な歴史的事件を「天道思想」の海に溶かしてしまうことはできないだろう。

秀吉にとってこの自己分裂は、南蛮国を敵対国・征服すべき国とするか、または対等な「交易国」として処遇するかの対立でもあった。第四条・第五条は「貿易自由令」をベースにしたものだが、現実に天正十六年の黒船との貿易で「キリシタン国」と対面した時、「神国宣言」が表に出てきた。

7　フロイスの「バテレン追放令」観

フロイスは『日本史』の第二部九十九章で、「バテレン追放令」発布後の日本全国のありさまを、十九カ条の箇条書きにまとめている。[62] 一、二、三……とあるのをここでは①、②、③……と表記する。これは「追放令」発布直後の影響の記録である。キリシタン国を相手とする第一条、第四条、第五条の三カ条を纏めると、箇条書きの①にある「商品を携えて定航船《ナウ》で来日するポルトガル人は、当国へデウスの教えを説くいかなる人物も連れ来たってはならぬ」となる。また箇条書きの③では「関白は伴天連たちが悪魔の教えを説き、神や仏の教えを破るので、彼らを日本から追放した次第を触れさせ、そのことを認めた高札を博多の公の場所に掲げるように命じた」とある。

天正十五年当時、ポルトガルの定航船は平戸に停泊しており、「バテレン追放令」Aは平戸でも公示され、ポルトガルの商人たちに秀吉側の南蛮貿易継続の希望は伝えられた。また平戸の松浦家に「バテレン追放令」の写しが伝来しているのは、そのことが原因であろう。また『長崎根元記』にもこの文書Aの引用があるが、この文書が長崎でもポルトガルの商人たちに伝えられたことによっているのであろう。箇条書きの⑪では「堺や都の都市、および人々の出入りが多い主要な諸国、例えば大和の国の奈良の町や、多数の巡礼が集う紀伊の国の高野の僧院や伊勢の国の天照大神宮に布告した」とある。

前日の六月十八日付の「もう一つのキリシタン禁令」「教権制禁止令」Bは、伊勢神宮への布告と関係しており、キリシタン大名蒲生氏郷を牽制する目的で「教権制禁止令」は伊勢神宮に送られたのだろう。「バテレン追放令」の全五カ条は何れも九州征伐後の秀吉政権の統治方針、全国支配のデザインと深く関わっており、この法令の作成には「天下の儀」を司る秀吉の弟で補佐役の豊臣秀長の関与があろう。「京・堺」は秀吉の直轄都市で「バテレン追放令」が掲げられたのは当然である。他方、「奈良・高野山」は秀吉の弟・豊臣秀長の領内なので「バテレン追放令」Aへの秀長の関与が確かめられよう。

秀吉と秀長・長吉

秀長が病気で倒れたあとは正室「ねね」の縁者の浅野長吉が「天下の儀」を担った。これは室町幕府成立期の尊氏と直義の「二頭政治」に匹敵するもので、秀吉が握る「主従制的支配権」・軍事権に対して、秀長は秀吉の補佐役・右腕として「統治権的支配権」・裁判権・「天下の儀」を握ったと言えよう。先に我々は「バテレン追放令」の中に秀吉の自己分裂があるとしたが、これと秀吉と秀長との二頭政治を重ねると、「神国宣言」は秀吉の持つ主従制的支配権に関わり、「貿易自由令」は秀長や長吉の「天下の儀」に関わっていたとなろう。両者は矛盾・対立を含みながら今後の秀吉政権の対外政策を形作っていく。

「闕所地」として秀吉権力が没収した全国の教会をフロイス『日本史』の箇条書きから拾うと、②博多の教会用地の別人への分割。⑫都の教会と修道院、大坂の教会と修道院、堺の修道院の没収。⑬オルガンチーノが堺に集めていた教会建設用良材の没収。⑭都の「慈悲の教会」を施薬院が解体し、屋敷内の建物への利用。⑮未完成の長崎の教会を小早川隆景への寄贈。⑰長崎の修道院の四分の一と、平戸の教会と修道院とを毛利壱岐守への贈与。⑱「下」の諸教会にある時計の撤去、等が指摘できる。これらを通じて、キリシタンに対する弾圧は人々の目にハッキリと見える形で行なわれ、人々に強く印象づけられた。

長崎港と同様に、周辺の茂木村・長崎村・浦上村等々も「闕所地」として没収された。フロイス『日本史』の⑦には「ドン・バルトロメウが教会に与えた長崎の村と、ドン・プロタジオが司祭たちに与えた浦上の地を己のものとして没収するよう命じた」。⑧には「二人の家臣に対して、長崎の村落を固めている城壁を破壊するよう命じた」とある。この「二人の家臣」こそ「闕所地検断」のため長崎に派遣された「検断奉行」の藤堂・寺澤両人である。彼らはまた同時に「城割り奉行」として「環濠城塞都市」長崎を取り巻く堀や城塞を破壊し、長崎の多くの教会をも破壊して、没収した。

⑩には「大村・有馬の地では〈城割り〉が行なわれ、派遣された異教徒たちは、教会を焼き、十字架を切り倒し、キリシタンから掠奪を行ない、多くの侮辱、破廉恥な仕業によって、先にデウスが召し給うたドン・バルトロメウの領地に惨憺たる被害を齎した」とある。

三　「バテレン追放令」の後世への影響

ここでは長期的な視点から「バテレン追放令」が後世に与えた影響を考えたい。

1　第一条

外国貿易の流れ

東アジアの伝統的な国際秩序は中国皇帝を中心とした「冊封《さくほう》体制」であった。それゆえこの〈日本＝神国〉論からは、「冊封体制」に敵対する考えが生まれ、必然的に「朝鮮の役」＝「唐入り」となった(63)。中国側が「冊封体制」以外の論理を認めない以上、他にどんな選択肢があったのだろうか。この「唐入り」を西洋史上の事例と比較すれば、一八四〇年の貿易の自由を求めて「海禁令」の撤回・香港の開港・割譲を求めたイギリスと清国との「アヘン戦争」に相当しよう。「朝鮮の役」＝「唐入り」が始まったのと同じ文禄元年には、日本から諸外国へ向かう船を保護する「朱印船貿易」制度が始まった。

「唐入り」の不成功により日中間には国交が開かれず、江戸時代に入っても唐船の日本来航はあっても、日本船の中国への入港は禁止されたままだった。明・清両帝国は「海禁政策」を続け、日本船の来航を認めなかった。日中間の貿易は「長崎貿易」や東南アジア各地での日本の「朱印船」と唐船との「出合い貿易」となった。東南アジアの各地の中国人居留地の傍には、海外移住した日本人によって「南洋日本町」が築かれた。一方キリスト教を「邪教」として禁止したことに対し、キリスト教の布教保護者であるスペイン・ポルトガル連合王国も、ポルトガル国家も、何の対策もせずに事態の流れに任せていた。

東アジア世界には新たに新教国のオランダやイギリスが登場した。プロテスタントたちは個人の信仰を重視したためか、「教権制」の秩序を軽視して、国家と宗教との結びつきに関してはスペイン・ポルトガルと異なる対応をした。キリスト教を広めないことを条件に、オランダは「長崎貿易」を独占した。

イギリスと日本

ヨーロッパ中世社会においては、法王を頂点とし司教・司祭などからなるヒエラルキーが存在していた。中世社会は法王と皇帝との二つの中心を持つ楕円的構成体とされている。そこに宗教改革が起こり「教権制」は動揺した。イギリスの場合、イギリス国教会がローマの法王庁から独立する形をとり、ローマ法王とイギリス国王との対立となったが「教権制」は存続し、教会の儀式はローマ教会のそれとほとんど変わらなかった。時代は国民国家へと移行し、国王の力はローマ法王の干渉を撥ね退け、絶対となり、絶対主義の時代となった。ヨーロッパ世界全体は宗教戦争の時代、アンシャン・レジームの暗い時代となった。

このイギリスの在り方と近世日本の「寺請け制度」を比較すると、ローマ教会への反発の面では共通している。「神国宣言」は宗教的な普遍主義の否定の点では、国民国家を用意したナショナリズムの一つと見做すこともできる。戦前の講座派が明治国家を絶対主義としたことは有名だが、ヨーロッパ史の文脈に合わせて日本史を理解すれば、鎖国以後の江戸幕府はエリザベス女王時代のイギリスと対比可能で、むしろ江戸時代こそ絶対主義となるのではあるまいか。

神国論の発展

第一条〈日本＝神国〉の考えは秀吉の咄嗟の思い付きだが、その射程は大きく、江戸幕府に引き継がれた。キリスト教を〈邪教〉とした関係上、それと対決すべく、当時の日本が持ち合わせていた神・儒・仏三教を「正法」とし、その枠組みの中で幕府は朱子学を正統とした。寛永の鎖国に至り、対外的には秀吉の日輪神話に基づく東亜侵略の夢は終わったが、逆に国内の思想界では「漢学から国学へ」の展開、復古神道の成立で、神国論はむしろ発展した。本居宣長の「馭戎《ぎよじゆう》慨言《がいげん》」の「馭戎」は、幕末には「攘夷」の別称として人々に受け入れられた。幕末の対外危機に際して各藩には尊攘派が生まれ、倒幕・明治維新となったが、維新政府がいち早く西欧列強の模倣に成功した原因は、当時の江戸幕府が、西欧近代の市民革命が否定した「教権制」を模倣し、「寺請け制度」という強制改宗制度を共有していたことがあるからである。

つまり初期の明治政府の採った倒幕から文明開化への道は、近世社会の中に埋め込まれていたので、幕府を倒すことは自動的に西欧列強の市民社会の模倣に繋がった。明治維新により中華思想を反転させた日本型華夷秩序の考えは西欧列強に対抗するナショナリズムとして復活し、国家神道や靖国神社の形をとった。その点で「神国論」は天皇を中心とした「国体論」として復活し、太平洋戦争で連合国に無条件降伏するまで存続した。戦争下では、日本型華夷秩序の考え方は「八紘一宇」のスローガンとなった。

模倣された「教権制」の点では「教育勅語」を挙げるべきであろう。日本国民全員に価値観・道徳観を強制した。敗戦による昭和の平和憲法によって初めて、日本国民は「神国論」の呪縛から解放された。「八紘一宇」の考えは日本国内では〈西欧列強への対抗ナショナリズム〉として理解されても、侵略を受けたアジアの諸国からは〈世界征服の思想〉として今も忌避されている。

禁教令

この第一条をキリスト教の禁止令・禁教令とすると、禁教令は江戸幕府によって再度発布されるが、明治維新以後も太政官符として発布され続けていた。これが撤回されたのは明治六年（一八七三）になってからである。ここから、この第一条は長命で、近世を通り越して近・現代にまで様々な形で影響力を発揮したとなる。

2　第二条

秀吉から領地を与えられた給人は「天下の御法度」に従うべきだとする第二条の中心は

直接には博多での「九州国割」に基礎を持っている。この法の精神は「幕藩体制」として江戸時代を通じて存続し、「大政奉還」まで続いた。それゆえ第二条は広い目で見れば近世の社会や国家の骨格を形作った基本法で、近世を通じて力を発揮したとなる。この法令の発布直後に「天下の御法度」に背いたとして没落した長崎周辺の大名には、肥後の国主・佐々成政がおり、諫早の領主・西郷信尚《のぶなお》、長崎湾口の領主・深堀純賢《ふかほりすみかた》の改易もこれに拠っている。肥前国主の龍造寺氏から鍋島氏への変化もこれに含めるべきだろう。

面従腹背派

「天下よりの御法度を相守、諸事可得其意」を「天下から出された御法度を守り、給人は全てのことに対して法度の心を体得すべきである」と現代語訳してよいのなら、解体された「キリシタン党」は表面的には秀吉に従う「面従腹背派」になったが、その後秀吉政権の中で存続しえるか否か問題となった。佐々成政も「面従腹背派」の一人で、切り取り自由の「戦国の世」に戻そうとの野心を隠さなかったので切腹が命じられた。黒田孝高の「関ヶ原」の戦いの折の行動も、彼が「面従腹背派」であったことを示していよう。この「面従腹背派」には石田三成と確執のあった蒲生氏郷も加えることができるのだろうか。

西肥前の領主と唐入り

「唐入り」・朝鮮出兵に際して、動員された九州の大名たちには大規模な国替えが予め想定されていた。新しく多くの国を与えられるメリットと、住み慣れた故郷を失うデメリットが問題となった。これより先の天正十五年の段階で、豊前国の領主・宇都宮氏は転封を拒否して自滅した。鍋島飛騨守も高麗国での数カ国が想定されていた。しかし小西行長に率いられた西肥前のキリシタン大名たちの国替えは、イエズス会にとって、これまで育てきた実り豊かな主の葡萄園＝「教権制」の喪失を意味し、耐え難いものだった。ここに「上からの布教」と言われる「領主」から「領民」への強制布教の仕組みが確かめられる。

五野井隆史は「秀吉の朝鮮侵略と日本イエズス会」(64)で「教権制」と兵農分離・国替えとの矛盾の中で、イエズス会がいかに「教権制」を守ろうとしていたかを論じた。

寺請け制度・宗門改め制度

徳川幕府は十七世紀に入ると、禁教令を徹底すべく「寺請け制度」「宗門改め制度」を導入し、現在の市役所などが行なう住民登録の仕事を寺院に任せる体制を敷いた。このことの結果、日本の住民全体は「日域の仏法」の影響下に置かれる体制となった。地域住民を全て寺院の管理下に置いた点で、「教権制」を反転模倣した体制の完成となる。以上を総括すると、「唐入り」を〈亜周辺国家〉の第一の道とするなら、「踏み絵」「寺請け制度」

「宗門改め制度」は〈亜周辺国家〉の第二の道となる。

3　第三条

天正十八年（一五九〇）のヴァリニャーノの来日、翌年聚楽第での秀吉との会見によりイエズス会は復活し、第三条は否定された。その前提には天正十六年の長崎での生糸貿易がある。ジェロニモ・ペレイラの定航船に対しては堺商人の小西隆佐《りゅうさ》が派遣された。この貿易の結果、事実上イエズス会は長崎貿易の場に復帰した。それゆえミクロな観点からすれば、この第三条の命は短く、イエズス会士たちは数年間の辛抱の後に復帰したとなる。しかしマクロな観点から見れば、この第三条は第一条・第二条と共に江戸幕府に受け継がれ「キリシタン禁令」となった。

寛永の鎖国令に先立って多くのキリシタンたちは処刑され、イエズス会士その他の会派の宣教師たちは日本から追放された。寛永の鎖国以降明治の開国に至るまでの間、宣教師の来日は認められていない。それゆえ第三条の命は長く、法律としての命は近世を通じて続いたとなる。

4　第四条・第五条

「バテレン追放令」の正文は博多にフスタ船で来航したカピタン＝モールのドミンゴス・

モンティロに手渡された。この法令の中心はイエズス会士の追放を命じた第三条と、南蛮貿易の存続を願う第四条・第五条、中でも第四条の「黒船之儀ハ……各別」にあった。しかし長期的な観点からすれば、イエズス会と南蛮貿易の一体性の方が「各別」という秀吉の判断を超えていた。ポルトガルとの南蛮貿易を続けていると宣教師の日本密航を防げないことを理由に、キリスト教禁止のため南蛮貿易は禁止され、寛永の鎖国となった。それゆえこの法令は寛永鎖国令の「貿易も布教も共にＮＯ」によって命を失ったとなる。

むすび

(1) 第一条が一番長命で、第二条・第三条は近世を通じて命があった。これに比べると第四条・第五条が一番短命で、近世初頭の寛永の鎖国までの命であったとなる。

(2) 「バテレン追放令」に関わりキリシタン大名の高山右近は政権から追放された。長崎の領主・長崎甚左衛門は譴責され、所領から追われた。肥後の国主・佐々成政は滅亡した。大海賊の深堀は改易された。城と領地を失った西郷信尚は反乱を企てたが、流転した。龍造寺家晴は転封され龍造寺氏にとって変えられた、等々となる。長崎周辺の領主たちは皆過酷な運命に遭遇した。

(3) バテレン追放令を短いスパンで見ると、四年後の天正十九年のヴァリニャーノと秀吉との聚楽第での会談で、イエズス会士たちは日本滞在が認められた。このことを以てこの法令は短命であったと言える。

(4) 中期的なスパンに立てば「神国宣言」は南蛮のキリシタン国を凌駕するとの決意の表れとなり、その具体化としての「唐入り」「朝鮮役」となる。

(5) やや長期的なスパンで見れば、第二条の「神社仏閣の打破」から、ローマカトリック教会の「教権制」が問題であったことが知られる。ここからキリシタンは国を奪うものとの邪教観が導き出された。「キリシタン国」の「教権制」への対抗措置が、江戸幕府が全国的に行なった「寺請け制度」「宗門改め制度」となった。これが江戸時代を通じて長い影響力を持った。

(6) 「神国宣言」に注目すれば、太平洋戦争の終結・ポツダム宣言の受託まで影響力を振るったとなり、昭和の平和憲法によって日本国民はその束縛から自由になった。

（1）『九州治乱記』（『肥前叢書第二輯』四三四頁）。

（2）初版　明治四四年　昭和五五年復刻　村田書房。

（3）岡本良知『十六世紀日欧交通史の研究』六甲書房、一九四二年、四六六頁。ヴァリニャーノの記録を引いて「パードレより通信なせしをも省みず」「そのカピタンは是非共に平戸に着かんとせり」とあり、「破門刑」に当たると厳しく非難している。

（4）高瀬弘一郎『キリシタン時代の研究』四二六頁では「嵐のため」とある。

（5）岡本良知『十六世紀日欧交通史の研究』六甲書房、一九四二年、四六九頁。

（6）岡本良知『十六世紀日欧交通史の研究』六二九頁には「ポルトガル人等は①その船のために、また②この戦時下にありても、船（の停泊地）へ日本商人の取引をなすに自由に来り得べきために、また③支那より来たるナウの着く港の領主がその船を保護せんために、その他別に書を以て列記したる追加の諸項目のために特許状を請い求めたり。（関白殿は）直にその秘書官に命じて二通の特許状を与へしめたり。蓋しその一通はマカオへ運び行き、他の一通はそれを日本に残されんためなり」とある。なお松田毅一・川崎桃太訳『フロイス日本史1』二九三頁参照。

（7）『九州治乱記』（『肥前叢書第二輯』四四一頁）。

（8）『九州治乱記』（『肥前叢書第二輯』四四六頁）。

（9）祖父・晴純は肥前六郡の覇者、父・義貞は将軍義晴の相伴衆、兄・義純も将軍義輝の相伴衆であった。

（10）高瀬弘一郎訳・注『イエズス会と日本　Ⅰ』第七文書。岩波書店、一九八一年。

（11）松田毅一・川崎桃太『フロイス日本史1』「豊臣秀吉編　Ⅰ」二一一頁には「関白は下の諸国を分配する際には右近と立佐に肥前の国を与えようと皮肉って言った」とある。松田はこの「皮肉」を注で「他の諸公への面当てという意味か」とした。

（12）松田毅一・川崎桃太訳『フロイス日本史1』中央公論社、一九七七年、三四四頁。

（13）フロイス『日本史11』『西日本篇Ⅲ』の第六一章「改宗に関する（黒田）官兵衛殿の熱意と信心について」では、天正十四年に毛利輝元・吉川春元・小早川隆景とともに高橋元種の属城豊前小倉城を攻めて陥れた際、村上水軍の「野島氏」「来島氏」と「小早川殿の秘書」をキリシタンにしたとある。

(14) この「キリシタン党」と利休七哲とはメンバーがかなり重なっている。

(15) 松田毅一・川崎桃太『フロイス日本史1』三一九頁。

(16) 同上　三二五頁。

(17) 第八条には「国郡又ハ在所を持候大名　其家中之者共を　伴天連門徒ニ押付成候事ハ　本願寺門徒之寺内をたて候よりも不可然義候間　天下之ハり可成候条　其分別無之者ハ可被加御成敗候事」とある。

(18) その釈文は本書「秀吉と右近」で掲げる。なお山本博文『天下人の一級史料——秀吉文書の真実』柏書房、二〇〇九年、一七三頁参照。

(19) 河野純徳訳『聖フランシスコ・ザビエル全書簡』「書簡九六　第六節」平凡社、五二三頁。

(20) 本書「教会領長崎における「神の平和」」

(21) フロイス『日本史』。松田毅一・川崎桃太訳『フロイス日本史10』(中央公論社、一九七九年)第二七章、一五頁。

(22) 高瀬弘一郎は『キリシタンの世紀』一六一頁で、高山右近は高槻領の仏僧に対してキリシタンへの改宗を強要したとある。

(23) フランス国王アンリ四世が一五九八年に出した宗教的寛容令。信教の自由、国家と宗教の分離の先駆形態と云われている。

(24) (22) に同じ。三八三頁。

（25）小岸昭『隠れユダヤ教徒と隠れキリシタン』人文書院、二〇〇二年。

（26）鈴木正三「万民徳用」『仮名法語集』『日本古典文学大系83』岩波書店、一九六四年。

（27）石田英一郎『桃太郎の母』講談社　名著シリーズ、一九七六年。

（28）神田千里『戦国と宗教』第五章「「天道」という思想」岩波新書、二〇一六年、一九二頁。

（29）五野井隆史『日本キリシタン史』（吉川弘文館、二〇〇二年、二六三頁）では、コエリュの一五八八年度『日本年報』（『一六・七世紀イエズス会日本報告書』第一期第一巻　同朋舎出版、一九八七年、八二―三頁）、や『フロイス日本史1』（中央公論社、一九七七年、三二一―二頁）を引いて、「日本の根幹をなすものが神であり、神は領主と一体であり、秀吉は最高の神と位置付けられるべきである」ことを秀吉がペレイラの使者に語ったとある。しかし五野井隆史は、『日本年報』で天正十七年の使者をペレイラの使者としたのは誤りだと指摘した。

（30）五野井は「神は領主と一体」の所の「カミスとシニョールズ」の「シニョールズ」を――松田毅一は「主」と訳したが――これを「領主」と翻訳し直した。

（31）松田毅一・川崎桃太訳『フロイス日本史2』（中央公論社、一九七七年）、第二十章、一三頁。

（32）「亜周辺」には地政学的な条件が大きく作用していると思われる。古代において、朝鮮半島の新羅が中国・唐の「周辺」なのに対して、海で隔たっていた倭国・日本は「亜周辺」で、新羅が唐帝国の影響下に、冊封体制に基づき「国王」を名のったのに対して、倭王は唐帝国の秩序に必ずしも従わず、独自に「日本天皇」と称し、唐の皇帝に対抗した。律令制度においても新羅が唐より制定を制限されていたのに対して、新羅よりも徹底して唐の模倣を行なったことがあげられる。

（33）平川新『戦国日本と大航海時代』中公新書　二〇一八年。

(34) 上に同じ。
(35) 平川新『戦国日本と大航海時代』五頁。
(36) 平川新『開国への道』小学館『日本の歴史 12(江戸時代 十九世紀)』二〇〇八年。
(37) 平川新『戦国日本と大航海時代』一四頁。
(38) この考えはミシェル・アグリエッタとアンドレ・オルレアンの『貨幣の暴力』(法政大学出版局、一九九一年)に依っている。
(39) 村井章介『分裂から天下統一へ シリーズ日本中世史④』岩波新書、二〇一六年。
(40) 青森県などでは唐辛子を「南蛮」と呼び、南蛮貿易によっても齎されたものであることは明らかであるが、一方朝鮮の代表的な食品の「キムチ」には唐辛子が不可欠である。朝鮮への出兵の折、日本から齎されたものである可能性は高い。
(41) 山本博文『天下人の一級史料――秀吉文書の真実』柏書房、二〇〇九年。
(42) 山本博文は『天下人の一級史料』で、三鬼《みき》清一郎の議論を相手にして「覚」Bを取り上げているが「バテレン追放令」Aとの関係を「両者は決して矛盾するものではなく、秀吉のそれなりに一貫した姿勢を示すもの」としている。しかしこれは秀吉とコエリョとの対決による秀吉の変化という動態的な変化を見ていない点で、二級の解釈となろう。
(43) この部分は鍛代俊雄『神国論の系譜』(法藏館、二〇〇六年)に拠っている。
(44) 朝尾直弘『鎖国 日本の歴史17』小学館、一九七五年、二〇頁。
(45) 天正十八年に、秀吉は琉球天竜寺の僧・桃庵に琉球国王宛ての書簡を与えた。そこでは琉球の入貢を賞して「四海一家」の言葉がある。『続善隣国宝記』参照。

(46) 連合王国とは国王が二つの国の共通する君主であることだが、現実にはそれぞれの国家の棲み分けは重視されていた。寧ろコエリュの考え方が極端だったのである。

(47) ここのところは山本博文の現代語を採らなかった。

(48) 高瀬弘一郎は『キリシタンの世紀』(岩波書店、一九九三年、一六〇頁)で『大村郷村記』をひき、大村領内の神社仏閣に対するすさまじい破壊として、大村家の守護神・多良山大権現、その神宮寺・宝円寺、大村総鎮守・富松大権現、彦山大権現とその神宮寺円満山観音寺、白龍山長安寺、万歳山本経寺、八幡宮寺などが天正年間に破壊されたとある。

(49) 高瀬弘一郎『キリシタンの世紀』第十四章、一六三頁。

(50) 高瀬弘一郎は『キリシタンの世紀』第十八章でキリシタン布教には「領土的野心」「国土侵略の狙い」「侵略的性格」があったと当時の人が証言していると述べている。

(51) 長崎甚左衛門に対しては史料が不足しているが、所領の没収と回復が繰り返されていたと見たい。

(52) 神田千里『戦国と宗教』一九二頁では「伴天連追放令の背景には、諸宗派の共存という原則があった」とし、「追放令発布の時点で」「キリスト教自体を否定していたわけではなさそうである」とした。

(53) 平川新『戦国日本と大航海時代』(八一頁)では「一一八日覚」で示された庶民信仰の自由を認める文言を否定するような表記を、一九日追放令に見出すことはできない」とあるが、カトリックの組織論では司牧者のいないところでは教会は維持できないとなっていた。村のメンバーが代わり合って「水役」「おじ役」を務めていた隠れキリシタンはローマ教会からは無縁な存在とされていた。なお清水有子「豊臣秀吉の神国宣言」(『歴史学研究』九五八号 二〇一七年六月)ではこの考えに反対している。

(54) 神田千里『島原の乱――キリシタン信仰と武装蜂起』中公新書 二〇〇五年。

(55)「被思召候へバ」のところをかつて私は堀新と同様に「秀吉はお考えになっているので」と順接として解釈していたが、「思っていたのに」と逆接で読む山本の読みが正しいと思う。山本博文『天下人の一級史料』参照。

(56) 清水克行『喧嘩両成敗の誕生』講談社選書メチエ、二〇〇六年。

(57) フロイスによれば当時からこのような流言飛語は飛び交っていたとある。

(58)「キリシタン禁令」第一条には「伴天連門徒之儀、其者之心次第たるべき事」とある。

(59) 国際貿易港には様々な人種・宗教の人が集まるのだから、信教の自由は当然である。

(60) 山本博文『天下人の一級史料』第三講、第4章、一八五頁。

(61) 神田千里『戦国と宗教』第五章「「天道」という思想」岩波新書、二〇一六年、一九二頁。

(62) 松田毅一・川崎桃太訳『フロイス日本史1』中央公論社、一九七七年、第十八章、三五一―四頁 ここでは一から十九までの箇条書きを①〜⑲で表記する。

(63) 朝尾直弘は小学館『大系日本の歴史 8 天下一統』(一九八八年、二〇九頁)で「キリスト教と鉄砲が「きりしたん国」とその文明への関心を強め、古代以来、文明の中心と認識されてきた朝鮮・中国にかわるあらたな中心への、警戒と憧憬が日本人の心のなかにしだいに大きな位置を占めるようになった。それにともない、「神国」の大陸離れ、日本の中華文明からの自立が明確なかたちをとってあらわれはじめた。朝鮮にたいする侵略も、客観的にみればそのひとつの現象とみなすことができる」としている。

（64）五野井隆史『日本キリシタン史』第二部第二章。

バテレン追放令とキリシタン一揆

本稿の目的は、天正十五年（一五八七）六月十九日に発布された「バテレン追放令」Aを当事者であるイエズス会士たちがどのように受け止め、それをイエズス会の公的な記録にどのように残したかを明らかにすることにある。換言すれば、「バテレン追放令」発布という一事件の分析を通じて、『イエズス会日本年報』（この場合「フロイス書簡」）やフロイスの著した『日本史』に対する内在的史料批判を行なうことが目的なのである。

一　史料と研究史

1　史料の所在

秀吉が発布した「バテレン追放令」の歴史の全体像を研究・分析するための素材となる史料には、㈠文書、㈡記録・編纂物・著述の二種を挙げることができる。

㈠の文書については、次の二通が知られている。[1]

A　天正十五年六月十九日付「定」五カ条（平戸市松浦史料博物館所蔵「松浦家文書」所蔵）。

B　天正十五年六月十八日付「覚」十一カ条（神宮文庫所蔵『御朱印師職古格』所載）。

A文書「定」については「バテレン追放令とその影響」参照。B文書「覚」については次の「秀吉と右近」で述べる。

(二)の記録・編纂物・著述の中で、外国人の手になり、しかも我々が容易に手にすることのできるものには、次の三つ(イ)・(ロ)・(ハ)がある。

(イ)　一五八八年二月二十日付有馬発フロイス書簡（『イエズス会日本年報　下』所収）[2]。

(ロ)　フロイス『日本史』第二部第九十七章[3]。

(ハ)　アビラ・ヒロン『日本王国記』第五章第二節[4]。

さらに、日本人の手になる同時代のものとして史料的価値が大きく、当時の秀吉政権内部の雰囲気をよく伝えているものに、次のものを挙げることができる。

(ニ)　大村由己《ゆうこ》『九州御動座記』所収の書簡[5]。

このうち記録(イ)と(ロ)を形式面に限って比較すると、前者は書簡、後者は著書となり、読者対象に大きな違いがあったことになる。しかし、内容面においては、どちらも日本におけるキリスト教布教に関する記録・報告であり、前者が一年間における記録・報告の集大成であるのに対して、後者は、そうした年報の総合・集大成となる[6]。

記録(ハ)の『日本王国記』の原題は、Relación del Reino de Nippon a que llaman corruptamente Jappon（『転訛してハポンとよばれている日本王国に関する報告』）といい、永く長崎に滞在したイスパニア商人アビラ・ヒロンの見聞録の性格の強いものである。「バテレン追放令」の発布は、彼が日本にくる（一五九四年）以前の出来事であったため、当該見聞録のもとには、長崎のポルトガル人社会の噂・伝承等々を挙げることができる。特にフロイスの記した(イ)・(ロ)とは多少異なる内容を報告している点に注目したい。

(ニ)の書簡は、その差出所に「大拝」とあるので、筆者は太田牛一か大村由己とされているが、私は『九州御動座記』の筆者大村由己が自分の手紙の「写し」をここに挿入したものと考える。

2 フロイス書簡の史料的性格

記録(イ)は充書《あてがき》と差出書を備えており、古文書学で言う「古文書」に加えることができるが、当該書簡においては、〈差出人の受取人への意思〉とか、〈働きかけ〉はほとんど問題にならない。むしろ当該書簡の持った機能は、「記録」「報告」に限られている。このことは、『イエズス会日本年報』（以下『年報』と略す）の前身である『イエズス会士日本通信』(7)（以下『通信』と略す）においても当てはまる。

『通信』と『年報』の関係を言えば、非制度的で私的な『通信』が、巡察師ヴァリニアーノの下で組織的・計画的かつ公的な『年報』制度に改組された。その際パードレ・ルイス・フロイスが日本イエズス会の公的な記録係に任命され、彼の下で日本各地の報告は年報に編纂された。それゆえ、当該『年報』成立には、日本各地の報告作成者と編纂者フロイスとの協力体制が前提とされている。事実、この記録(イ)に引用された書簡は、明確に断わっているもので八通、一部分引用の場合、要約して引用の場合などさまざまである。(8)

さらに、高瀬弘一郎は『年報』の形式は原則的に定められていたとして、次のように述べている。(9)

まずその年に日本国内の政治情勢から筆を起こし、つぎに日本のキリスト教界を全般的に概観し、ついで日本イエズス会の一般的な情況を記述し、そしてその後に、長崎からはじめて各地のイエズス会教界についての詳細な報告がつづいている。

これらの『通信』『年報』は一般に、日本の各地よりヨーロッパ宛に発信されたが、当時の交通・通信技術の問題として、当該書簡がさらに数通に筆写複製され、数艘の船で運ばれるという過程を繰返していたことを指摘しておきたい。差出人と受取人の間には、原則として数多くの筆写担当のイエズス会関係者が介在しており、彼等による内容の変更の可能性を一概には否定できないのである。

ところで、松田毅一の研究[10]に従うと、記録(イ)のフロイス書簡は、次の四通のフロイス書簡を、マカオにおいて巡察師ヴァリニアーノが編纂・要約して作成したものだという。

①一五八七年八月五日付平戸発。
②一五八七年十月二日付平戸発。
③一五八七年十月二日付度島発。
④一五八七年十月八日付平戸発。[11]

ヴァリニアーノが行なったこの編纂の仕事は、年報制度の下で本来フロイスの行なうべき仕事である。重大事件の続発に対し、周章狼狽したフロイスが次々と長文の書簡を執筆したことのほうが、むしろ年報制度の主旨に反し、記録としての正統性を損うものであった。それゆえ、ヴァリニアーノがフロイスの前記四通の書簡を一通にまとめ、(イ)の書簡として編集したことは、巡察師としての権限等を考慮に入れるならば、制度上許される出来事であり、むしろ正統的な事柄とさえ思われる。

先に史料の所在を論ずる際に、通常日本史学上区別する「記録」と「編纂物・著述」との区別をしなかった。それは、外国側史料(イ)、(ロ)、(ハ)、中でも記録(イ)が「日記」とは異なり、むしろ「報告」とほぼ同義の「記録」で、その意味で学術用語ではなく、日常用語の記録に近いものだからである。さらにこれには「編纂物」としての性格もあった。

3 研究史

「バテレン追放令」の研究にとって重要な史料としては、文書A・Bとフロイスの手になる記録(イ)・(ロ)の計四つを挙げるのが一般である。

ところで、これまでの研究史においては、その存在の確かな文書Aと、フロイスの記録二者が最も価値の高い史料とされ、史料相互間の齟齬《そご》はもっぱら文書Bの欠点に求める方向で処理されてきた[12]。フロイスの記録に全幅の信頼を寄せるあり方は、無自覚的であったにせよ、研究者たちにとって一つの伝統であったとさえ言うことができる。例えば、現在我々が手にすることのできる多くの歴史書、啓蒙書、一般書といわれるさまざまな書物をひもとき、天正十五年六月に発布されたバテレン追放令についての記述を探してみると、〈青天の霹靂《へきれき》〉という、意外性を示す表現に出会うのが常であろう[13]。

事柄を意外性という形で把握するためには、逆に、キリシタンの大いなる発展を期待するという心構えが前提とされていたはずである。このことから、キリシタンやイエズス会士たちの感受性と当該「霹靂」説とは密接な関連を持っていたと予想される。事実、記録(イ)・(ロ)・(ハ)という外国側の史料によれば、当法令の発布を〈突然の思いもかけない出来事〉として記録している。

これに対して、日本側の史料、記録(ニ)によれば、秀吉政権内部にあって、当法令の発布は〈正義の回復〉として受け止められていた。少なくとも当該書簡の差出人は、この出来事を意外性においてとらえていないことだけは確かである。つまり、現在の歴史書等に多く見られる〈青天の霹靂〉というステレオタイプ化した歴史叙述は、イエズス会士や南蛮人たちの感性のあり方を示す外国側史料に、近代の歴史家たちが無自覚的に拘束され、未だこれらの影響から自由になっていないことを示している。

二　文書と記録の関係——問題の所在

1　文書の日付と記録の日時

記録(イ)・(ロ)に記された事件を日時を追って年代学的に整理[14]した表に、文書A・Bを対比させると、**表1**のようになる。

文書と記録を照合すると、いくつもの齟齬に気がつくが、これまでの研究史においては、前述したとおり、フロイスの記録の側にではなく、文書、特にB文書の側に問題があるとされてきた。海老沢有道の〈B文書の日付は六月十九日の誤写である〉との説[15]や、三鬼清一郎の〈B文書偽文書説[16]〉は、その根拠の一つに、この両者の齟齬を挙げている。

三鬼は、偽文書説の根拠の一つに、A文書に関しては、(イ)・(ロ)両記録に Determinaçao do Senhor da Tenca (イ)「天下の君の決定」、(ロ)「天下の主の定め」）として、そのポルトガル語訳文を掲げたのに較べ、B文書については何の記録も残されていないことを挙げている。しかしながら、この議論に対しては、記録(イ)・(ロ)共に「箇条書の宣告文[17]」という文書に関する記録があることを指摘したい。これがもしB文書を指すなら、当然、三鬼の議論は成り立たなくなる。

B文書は、次の三点から古文書学で言う「禁制・掟書」とみなすことができる。

(a) 事実書のうち中書が「一つ書式」という箇条書形式であること。

(b) 事実書の書留に、「右之条々堅被停止畢、若違犯之族有之者忽可被処厳科者也」という処罰を示す例文があること。

表1

日	文書	事　件
17		高山右近フスタ船にコエリュ、フロイスらを訪問。
18	B	(特別な事件なし)
19	A	①豊臣秀勝、フスタ船を見物。 ②秀吉、カピタン＝モールと引見 ③高山右近、追放の上所領没収。 ④夜フスタ船中にいたコエリュ、秀吉の使者により詰問される。 ⑤「箇条書の宣告文」コエリュに示される。
20		⑥秀吉、キリスト教・バテレン非難の演説。 ⑦「バテレン追放令」コエリュらに手渡される。

(c) 差出所に秀吉朱印があること。

一方、記録(イ)・(ロ)には共に「高山右近に与えられた箇条書の宣告文」がコエリュにも示されたとある。もし「禁制・掟書」がフロイスに示されたのなら、彼はそれをごく自然にsentença(「宣告文」)と呼んだと思われるので、問題の中心は、次節で改めてとりあげるように、果して〈このB文書が高山右近やコエリュに示されたものと同一か否か〉となる。

フロイスの記録には疑問の余地があるとの立場に立って、記録と文書との関係を検討すると、次の三点を確認することができる。

(あ) 六月十八日には記録上の空白が生じ、十七日、十九日、二十日にはそれぞれ数多くの事件が記されていることと比較して不自然であること。

(い) 「箇条書の宣告文」がB文書と一致するとすれば、文書の日付と文書が実際に効力を持って機能した日⑤との間に一日のズレが生じていること。

(う) 文書Aに関しても、(い)と同様、文書の日付と文書の実際の交付日との間にズレが生じており、ここでもまた、コエリュに交付される⑦一日前に「バテレン追放令」はすでに秀吉政権の下で準備・作成されていたというショッキングな事柄をフロイスは何も記録していないという不自然さが目に付くこと。

2 「箇条書の宣告文」

これまでいずれの研究者も気付かなかった事柄として、フロイスの記録(イ)・(ロ)のなかに、〈高山右近に対して与えられた「箇条書の宣告文」〉に関する言及がなされていることがある。これは、サンチャゴの祝日に当る西暦の七月二十五日（天正十五年六月二十日）の前夜（すなわち我が六月十九日夜）、秀吉が人を遣わしてフスタ船中で眠っていたコエリュに対して、(イ)によれば四カ条、(ロ)によれば三カ条からなる詰問を行ない、コエリュからの返答を得た後、さらに人を遣わして彼に示したものとして、記録に登場してくる。

ところでフロイスは、当該「宣告文」が高山右近に「与えられた」としているが、このこととコエリュに(イ)「伝え」られ、(ロ)「見せるように命じ」られたとあることとは同義であると思われる。つまり、当該「宣告文」は右近とコエリュの二人に、相次いで提示されたのである。

コエリュへの詰問に関しては、最初の詰問事項〈(イ)によれば最初の二つ〉はキリスト教を「顕密体制」に包摂しようとするB文書の基本認識[18]そのものの当否に関わる問題であり、後の二つは先学がいずれも指摘するとおり、B文書の第十、第十一条そのものである。つまり、フロイスに対する詰問は、いずれもB文書を前提としたものなのである。ここから、B文書自身がコエリュに示されたことは充分にありうるし、当該「宣告文」がB文書であったことの可能性は大きいと思われる。

次に問題となるのは、当B文書が「箇条書の宣告文」として高山右近に示されたか否かである。フロイスの記録によれば、秀吉は右近に対し、口頭で〈棄教か、然らずんば所領没収か〉という形で棄教を迫ったとあり、その後の両者のやりとりもまた、すべて口頭で行なわれたとある。

しかしながら、次の三点から、秀吉と右近のやりとりもまた、当B文書を前提として展開していたと思われる。
㈠口頭での秀吉の命令・要求の内容がB文書の内容と一致していること。[19]
㈡右近の返答がB文書第八条を踏まえてなされていること。[20]
㈢棄教を認めない右近の処遇として、B文書第五条の適用を秀吉側が考えたこと。[21]
以上から、B文書の存在を疑問視する考え方は全て否定され、B文書と記録の間には密接な関係があることは明白となる。

三　日付の変更——問題の解決法

1　actum と datum

西欧における古文書学（diplomatic, diplomatique, Urkundenlehre）の確立をもたらした古典的業績の一つに、フィッカー（Julius Ficker, 1826-1902）の〈actum と datum の区別〉を挙げることができる。これは文書に記載された年月日（datum）と実際の法律行為の行なわれた日（actum）とを区別するということである。

この考え方をもとにして、前章で指摘した記録と文書との間に存在する一日のズレの問題をとらえ直してみたい。高山右近に所領没収を命ずる法律行為がB文書の提示を伴い、バテレンに国外追放を命ずる法律行為がA文書の交付手続きと同時になされていたと考えると、文書に記載された年月日（datum）と法律行為のあった日（actum）との関係は表2のようになる。

表2

	B文書「覚」	A文書「バテレン追放令」
datum	「箇条書の宣告文」 天正15年6月18日	「天下の主の定め」 天正15年6月19日
actum	高山右近の所領没収 サンチャゴ祝日の前夜 （天正15年6月19日夜）	バテレンの国外追放 サンチャゴの祝日の日 （天正15年6月20日夜）

　ここから明らかなように、二つの場合共に、法律行為のあった日は、文書に記載された年月日よりも一日後になる。このことは〈法律行為自体が既定方針であることを、相手側に強く印象付けるという効果をねらったもの〉と理解することも一応は可能である[22]。

　しかしながら、我が国の古文書学においては「日付は、文書に確実性を与えるためのもので、文書作成当座の時日を書くのが原則である[23]」と論じられている。A・B両文書は、この原則に対する例外だったのであろうか？　もしそうであるならば、我が国の古文書研究において非常に興味深い事例の発見となる。しかしながら私は、これと同様な事例について寡聞にして何も知らないし、むしろこのような仮説は成立しないと思う。

　datumの方に問題がないとすれば、次に考えられるのはactumの方である。すなわち、文書の日付の方ではなく、記録の日付の方に問題があると考え、記録のあり方に疑いを差し向けることができるのではあるまいか。例えば、記録(イ)・(ロ)に「サンチャゴの祝日の前日」に起こったとある出来事は、六月十八日の出来事であり、「サンチャゴの祝日」の出来事は、六月十九日の出来事であると、それぞれ一日前にずらして理解することができないであろうか。

　このように理解することができるとすると、記録上の一日の空白[24]は消え、記録(イ)・(ロ)と文書A・Bとの乖離もまたなくなり、文書と記録の内容は**表3**のようになる。

表3

日	事　件
17	高山右近フスタ船にコエリュ・フロイスを訪問
18	①豊臣秀勝、フスタ船を見物 ②秀吉、カピタン＝モールと引見 ③「B文書」の作成 ④右近は追放、コエリュは詰問される ⑤「B文書」右近・コエリュに示される
19	⑥秀吉、キリスト教・バテレン非難の演説 ⑦「バテレン追放令」の作成 ⑧「バテレン追放令」コエリュらに手渡される

表4

19日	A文書(バテレン追放令)作成
20日朝	当法令を踏まえ、秀吉、キリスト教・バテレン非難の演説
20日夜	当文書をコエリュ等に手渡す

表5

18日	B文書
19日朝	秀吉の演説
19日夜	「バテレン追放令」

2　早朝の演説

これまで多くの研究者たちは、フロイスの記録の日付と文書の日付との相違に、何の疑問も挟まなかったことにより、「バテレン追放令」の作成・発給の手続きを表4のように考えてきた。[25]しかしながら日付の変更を行なうと、十九日朝の秀吉の演説⑥は表5のようにB文書と「バテレン追放令」の中間に位置することになる。

十九日の朝、秀吉が公の場所でキリスト教やバテレンに対して「罵詈の言を放」ったことを承けて作成されたものが、十九日付の「バテレン追放令」であるとすることは、十八日のB文書から十九日の「バテレン追放令」への変化、特に秀吉の心理的変化をごく自然に理解する上で大切なことと思われる。B文書の基本確認がキリスト教を仏教の一派とみなし、両者の間に平和を命ずることであったの[26]に対し、「バテレン追放令」においては、信仰の自由を容認することは神社仏閣の破壊を容認することになるとして、これまでの考え方を自己否定するに至った。[27]それゆえ、前者から後者への立場の移行に際して、キリスト教やバテレンたちを非難する過程が必要であったと考えられる。

拙稿「秀吉と右近」（本書収録）の考察によれば、第一条―第五条の穏健な意見は秀吉のものであるのに対し、第六条―第九条の強硬な意見は施薬院を中心とする重臣たちのものであった。両者の意見の違いは、前述した基本認識の具体化・展開のし方の違いとして存在していた。それゆえ秀吉が、六月十八日のB文書の立場から、六月十九日の「バテレン追放令」の立場に移行するためには、キリスト教・バテレンへの非難に先立って、まず第一に穏健な立場から強硬な立場への移行が必要であったと思われる。

一方、六月十九日早朝の「伺候した貴族や高位の家臣たちの面前」での演説は、前夜の右近とコエリュの反撃によって基本認識そのものの崩壊を経験した秀吉が、新しい立脚点からの強硬派の重臣たちの主張であった第六―九条を、一部オウム返しに繰返しながら解説を加えて述べたものとみなすことができる。

ここにおいて注目すべき点は「伺候した貴族や高位の家臣たちの面前において[28]」第六―九条の内容を語りながら、あたかも秀吉自身の思い付きであるかのように演説している点である。例えば(イ)によれば、「パードレ等が巧妙なる言葉と尤らしい理論のもとに、欺瞞を隠していたことを、初めて発見したのは彼（秀吉）で[29]」あると語ったとある。

ところで、この秀吉演説中、A・B文書・両法令と直接的対応関係の見出せないものとして九州におけるキリシタン大名たちの「キリシタン一揆」、それを率いる武人コエリュ[30]の問題がある。秀吉はこれを〈イエズス会の日本征服の野望〉と表現した。つまりこの演説においては、バテレン―キリシタン大名という結合軸によってキリシタン一揆が結成され、秀吉に対する叛乱が危惧されており、秀吉―給人という〈主従の縁〉とバテレン―キリシタン大名という〈宗教の縁〉の相克が正面から問題とされたのである。

一方「バテレン追放令」においては、「日域の仏法を相い破る事、曲事に候」とあり、秀吉権力は「日域の仏法」の守護者として登場し、バテレン―キリシタン大名という一大政治勢力に脅える姿は、微塵も感じられない。これは、早朝の演説の結果、秀吉家臣団中のキリシタン大名の中で、小西・大友・大村・有馬等々という多数が棄教し、キリシタン一揆の危険が去ったからである。

四　物語の深層構造

1　サンチャゴの祝日の意味

これまで私は、年代学的な立場から「使徒サンチャゴの祝日」は西暦の七月二十五日で、我が天正十五年六月二十日に当るとの理解を前提として記録(イ)・(ロ)と文書A・Bとの関係を考えて来た。その結果、記録(イ)・(ロ)に記されている「使徒サンチャゴの祝日の前日」「使徒サンチャゴの祝日」等は、それぞれ一日前のことを指しているとの結論に達した。そうであるとすれば、これらの記録において年代学的な立場からの逸脱を可能にさせたものは何であったのかが次に問題となってこよう。

記録(ハ)によれば、この「サンチャゴの祝日」に高山右近は追放となり「バテレン追放令」も発布されたとなる。すなわちアビラ・ヒロンは、一日のうちに行なわれたとすることが到底困難なほどの数多くの出来事をすべてこの日一日の出来事として、まとめて記している。このことは、ヒロンが年代学的な正確さにあまり重きを置いていなかったからだと思われるが、逆にそれではなぜ「使徒サンチャゴの祝日」が出来事を記録すべき日として選ばれたのかという問題が残ることになる。

カトリック教徒、特に近世のイベリア半島の人々にとって、〈使徒サンチャゴの祝日にバテレン追放令が発布された〉と聞くだけで、出来事の意外性に驚くのが一般であった。なぜなら、九世紀に使徒サンチャゴ（ヤコブ）の遺骸がガリシア地方で発見され、コンポステーラに彼の墓が建設されて以来、この地はヨーロッパ三大巡礼地の一つとして各地から多数の巡礼者を呼び集め、また彼の使徒サンチャゴ自身、マホメットに対抗しうる精神的な拠り所として、中世イベリア半島のキリスト教徒に多大な影響を与えていたからである[31]。彼はスペインのキリスト教騎士の守護聖人として、イベリア半島における再征服運動や、新大陸におけるインディオ社会征服に際してスペイン人たちを鼓舞し、「サンチャゴ！」の鬨《とき》の声は異教徒撲滅の合図となった。つまり、「使徒サンチャゴの祝日」は〈異教徒に対する勝利の日〉と考えられていたのである。それゆえ、キリスト教の勝利が約束され期待されていた正にその日に、正反対の出来事が起こったというドンデン返し、劇的な破局という意味がこの一語に込められていたのである。

つまり「光栄ある使徒サンチャゴの祝日」というイメージと正反対の出来事の生起した時日を重ね合わすことによって、事柄の意外性・出来事の突然さを際立たせ印象深く人々に理解させることが、この日を選択したことの結果生じた効果なのである。このようなドンデン返しのイメージを以て事柄を把握しようとするのは、むしろキリスト教の伝統的な歴史理解に基づいている。記録の作成に当ったフロイスやヒロンが年代学的な立場からする一日二日の前後関係よりも、むしろキリスト教的な歴史物語の方に強く引かれていたとしても、さほど不思議はないと思われる。

キリスト教の伝統的な歴史理解に従うなら、劇的な破局は〈神の試煉〉であり、試煉に耐え信仰をより一層強化することが尊ばれていた。それゆえ記録(イ)においては、高山右近の殉教譚が非常に大きくクローズアップされ、記録(ハ)や記録(イ)の原本である前記の①・②・③・④の四書簡に記されていたキリシタン大名大村・有馬等々の棄教の記録がこの(イ)には記されていない。さらに、記録(ロ)に至ると、高山右近の殉教譚は一つの章をなすまでに拡大されているのである。

ルイス・フロイスやアビラ・ヒロンの作成したこれらの記録が年代学的な正確さよりは、むしろイベリア半島の人々のもつ前記の感受性に支えられた物語的な要素が強いとすれば、ドンデン返しという噺の筋書が先に決まっていて、個々の具体的な事実はむしろ二次的なものとして、適当にはめ込まれたと理解することも可能なのである。

2 勝利の日に向けて

〈サンチャゴの祝日〉の問題は単に記録(イ)・(ロ)・(ハ)に共通する物語の構造としての意味をもつばかりか、現実のイエズス会士たちの行動を理解するためにも重要だと思われる。

天正十五年の秀吉の九州御動座、あるいはそれ以前の島津氏の全九州統一へ向けての北上は、イエズス会にとってもただならぬ問題を提起した。特に後者は「豊後」布教区の潰滅、九州の西海岸地方からなる「下」布教区の存続の危機をもたらした。それゆえ、秀吉がキリスト教の敵・島津氏を征服した後、筑前博多へ凱旋した日時がサンチャゴの祝日に近いとすれば、この日に向けてキリスト教の勝利を確信することは、布教事業の担当者として当然のことであった。しかも豊後の大友、肥前の大村・有馬、肥後の天草、日向の伊東等々のキリシタン大名が旧領を安堵され、豊前・日向に小寺（黒田孝高）氏、筑前・筑後に小早川氏というキリシタン大名が新たに転封になったことから、九州におけるキリスト教の発展が大いに期待されたのは当然であった。

フロイスの記録には、九州におけるキリシタン大名の旧領安堵、多数のキリシタン大名の九州転封等により、九州におけるキリスト教の飛躍的発展を希望する記事がバテレン追放の記事の直前に存在している。秀吉の政治・軍事上の大勝利がイエズス会の勝利にもつながるとイエズス会士たちが見ていた。イエズス会がこの戦争に対して局外中立を守ることは不可能であったとしても、逆にこの戦争にどう介入すべきであったのか、キリスト教の勝利をどのように考えるべきであったのか、政治的・軍事的勝利か、精神的勝利か等々といった問題が、イエズス会内部には当然あったと思われる。つまり、ここで問われていた問題は、キリスト教界は政治にどこまで介入すべきか、「神のもの」と「カイゼルのもの」との境界線をどこに引くべきかという、キリスト教に固有な古くて新しい難問だった。

記録(イ)・(ロ)によれば、九州御動座に際し、コエリュは肥後八代、筑前箱崎と、二度にわたり秀吉に謁見したが、この謁見の目的は多分に軍事・政治的なものであったと思われる。記録には何も記されていないが、謁見の際のコエリュのあり方が、何よりも雄弁に物語っている。すなわち、

(一)　この時期九州の多くの領主たちは、御動座に際し秀吉の下に参陣し、旧領安堵の御礼を遂げ、さらに秀吉軍の先陣を仰せ遣わされていた。それゆえ、コエリュが予定していたように八代へ軍船のフスタ船で赴いたとすれば、イエズス会が対島津戦に参加することの、公然たる意志表示の意味を持っていたはずである。

(二)　筑前博多においてコエリュは「きわめてよく武装され」「旗で飾り立てられた」西洋式軍艦の「フスタ船」に搭乗し、「大提督」(32)のような服装をして秀吉に謁見したが、これは秀吉がコエリュを「提督」、すなわち軍事指揮官として公認することを求めたものと考えられる。

一五九〇年十月十四日付長崎発イエズス会総会長宛ヴァリニアーノ書簡(33)には、この問題

に関しさらにくわしく次のようにある。

もうここ何年もの間、戦争が続き、それによって有馬と大村の領主や豊後のフランチェスコ王（大友宗麟――引用者注）が多くの危険に曝されたのを機会に、パードレ・ガスパル・コエリュは、これらの戦争の中で彼らが身を守ることを熱心に希望し、彼らを助けるという口実でそこにあまりに介入し、非常に重大な無謀で軽率な行為に及んだ。とりわけ、彼は関白殿に対して、龍造寺や薩摩の王を服従させるために、この下に遠征するよう勧め、豊後のフランチェスコ王や有馬の王およびその他のキリスト教徒の領主たちをして全員結束して、関白殿に味方させよう、と約束した。

記録(ハ)には「ほかならぬパードレたちが、ドン・コンスタンティーノ（大友義統）に太閤の援助をあおぐようにと忠告した(34)」とあり、九州役に際してイエズス会が非常に大きな役割を演じたことはまちがいないことであろう。

ヴァリニアーノに従うと、天正十五年秀吉の九州御動座に際し、コエリュの積極的な働きかけにより一種の「キリシタン一揆」が成立し、〈関白秀吉――コエリュ――全九州のキリシタン大名〉というラインに基づく一大政治勢力が顕在化したことになる。このことが記録(イ)・(ロ)に記されているサンチャゴの祝日の朝の秀吉演説においてその危険性を説かれたキリシタン一揆と、内容的に一致していることに注目しなければならない。

秀吉の御動座の最中に、キリシタン大名の大友宗麟と大村純忠は共に他界し、秀吉は「キリシタン一揆」の危機を脱したが、一方、上方の秀吉政権の内部には、「秀吉と右近」で述べるような、高山右近を中心とする「キリシタン党」の存在もあった。コエリュの秀吉謁見の目的は、武人＝「大提督」としての承認を得ることにあった。コエリュ個人の自覚として、このことが「時を待って天下の君に叛起すること」につながるとは、夢想だにしなかったと思われるが、「パードレを尊敬し、心服している」キリシタン大名たちを団結させ、キリシタン一揆を現実のものたらしめる中核としての武人コエリュの公認こそが、「サンチャゴの祝日」に向けてフロイス、コエリュ等ポルトガル人グループのイエズス会士たちの期待していた内容だった[35]。このように考えると、キリシタン一揆をいかに秀吉政権内部にとり込み、体制内化させるかが、島津氏征服直後における秀吉政権の最大の政治課題であったことになる。B文書の第二―五条は、この問題に対する秀吉政権の考え方を示したものである。

秀吉政権が武人コエリュの公認の是非を考える際、まず第一に問われるべき問題は、キリスト教が秀吉の天下の下に包摂されうるものであるか否か、イエズス会士たちは仏教の一派として振舞い、仏教諸派と平和共存できるか否か、であったと思われる。事実コエリュに対する詰問の第一に位したのがこの問題であった。「神のもの」と「カイゼルのもの」

との境界線をどこに引くべきかという難問を、秀吉の側から問い直されたこの詰問に対し、コエリュの側は〈キリスト教は秀吉の天下に包摂されるものではない〉と反発した。これが武人コエリュの公認から一転して、「バテレン追放令」の発布へと舞台をまわすきっかけとなった出来事なのである。[36]

五　記録の正統性と事実性

「バテレン追放令」発布に関し、情報の質・量共に最も注目すべき記録は(イ)、(ロ)、なかでも(イ)であるから、ここでは特に「記録・報告」というものを一般的・原理的に論じておきたい。日本史学のあり方からすれば、記録イコール日記であり、記録・報告に関して論じたものは余りないように思われる。それゆえここでは、国文学者の西尾実の議論[37]を踏まえてイエズス会士たちの作成した記録・報告の史料批判を試みておきたい。

西尾が指摘するとおり「記録・報告」というものは、本来その存在に先立って記録作成者と読者との間に特殊な関係が成り立っている。またこのような関係を前提として初めて「記録・報告」は可能となってくるという。氏はこれを〈立場のわかりあっている仲間同士における通じ合い〉と説明し、またこの仲間として「専門仲間、職業仲間、生活仲間、学習仲間」等をあげている。

しかしながら記録(イ)を特殊具体的にとらえるためには、記録・報告の作成者（この場合は第一次資料作成者としての報告者と編集者フロイス）と受取手（さらには筆写した人々等）を仲間としてとらえるだけでは、まだ不明瞭である。この際重要なことは、彼等が継続的・計画的に遂行される事業（特にこの場合はイエズス会の世界布教の一環としての日本布教）に共に携わっていることである。つまり日本各地の報告者、年報作成者フロイス、世界各地で筆写担当の人々、さらにはヨーロッパの読者等々との間には、世界布教という同一事業遂行者仲間としての共通性が存在しているのである。

さらに西尾は記録・報告に関して次のように述べている。

記録には、いつ、どこで、何が、どうなったかということを、一定の形式にしたがって、体系的・組織的に記載し、記録者を明記して責任の所在をも明らかにしておかなくてはならない(38)。

そこに書くべき事柄は、あらかじめ一定しているし、それを表わす用語もだいたいその範囲や種類がきまっている(39)。

しかしながら、記録・報告の内容が予め一定しているのは、これらの記録・報告が事業の目的や性格に規定されているからであろう。つまり、「記録・報告」をとらえるためには、その前提条件となっている「事業」の目的や性格を知ることが必要となってくるし、当該事業の枠内においてのみ「記録・報告」は意味をもっているのである。

以上から、(イ)の書簡はもとより『通信』『年報』のすべてが〈日本そのものあるいは日本布教にとって意味のあると思われた出来事の記録であり、またそれでしかない〉ことが導き出されてくる。さらに我々が注目すべきことは〈当該記録にとって大事なことは、記録された出来事の事実性よりも、記録の内容が事業の目的に合致しているか否かという正統性のほうにある〉ことなのである。

多様な側面をもつ出来事の中からどのような側面を選択し記録すべきであるのか、出来事をどのような因果連関において説明すべきかに関し、広く哲学史上の観点から見れば、この時代「因果律」の重視を主張する数学的・機械的世界観がガリレオやデカルト等によって打ち立てられつつあったと言いうるが、イエズス会士たちはむしろ伝統的な「目的論」的世界観の下にあり、出来事の事実性よりもむしろ出来事の「偶因論」的解釈の方に重心を置いていた。それゆえ記録も、正統性の方に傾いていたと考えられる[40]。

当該問題に戻れば「バテレン追放令」の発布という突然の出来事を「聖サンチャゴの祝日」にかかわらせて記録するのが当該記録の正統性に最も適うものであり、この正統性と引替えに年代学的な正確さは犠牲となったと言うことができる。さらにまた、勝利の日に向けて歩んでいた武人コエリュの姿・意図をありのままに記録せず、むしろ公式な記録の世界からこれを隠蔽しているところにも、この正統性の問題が潜んでいると思われる。

*

これまでの考察を通じて、当時イエズス会側が秀吉政権に対して何を期待し、何を働きかけていたのかが明らかになった。その結果、「バテレン追放令」発布の原因は、通説のように教会領長崎の存在にあるのではなく、むしろ「キリシタン一揆」にあったことが明らかになった。

（1）これらについてはそれぞれ既に拙稿において論じた。文書Aに関しては「伴天連追放令の研究」（弘前大学教養部『文化紀要』十四号、一九八〇年二月）、文書Bに関しては「キリシタン禁令の研究」（本書所載「秀吉と右近」）。
（2）村上直次郎訳『新異国叢書』4、雄松堂書店、一九六九年（以後これを『下』と略す）。
（3）松田毅一・川崎桃太共訳『フロイス日本史1　豊臣秀吉篇Ⅰ』、中央公論社、一九七七年（以後これを『日本史』と略す）、第十六章。
（4）佐久間正訳『大航海時代叢書』第1期Ⅺ、岩波書店、一九六五年。
（5）東京大学史料編纂所影写本（前田家蔵本写）。なおこの書翰全文の翻刻は、渡辺世祐「我が史料より見たる戦国時代東西交渉史補遺」（『史学雑誌』五〇―七号、一九四一年）。（以後これらを記録(イ)、記録(ロ)の如く標記したい）。

（6）それ故両者の間に本質的な区別を設けることは困難であるが、それぞれの作成年代を考えると、事件のあった時点との時間的距離は(イ)の方が遥かに短く、(イ)はほぼ同時期の記録なのであるから、史料的価値は(ロ)よりも(イ)の方が優れていると言うことができよう。

（7）村上直次郎訳、新異国叢書1・2、雄松堂書店、一九六八・六九年。なお次のものもこれに加えなければならない。村上直次郎訳『耶蘇会士日本通信』上・下、異国叢書、雄松堂書店、一九六六年。

（8）大村純忠・大友宗麟の死についてはルセナ・ルガーナの通信を、高山右近の領内、五畿内、堺のありさまについては、アントニオ、グレゴリオ・デ・セスペデス、フランシスコ・パシオの通信を、さらにまたオルガンチーノの二通りとマリアの通信を引用している。

（9）『日本古文書学講座6』近世篇1、雄山閣出版、一九七九年、二九四―五頁。

（10）『近世初期南蛮史料の研究』風間書房、一九六七年、四九〇―五〇三頁。

（11）研究の深化・発展のためには、以上四通の書翰の翻訳・公開等が望まれるが、ここでは記録(イ)の原史料の指摘に留め、現状で可能な範囲において考察を進めて行くこととする。

（12）本稿、第二節―1参照。

（13）本来「事件」「出来事」というものは皆、人々の意表を突き大方の予想を裏切り、「まさか」という形で突然生起するものである。この場合も確かに、秀吉はそれまでイエズス会士やポルトガル人を優遇し九州には多くのキリシタン大名を転封するなどして、キリシタンの大いなる発展が眼前に繰広げられるかに見えた矢先に、彼は突然当法令を発布したのだから、事柄は正しく「出来事」と言うに値し、事柄の突然さ意外性を強調することは当然だと思われる。しかしながら歴史学本来の使命は、突然生起するこれらの出来事の背後に隠された未知の因果連関を明らかにし、出来事を原因・結果の連鎖によって説明するところにあるのではなかろうか。それ故、いつまでも「青天の霹靂」のような表現を以てすることは、歴史学の怠慢と言わなければならないであろう。

(14)「サンチャゴの祝日の三日前」「サンチャゴの祝日の前日」「栄光ある使徒サンチャゴの祝日」を、先学の翻訳に従い、それぞれ、天正十五年六月十七日(西暦一五八七年七月二十二日)、十九日(二十四日)、二十日(二十五日)として書き直した。

(15)「切支丹禁因の再吟味、付」(『切支丹史の研究』畝傍書房、一九四二年(『増訂版』は新人物往来社、一九七一年)及び『論集日本歴史6　織豊政権』有精堂、一九七四年所収)。なお、海老沢説に関しては、氏の文書解釈には妥当性が感じられず、氏の挙げている論拠や論理の展開も殆ど理解できないので、私としてはこの海老沢説が成立し得るとは考えないが、松田毅一は『日本史』第十五章の注(19)(三一四―五頁)において海老沢説の妥当性を再確認し、「少なくとも「十八日」に例の十一カ条の朱印状が発せられたという説は認められないであろう」と述べている。

(16)「キリシタン禁令をめぐって」(『日本歴史』三〇八号、一九七四年)。

(17)より正確に述べれば、このような表現のあるのは(ロ)の方であり、記録(イ)には次のようにある。「関白殿は直に他の使者を遣わし、書面をもって彼がジュスト右近に与えた宣告を伝え(fazendolhe saber & mostrar por *escrito*, a *sentença* que elle ja tinha dada contra Justo Vcondono)、これを以て同夜の伝命は終った」。

表6

(イ)	(ロ)	A文書
a	f	
	g	第八条
b	h	第二条、第三条
c		第八条
d	i	第四条

（18）本章「秀吉と右近」第一章参照。

（19）記録(イ)（『下』二二四頁）によれば、秀吉の使者は右近に宛てて口頭で次のように秀吉の意志を伝えたとある。「aキリシタン弘布のために大いに尽し、b領内の神社仏閣を破壊し、c臣下をその意志よりも寧ろ強制によりキリシタンとなした者は、天下の君によく仕えることができぬ。dよってキリシタンを止めるか、然らずば直ちにその領地を去れ」。一方、記録(ロ)（『日本史』二三七頁）によると、次のようにある。「f予はキリシタンの教えが、日本において身分のある武士や武将たちの間においても弘まっているが、それは右近が彼らを説得していることに基づくことを承知している。g予はそれを不快に思う。なぜならば、キリシタンどもの間には血をわけた兄弟以上の団結がみられ、天下に累を及ぼすに至ることが案ぜられるからである。h同じく予は、右近が高槻の者を、そして今は明石の者をキリシタンとなし、神社仏閣を破壊せしめたことを承知している。それらの所業はすべて大いなる悪事である。よって、iもし今後とも、汝の（武将としての）身分に留まりたければただちにキリシタンたることを断念せよ」。a―d、f―i、更にA文書の各箇条のうち、それぞれ対応しているのを表示すると表6の如くなろう。

（20）秀吉の棄教要求に対して、記録(イ)によれば、「使者となった者、ならびに多数の異教の友人達は〈関白殿の命に従う風を装い、心中にはキリシタンとなっていよ〉と勧めた」とあるが、「俗界に在る領主または将軍というよりむしろ修道士の如くである。……彼はジュスト〔公正〕の名に背かず、その生活を律している」（『下』四〇頁）と言われて来た高山右近は、こうした面従腹背といった生き方ではなくして、敢て殉教の道を選んだのである（詳しくは『下』二二七頁、『日本史』三三八頁参照）が、この対決の姿勢と反発の内容との間には並行関係が認められる。記録(イ)、(ロ)に記されている事柄は共に第八条に対するものと考えられ、しかも当第八条こそがキリシタン大名に最も厳しい統制を課するものであったことを考えるならば、右近は、秀吉の命令の中核部分に対して果敢に抵抗する姿勢をとったことになろう。

(21) 記録(ロ)（三三九頁）によれば、前注で述べた秀吉・右近間のやりとりの後で、さらに次のような対話がなされたとある。これは、秀吉側が右近を一挙に所領没収、追放へと追込まず、「給人」としての身分を保証するために第五条を適用しようとしたものとして理解することができよう。「関白殿は（右近の）この言葉は少ないが果敢な答弁に接し、恐れを知らぬジュスト（右近）を見るのが、あたかも重苦しくさえ思われた。そして徹底的に彼と意地の張り合いをするのを回避し、はたして彼はその決意を押し通す気なのか、それとも自分の言葉次第では後退し、キリシタンを断念するかどうかを確かめようとして、再度使者を彼の許に派遣した。そして、「もし当初の言葉どおりに振舞うのであれば、彼から封禄と領地を没収するゆえ、肥後に赴き、先だって肥後領主となったばかりの（佐々）陸奥守（成政）に仕えることを許す」と伝えしめた。右近殿は（これに対し）、当初と同様、「現世においてはいかなる立場に置かれようと、キリシタンをやめはしない。陸奥守に仕える必要はなく、霊魂の救済のためには、たとえ乞食となり、司祭たちのように追放に処せられようとも、なんら悔いはない」と答えた」。

(22) この理解によれば、文書作成の時日は、むしろ法律行為の時日と一致し、前日の日付を文書に記したとなるのである。

(23) 吉村茂樹『古文書学』東京大学出版会、一九五七年、一三四頁。伊木寿一『増訂日本古文書学』雄山閣出版、一九七六年、二六一頁。
(24) 本稿、二—1の(あ)参照。
(25) 海老沢有道は「切支丹禁因の再吟味」(前注(15)参照)において、二十日朝の演説とB文書の関係を次のように述べている。「二十日早朝の発表でありながら、十九日の日付であることは、この秀吉の性急な態度を示して余りあると言えよう」。
(26) 「秀吉と右近」、第一章参照。
(27) 「バテレン追放令」第三条による、「「バテレン追放令」とその影響」の二—4参照。
(28) 『日本史』三二六頁。
(29) 『下』二三二頁。
(30) 本稿、四—2参照。
(31) 渡辺昌美『巡礼の道』中公新書、一九八〇年。
(32) 高瀬弘一郎(訳・注)『イエズス会と日本 一』大航海時代叢書第Ⅱ期6、岩波書店、一九八一年、八三頁。
(33) 同右、八〇—八一頁。
(34) 前掲『日本王国記』(前注(4)参照)一九七頁。
(35) 「武人コエリュの公認」とは、キリシタン一揆の公認であり、キリシタン大名を新たに九州の地に転封したことを含めて考えると、九州全域を軍事的に征服する方向で、キリスト教の勝利が拡大発展して行く可能性が、この当時全くなかったとは言い切れないと思うのである。

(36) キリシタン一揆の体制内化の問題は、より具体的には、秀吉取立大名である小西行長が、肥前の海岸地方の領主たち、大村、有馬、五島、松浦等々に対して軍事指揮権を持つというあり方を媒介として展開されるのである。

(37) 『日本人のことば』岩波新書、一九五七年。『言語生活の探究』岩波書店、一九六一年、参照。

(38) 『日本人のことば』一〇一頁。

(39) 『言語生活の探究』三六―七頁。

(40) 当初は〈同一事上遂行仲間における通じ合い〉として出発し、「特定少数」を対象とした『通信』『年報』は、ヨーロッパにおいてすぐに出版され、たちまちベストセラーになるなどして、対象を「不特定多数」の読者にまで広げていったのだが、このことにより〈事実性の軽視、正統性の重視〉はますます強まっていったと思われる。事実を「因果律」によって説明するのではなく、事実の背後にある物語を重視する「偶因論」とは、陰謀論の如く、多くの人々の気に入っている物語によって、人々の納得を得ようとするものだ。

秀吉と右近　天正十五年六月十八日付「覚」の分析から

はじめに

本稿は、秀吉朱印状で〈天正十五年六月十八日付、十一カ条からなる「覚」〉についての考察である（立論の都合上、当文書を「B文書」と表記する）[1]。このB文書を考察するための参考史料として、まず文書には、〈天正十五年六月十九日付、五カ条からなる「定」〉（平戸市松浦史料博物館所蔵「松浦家文書」所収）がある（これを「バテレン追放令」と名付け[2]、「A文書」と表記する）。また記録・編纂物・著述としては、次の四つを挙げることができる（これらを記録(イ)、記録(ロ)と表記する）[3]。

(イ)『イエズス会日本年報 下』所収、一五八八年二月二十日付、有馬発フロイス書簡[4]。

(ロ)フロイス『日本史』第二部第九十七章[5]。

(ハ)アビラ・ヒロン『日本王国記』第五章第二節[6]。

(二) 大村由己『九州御動座記』所収の書簡(7)。

後述するように、B文書のことを同時代人は「箇条書の宣告文」「伴天連成敗御朱印状」と呼んでいた可能性がある。しかし、本来何と呼ぶべきものかという問題は当然残るのであって、それは本稿の最後で取り扱うこととする。

ところでB文書の様式論上の特徴として、次の六つを挙げることができる。

① 書出に「覚」とあること。

② 中書《ちゅうしょ》が「一……事」という「一つ書式」で、十一カ条からなること。

③ 書留に「もし違犯の族《やから》これ有らば、たちまち厳科に処せられるべきものなり」との処罰文言があること。

④ 日付に「天正十五年」という年付があること。

⑤ 差出所に「御朱印」があること。

⑥ 宛所に宛名がないこと。

このうち③〈処罰文言があること〉・④〈年付があること〉・⑤〈「御朱印」があること〉から、B文書が公文書で、特に⑤からはB文書正文の差出人が秀吉であることがわかる。これに対し、⑥〈宛名が記されていないこと〉から受取人が誰かを知ることができない。そこでまず本稿第一節でA・B両文書とそれに関する研究を見た上で、第二節で、B文書が〈誰に対して出されたものか〉を問題としたい。次に第三節では、B文書とその対象との関係を問題としたい。そのためには特に①〈書出に「覚」とあること〉や③〈書留に「厳密に処す」との処罰文言があること〉を考えなければなるまい。第四節では②の十一カ条からなる中書を四つの法令群に分解し、第五節では各群ごとに文書の機能を考察し、あわせて当文書の成立過程を考察する。

一　テキストと研究史

1　テキスト

A文書が江戸時代以来いわば周知の文書であったのに比べ、このB文書は、昭和八年（一九三三）頃桑田忠親によって伊勢の神宮文庫の中で発見され[8]、同十四年（一九三九）、渡辺世祐《よすけ》によって歴史学界に紹介される[9]という華々しいデビューの歴史を持っている。

桑田の発見したものは、神宮文庫所蔵『御朱印師職古格』（以下『古格』と略す）所載のB文書の「写し」である。さらに昭和五十五年春、三鬼清一郎も同じ神宮文庫の中で『古文書之写』（上下二冊、以下『写』と略す）の中にB文書の「写し」を発見し、翌年発表した[10]。その後、平井誠二もまた神宮文庫の中で『三方会合記録』（全十六冊、以下『記録』と略す）の第二冊目にB文書の「写し」を発見し、昭和六十一年に論文「『御朱印師職古格』と山田三方[11]」において、これを紹介した。

しかし現在までのところB文書の「正文」は発見されていない。

B文書の翻刻

山本博文は『天下人の一級史料』[12]の第三講「バテレン追放令」第四章「もう一つの「キリシタン禁令」」で、B文書の史料そのものの写真と、その「釈文」と、その現代語訳を記している。これを参照しながら、B文書の翻刻とその現代語訳を進めたい。

〈テキストの翻刻について〉
一、もともとのものには句読点「。」「、」はないので、ここでも振らず、意味の切れる所は、一字空きで表わした。
二、「ハ」と読むべき「者」「ヽ」は「ハ」と表記した。
三、各条を特定するため、一つ書の「一」の上に(1)から(11)の番号を付した。今後は立論の都合上、第一条を(1)のように表記する。

覚

(1) 一　伴天連門徒之儀　其者之心次第たるへき事

(2) 一 国郡在所を御扶持ニ被遣を　其知行中之寺庵百姓以下を　心さしニ無之処へ押付而　給人伴天連門徒ニ可成由申　理不尽ニ成候段　曲事候事

(3) 一 其国郡知行之儀　給人ニ被下候事ハ　当座之儀候　給人ハかはり候といへとも　百姓ハ不替ものニ候条　理不尽之儀　何かに付て於有之ハ　給人を曲事ニ可被仰出候間　可成其意之事

(4) 一 弐百町二三千貫分より上ニハ　伴天連ニ成候ニおゐてハ　奉得　公儀御意次第ニなり可申事

(5) 一 右之知行より下を取候ものハ　八宗九宗之儀候条　其主一人宛ハ心次第ニ可成之事

(6) 一 伴天連門徒之儀ハ　一向衆よりも外ニ申合候由　被聞召候　一向衆其国郡ニ寺内をたて　給人江年貢を不成　幷加賀一国門徒ニ成候而　国主之富樫追出一向衆之坊主もとへ令知行　其上越前迄取候而　天下之さハりニ成候儀　無其隠候事

(7) 一 本願寺門徒　其坊主天満ニ寺を立させ　雖免置候　寺内ニ如前々ニハ　不被仰付候事

(8) 一 国郡又ハ在所を持候大名　其家中之ものともを　伴天連門徒ニ押付成候事ハ本願寺門徒之寺内をたて候よりも太不可然儀候間　天下之さハりニ可成候条

其分別無之者ハ可被加御成敗候事

(9) 一 伴天連門徒心さし次第ニ下々成候義ハ　八宗九宗之儀ニ候間　不苦事

(10) 一 大唐　南蛮　高麗江日本仁を売遣候事可為曲事

付　日本ニをいてハ人之うりかひ停止之事

(11) 一 牛馬ヲうりかひ　ころし食事　是又可為曲事事

右之条々　堅被停止畢　若違犯之族有之候者　惣可被処厳科者也

天正十五年六月十八日　御朱印

各条の現代語訳

第一条

一　伴天連門徒之儀、其者之心次第たるへき事

ここには(6)と並び「伴天連門徒之儀」とあり、「伴天連門徒」の言葉は(2)・(8)・(9)にもある。キリシタンになることは「バテレンの門徒」になることだとしてこの言葉はあり、(7)・(8)の「本願寺門徒」に対応している。(4)に「伴天連ニ成候」とあるのは「伴天連門徒ニ成候」の意味で、キリスト教徒・キリシタンになることだろう。(5)にもある「心次第」

は、(9)の「心ざし次第」と同義で、改宗に際しては本人の自由意思を尊重すべきだとの意味で、逆に領主の行なう強制改宗の禁止の伏線となっている。イエズス会では、バテレン＝神父とイルマン＝助修士の二階層に分かれていた。

山本博文の現代語訳には「キリスト教を信仰することは、そのものの自由である」とある。私の考えた現代語訳は次のようになる。

キリシタンに成るか成らないかは、当事者の「心次第」で、本人の自由意思に基づくべきである。

第二条

一　国郡在所を御扶持ニ被遣を　其知行中之寺庵　百姓以下を　心さしニ無之処へ押付而給人伴天連門徒ニ可成由申理不尽ニ成候段　曲事候事

後半に登場する「理不尽」は「道理を尽くさないこと。道理に合わないこと」をいい、また「曲事」には「①道理に背いたこと。②とんでもないこと、けしからぬこと。③不吉な事、凶事。④法に背いた行為。⑤法に背いたものを処罰すること、処分」の意味がある。この場合は、⑤の「処罰する」の意であろう。山本博文の現代語訳には「国郡在所を領地として与えていることをよいことに、その知行の寺庵や百姓たちを、給人が強制的にキリスト教の信者になれと命じ理不尽に信者にすることは、道理のないことである」とある。つまり「曲事」を「道理のないこと」としている。

「理不尽ニ成候段」を「理不尽に信者にすること」としているが、「理不尽ニ成候」は前文の主旨を承けたもので、(1)で命じた「自由意思」による改宗を否定して行なう「強制改宗」を、百姓以下が「道理に合わないこと」だと主張した場合は、「曲事」とする、「処罰する」の意味であろう。次に私の考えた現代語訳を掲げたい。

秀吉が国郡在所を諸大名に「御扶持」として与えたのに、諸大名（＝「給人」）は所領内の「寺庵・百姓以下」に対し、本人たちの意思が無いにもかかわらず、強制して、バテレン門徒になるべきだと言っている。道理に合わないことなので、処罰する。

第三条

一　其国郡知行之儀　給人ニ被下候事ハ　当座之儀候　給人ハかはり候といへとも　百姓は不替ものニ候条　理不尽之儀　何かに付て於有之ハ　給人を曲事ニ可被仰出候間　可成其意之事

ここにある「給人ニ被下候事ハ当座之儀候　給人ハかはり候といへとも　百姓は不替ものニ候」は、秀吉の「給人鉢植化」政策としてよく知られている。この場合の「曲事ニ可被仰出候」は、秀吉権力として「曲事」だとの命令を発する、秀吉権力として処罰するの意であろう。(2)とも共通して、「理不尽」だと申し出るのは「百姓」の側で、「百姓」からの申し出があれば、キリシタン大名は改易となると命じたことになる。最後にある「意を成す」は、辞書には載っていないが、近い意味に「意を体す」があろう。これは「人の意見や気持ちを理解し、それに従い行動する」の意味である。

一方山本博文の現代語訳には、「知行を給人に下されているのは当座のことである。給人は替わるが、百姓は変わらないものなので、理不尽のことがあれば、給人を処罰するので、そのように思え」とあり、山本は「可成其意之事」を「そのように思え」としているが、「其」は「法度」を指し、ここは〈法度の意味を理解して、それに従い行動せよ〉の意味で、「心得ておくように」の意となろう。だから多少違和感があるが「そのように思え」でも良いのだろうか。(2)・(3)からは、右近が明石領への転封に際して「寺庵・百姓」とトラブルになっていたので「曲事」となり、処罰の対象になったのであろうか。私の考えた現代語訳は次のようになる。

国郡の知行について、秀吉が「給人」に任せているのは「当座」のことである。「給人」は秀吉の意思で次々と替わっていくが、「百姓」は替わらないものなので、道理に合わないことが、何かに付いてあった場合には、「給人」をけしからぬことだと秀吉の方から申付けるので、心得ておくように。

第四条

一　弐百町二三千貫より上ニハ　伴天連ニ成候においてハ　奉得　公儀御意次第ニなり可申事

山本博文の現代語訳には「二百町、二、三千貫より上の領主がキリスト教徒になる時は、公儀から許可を得てなること」とある。高山右近の場合は、(2)・(3)から有罪となったので、秀吉の家臣を続けるためには、キリシタンであることを止めることが必要だとされていたのであろうか。私の考えた現代語訳は次のようになる。

弐百町二三千貫より上を知行するものが、キリシタンになる場合には、秀吉から「公儀」の許しを得て、秀吉の許可に従いキリシタンになるべきである。

第五条

一　右之知行より下を取候ものハ　八宗九宗之儀候条　其主人一人宛ハ心次第ニ可成之事

山本博文の現代語訳には「それ以下の知行の者は、八宗九宗のことだから、その者一人なら自由になってもよい」とある。

ここでいう「八宗九宗」とは顕教の南都六宗に密教の天台・真言の二宗を加えた「八宗」にさらに禅宗を加えた日本中世仏教の総称に止まらず、黒田俊雄の言う「顕密体制」[13]つまり日本中世における「正統」的宗教思想たる〈顕教と密教との本質的同一性、諸宗相互間の融合調和の主張〉を意味していた。例えばB文書において「日本は神国」とありながら秀吉自身は「日域之仏法」の守護者であり、伴天連門徒の「神社仏閣を打破」ることは「前代未聞」とあるところから、秀吉が神仏習合の考えを前提としていることは明らかである。密教を媒介として神道と仏教との本質的同一性を主張するこの考え方が仏教内部の各宗派間に対しても見られたのである。

特に秀吉政権としては、信長によって焼打ちされた比叡山の再建や本願寺の大坂還住のように仏教諸派を自己の保護下に置くばかりか、「大仏建立」[14]を通じてそれらの統合をも試みていた。それゆえ、「八宗九宗之儀」とは現に存在するすべての宗教を秀吉権力（「天下」）の下に包摂し、相互に諸宗の本質的同一性を認識させ、かつ互いに調和・平和共存させることを内容としていた。以上からキリスト教に対しても、伝統的な仏教諸派との本質的同一性を認め、彼等と和解・平和共存し、さらにキリスト教自身仏教の一派として振舞うこと、あるいは大仏建立事業への参加要請等々を含むものとして「八宗九宗之儀」という言葉が当文書では用いられていたと考えられよう[15]。

私の考えた現代語訳は次のようになる。

右之知行より下を取る者の場合は、八宗九宗之儀であるので、其の主人一人だけは心次第にキリシタンになってもよい。

第六条

一 伴天連門徒之儀ハ 一向衆よりも外ニ申合候由 被聞召候 一向衆其国郡ニ寺内をたて 給人江年貢を不成 幷加賀一国門徒ニ成候而 国主之富樫追出 一向衆之坊主もとへ令知行 其上越前迄取候而 天下之さハりニ成候儀 無其隠候事

ここにある「被聞召候」とは、この文書を書いた祐筆が秀吉の行為を敬って記したもので、もしもこの文書を基にして、秀吉がコエリュに語り掛けたとすれば、敬語の必要はなく、「申し合わせた由を聞いた」となろう。「申し合わせる」とは徳運を含む重臣たちの合意であろう。「被聞召候」以後には「一向衆」が「天下の障り」になったとある。それゆえ「伴天連門徒之儀ハ　一向衆よりも外ニ申合候」とは「伴天連門徒」が「一向衆」よりも、それ以上の「天下の障り」になるという危機の予告であろう。

フロイス『日本史』から、この部分に対応するところを引用すれば、次のようになる。「奴らは一面、一向宗に似ているが、予は奴らの方がより危険であり、有害であると考える。なぜなら汝らも知るように、一向宗が弘まったのは百姓や下賤の者の間に留まるが、しかも相互の団結力により、加賀の国においては、その領主（富樫氏）を追放し、大坂の僧侶を国主とし君主として迎えた。」

山本博文の現代語訳には「キリスト教徒は、一向宗門徒以上のたくらみをしているとお聞きになられている。一向宗門徒は、居住する国郡に寺内（門徒の「自治区」）を作り、給人へ年貢を納めず、加賀では、一国の者が門徒になって、国主の富樫氏を追い出し、一向宗の坊主が国を支配し、そのうえ越前まで切り取り、天下の障りとなったことはよく知られている」とある。私の考えた現代語訳は次のようになる。

キリシタンとなり、伴天連の影響下に入ることは、一向衆の場合より極端なことだと重臣たちが申し合わせたと聞いている。一向衆が其の国郡に寺内をたて、給人へ年貢を出さず、また加賀の人全体が門徒に成って、国主の富樫を追出し、一向衆の坊主のもとへ知行させ、其の上越前まで取って、秀吉の全国統一達成への妨げに成ったことは、隠れ無い事である。

第七条

一　本願寺門徒　其坊主天満ニ寺を立させ　雖免置候　寺内ニ如前々ニハ　不被仰付候事

山本の現代語訳には「本願寺門徒と坊主には、（大坂）の天満に寺を立てさせ、許したが、以前のような寺内にはしていない」とある。私の考えた現代語訳は次のようになる。

今は本願寺門徒の坊主を、天満に寺を立てさせて、許しているが、寺内には前々のような在り方は許していない。

第八条

一　国郡又ハ在所を持候大名　其家中之ものともを伴天連門徒ニ押付成候事ハ　本願寺門徒之寺内をたて候よりも太不可然儀ニ候間天下之さハりニ可成候条　其分別無之者ハ可被加御成敗候事

山本の現代語訳には「大小の大名が、その家来がキリスト教徒になることを強制するのは、本願寺門徒が寺内を作ることよりももっと悪いことで、天下の障りになるので、それを考えない者には、御成敗を加える」とある。私の考えた現代語訳は次のようになる。

「国郡」や「在所」を持っている大名が、其の家中之ものどもを、強制してキリシタンにさせることは、本願寺門徒が寺内をたてたこと以上に、大変悪いことなので、秀吉の統一政権成立の妨げになるので、分別の無い者には、御成敗を加え罰せられよう。

第九条

一　伴天連門徒　心さし次第ニ下々成候義ハ　八宗九宗之儀ニ候間　不苦事

山本の現代語訳には「下々の者がキリスト教に自由になることは、八宗九宗のことだから構わない」とある。私の考えた現代語訳は次のようになる。

伴天連門徒に自分の自由意思で、下々がなることは、八宗九宗之儀であるので、構わない。

第十条

一　大唐　南蛮　高麗江日本仁を売遣候事可為曲事事

付　日本ニをいてハ人之うりかひ停止之事

山本の現代語訳には「大唐、南蛮、高麗へ日本人を売り遣していることは、処罰すべきことである」。付けたりは「日本では、人の売買は禁止している」とある。この場合の「曲事」は⑤「処罰」ではなく、むしろ「①道理に背いたこと。②とんでもないこと、けしからぬこと」であろう。藤木久志の研究に従えば、中世後期の戦場は人の略奪が大っぴらに許された世界で、戦争で捕まえられた人は、次に人買いに売却されたという。それゆえ付則の「日本においては、人の売り買い停止のこと」とは、秀吉の目指す「秀吉の平和」の眼目であったのだろう。私の考えた現代語訳は次のようになる。

大唐、南蛮、高麗へ日本人を売り払っていることはとんでもないことである。付けたり、日本においては、人の売り買いを停止する。

第十一条

一　牛馬をうりかひ　ころし食事　是又可為曲事事

山本の現代語訳には「牛馬を売買し、殺して食べることは、これまたとんでもないことである」とある。肉食の習慣のない日本人からすれば、食べるために牛馬を売り買いし、殺すことは「道理に合わない」「とんでもないこと」であったであろう。適応主義をとったトルレス以下が肉食をやめ、菜食を続けたことは有名で、原則主義者のコエリュはヨーロッパ人らしく肉食を復活させていた。私の考えた現代語訳は次のようになる。

牛馬を売り買いし、殺して食べること、これまたとんでもないことである。

この「条々」「キリシタン禁令」の最後は次のようにある。その読み下し文も掲げる。

「キリシタン禁令」の最後

右之条々　堅被停止畢　若違犯之族有之候者　惣可被処厳科者也

右の条々、堅く停止せられおわんぬ。もし違犯のやからこれあり候はば、すべて厳科に処せらるべきものなり。

天正十五年六月十八日　御朱印

2　B文書の発見と渡辺世祐の四説

B文書の発見が当時の学界に与えた衝撃の最大の中心は、一日違いの日付をもつA文書との相互関係をどう理解するかにあった。A・B両文書が共に秀吉のキリシタン政策を表現していることから、両文書の歴史的位置付け、あるいは両文書の宛先・対象をそれぞれどのように理解するかが学界の新課題となった。

この難題に最初に取り組んだのが先に紹介した渡辺世祐である。[16] 昭和十四年、渡辺は「仮に次の二つの考察がなし得られると思ふからそれを試に述べて見やう」として二通りの考え方（E説・F説）を箇条書にして示した後、「この二つの考察の何れであるかは知ることは出来ぬ」としてさらに別個の解釈（G説）を本文中で行なった。渡辺は二年後の昭和十六年（一九四二）に先に発表した考察に対し「検討が十分でなかつたと考へるので、それを更に厳密に説明し、且つ修補して置きたい」としてさらに新しい解釈（H説）を発表した。[17] このH説はその後ながく学界において通説としての地位を保った。渡辺の四説を私なりに整理して述べると次のようになる。

［E説］　秀吉の意志が短期間に寛容から厳重へと変化したため連続して出され、キリスト教の信仰に制限を加えることを目的にB文書が、さらに一日後、当該信仰を厳重

に取り締まるためにA文書がそれぞれ発布された。
［F説］　両文書の公布対象が異なり、B文書は上方、A文書は九州地方に出された。B文書が「写し」としてであれ神宮文庫に、またA文書が松浦家に現存しているのはこの間の事情を物語っている。
［G説］　B文書は基本法、A文書は追加法であり、秀吉は九州に赴き、イエズス会や教会領長崎の実情を知るに及び、B文書ではイエズス会やキリシタン教会の本願寺的性格を批判し、A文書においてはこれを厳重に禁止した。
［H説］　B文書は国内の一般民衆宛に、A文書はイエズス会士等外国人宛に出された。

ところで、渡辺はH説発表に際し、先に発表した考察をE説とF説ではなく、G説とF説の二つに纏めた。このことは氏がE説とG説とを同一視していたことを示している。事実G説に立てば、G説とE説との間に区別を設けることは困難で、しかもG説は「バテレン追放令」（A文書）発布の原因は教会領長崎にあり、〈秀吉は教会領長崎の実情を知るに及びA文書を発布した〉という江戸時代以来の定説的な歴史の見方に基づいているのである。

3 江戸時代以来の定説(G説)批判

G説の前提をなす歴史観は現在でも依然として「定説」であり、この問題を論ずるすべての論者がこの見方をし、場合によっては〈「バテレン追放令」発布直後、イエズス会の支配していた長崎・浦上・茂木の地は公領となった〉とさえ述べている。しかしながら、この問題の実証を試みた研究は意外に少なく、わずかに清水紘一の業績[18]を数えるのみである。しかし私は次に述べる論点から、氏の説には納得できない。

(一) 記録(イ)には、キリシタン大名の有馬氏が秀吉の人質要求[19]を拒絶したばかりか「バテレン追放令」発布後も領内に多数の宣教師をかくまい、領民に対しても強制改宗を進めるなど、秀吉の意に逆らう行為を続けていたとあること。

(二) 記録(ハ)には、天正十五年の秀吉の九州征服後、天正十九年十一月二十五日に本渡城が小西行長により落とされるまで、天草のキリシタン大名天草種元は秀吉に反旗を翻して、従わなかったとあること[20]。

(三) 高瀬弘一郎の「キリシタン宣教師の軍事計画[21]」によると、「バテレン追放令」発布の前後、イエズス会は軍事計画を持ち、武器をひそかに長崎に蓄えていたとあること。

(一)・(二)を考え合わせると「バテレン追放令」発布直後、武器をひそかに蓄えていた教会領長崎が秀吉の支配下にあったとするのは不自然で、むしろ翌天正十六年四月、鍋島氏が長崎の代官になった時点で初めて秀吉の支配の及ぶ公領となったとすべきだろう。

実証的裏付けが曖昧であるにもかかわらず、このような見方が定説化したのは、歴史の古さに一つの原因を見出すことができる。実質的には長崎奉行所編纂の公的歴史書と見なしうる田辺茂啓著『長崎実録大成』[22]第一巻では、A文書は「秀吉公被禁邪宗門、長崎御料所ニ被仰付事」という項目の中に収められた。当該編集が定説と深い関係にあることは言うまでもない。なお田辺は「御禁制ノ天主耶蘇教ノ文」が「唐船持渡書籍ノ内」にあるか否かを改める「書物改役」を行なう「長崎聖堂」の「書記役」[23]で、キリシタンに対する排外主義的な見方は同書作成上の大前提であった。

これよりさき、恐らく元禄十年(一六九七)頃の成立と思われる『長崎根元記』[24]全七巻の第一巻において、A文書は「秀吉公長崎公領に被召上御条目御朱印並耶蘇宗門徘行御停止御書遣之事」という項目の中に、しかも文書の年号を無視して「御条目」「御朱印」の後に収められており、定説的な見方で文書の編纂が行なわれていたことは明白である。

以上から、渡辺世祐がB文書の発見によって江戸時代以来の伝統的歴史観〈秀吉は教会領長崎の実情を知るに及びA文書を発布した〉の修正ではなく、むしろその中にB文書をいかにうまくはめ込むかという方向で諸説を考えていたことが知られる。渡辺がE説とG説とを同一視し、E説それ自身にあまり重きを置かなかったことは、戦前の歴史学界にとって、幕末の攘夷運動に示されるような江戸時代以来の排外主義的な歴史観からの訣別がいかに困難であったかを象徴的に示している。

4　秀吉の変心――F説・H説批判

F説とH説は共に秀吉の統一した意志がA・B両文書を生み出したとの前提の上で、両文書間に役割分担の違いを求めるという発想に立ち、秀吉の意志が変化していないとする点、両文書間に相互補完的な関係を予想する点などがE説と際立った対照をなしている。秀吉の意志が変化したとするか（変化説）、変化しなかったとするか（不変説）に絞って四説を再整理すると、E説とF・H説とが相対立し、G説は両者の中間に位置している。

A文書第三条には、秀吉の意志の変化を示す文言があり(25)、六月十九日早朝の秀吉のキリスト教やバテレン非難の演説はB文書からA文書への秀吉の心理的変化の節目に当っている(26)。この二点から秀吉の突然の変心は疑う余地がない。さらに、A・B両文書が秀吉の一貫した意志の下に作成され、相互補完をなすなら、日付も伝来も同一であるべきであろう。以上から、不変説という点で、F・H両説は成立しえないことは明らかである。

次にそれぞれの学説について、その後の展開との関係で述べておきたい。B文書の「写し」が二度にわたり神宮文庫から発見されたこと、『古格』の第一次写本が伊勢神宮の御師久志本氏の下に伝来したこと、同書原本の作者も久志本氏である可能性が強いことなど、B文書と伊勢神宮との特別な結合が想定される。昭和五十四年、この問題に照明を当てたのが岩沢愿彦《いわさわよしひこ》「豊臣秀吉の伴天連成敗朱印状について――天正十五年六月十八日付朱印状の批判――」である[27]。岩沢はその立論の基礎をF説〈B文書は上方、A文書は九州地方〉に置いている。F説及び岩沢の新F説に対する私の疑問は、文書の伝来と文書の対象とが一致するのは〈文書の本質的効力に基づく伝来〉の場合であり、B文書の場合、本稿「むすび」において述べるとおり文書の伝来は偶然的な要因によっており、文書の対象とは無関係なのである。

森山恒雄は『日本古文書学講座6 近世1』[28]において、秀吉文書のうち宛名がなく下達対象が日本全土の人民であるものを「国家法」と称すべきだとして当B文書もその中に数えた。この森山説が通説のH説〈B文書は国内一般民衆宛〉に基づいていることは明白である。ところで、氏の挙げている「国家法」において、書出の例文は**表1**のとおり「定」「条々」であり、「覚」は例外的である。「定」は法制定者の意志の表現であり、「条々」は中書が「一つ書式」であることからきている。これに対し「覚」とは、当事者間で取り交わされた非公開性の文書につけられたものであろう。相田二郎はこのようなものを「条書・覚書[29]」と概念化した。

5 偽文書説の成立と解体

渡辺世祐以後の研究として海老沢有道[30]や松田毅一[31]の業績を挙げなければならないが、これらは総じてA・B両文書の内的関連を前提とした上で両者を比較するという渡辺の発想の枠内にあり、B文書それ自身に対する個別研究という発想が最初から欠落していることを指摘したい。

昭和四十九年（一九七四）、三鬼清一郎が〈B文書は偽文書である〉との新説[32]を主張するに及び、B文書に対する学界の関心・議論はふたたび高まりを示すに至った。まず煎本《いりもと》増夫《ますお》が、三鬼が論拠の一つとした「弐百町二三千貫」という表現が当時の用例にあることを明らかにし、さらにH説への批判をも試み、〈当法令は「大身武士層のキリシタン化を防止するためのもの」で「国内の民衆一般に発布されたとする通説は再検討されるべきであろう」〉と主張したが[33]、三鬼説・渡辺説を共に覆すには至らなかった[34]。

表1　書出の例文

法　令　名	書出
天下之法度（天正 11）	定
農政三カ条（天正 11）	条々
B文書（天正 15）	覚
バテレン追放令（天正 15）	定
刀狩令（天正 16）	条々
海賊禁止令（天正 16）	定
身分法令（天正 19）	定
人掃令（天正 20）	?

昭和五十四年（一九七九）、岩沢愿彦は当文書が伊勢神宮に伝来する経緯を明らかにし[35]、これに応えて三鬼は前説を撤回した[36]。前述したとおり岩沢説の基礎にはF説があるが、現在学界では当文書の対象を「上方中心」よりもさらに狭く伊勢神宮そのものに限定する方向にある[37]。

以上のように、昭和五十年前後からB文書それ自身を対象とする研究が現われたとはいえ、A文書との関連を前提とした上での両者の比較という渡辺以来の発想が未だ克服されずに存続しているのが学界の実状である。

二　文書の対象

1 「箇条書の宣告文」

記録(イ)・(ロ)・(ハ)からはA文書がキリシタン大名高山右近に対する弾圧と関係があり、記録(ニ)にも「彼右近亮御分国被成御払候」とある。ここから右近への弾圧の事実、B文書と当該弾圧とが時間的に近接していることの二つは疑いえないと思われる。

記録(イ)・(ロ)は共にA文書の全文を引用しているが、B文書についての記載はない。これが偽文書説（三鬼）の論拠の一つなのだが、両記録にそれぞれ一度、六月十八日の夜、四カ条または三カ条からなる秀吉の詰問を受けた後、コエリュに示されたものに〈高山右近宛の罪状を告げ知らせる「箇条書の宣告文」〉との記載がある。これをB文書とすれば、B文書とこれら四記録とを統一的に把握する道が開かれる。

フロイスは、この右近宛「箇条書の宣告文」が六月十八日夜、使者より口頭で数カ条からなる秀吉の詰問を受けたコエリュに対して〈詰問の最後に示された〉と記している。ここから当「宣告文」イコールB文書とすれば、B文書の対象は〈右近のみならずコエリュも〉と考えられる。すでに先学により指摘されたとおり、このコエリュ宛詰問事項の一部とA文書の⑽・⑾の内容は一致しており、さらに詰問事項の最初の部分〈神社仏閣破壊の禁止と仏教諸派との融和要請〉は、後述するとおり[38](1)と密接な関係にある。表示すれば**表2**のようになろう[39]。以上からB文書は秀吉の使者による口頭での詰問内容と密接な関係があり、詰問後B文書が〈コエリュ宛の詰問状＝「宣告文」〉として直接コエリュに示されたことは明白である。

表2　詰問事項とB文書

記録(イ)	記録(ロ)	A文書
強制改宗の件 寺社破壊の件	布教の件	(1)
人身売買の件	人身売買の件	(10)
食肉の件	食肉の件	(11)

B文書中(1)・(10)・(11)がコエリュ宛の条文であることから、(2)から(9)までが〈右近宛の「宣告文」〉だとすることができるか否かが次の問題となる。当文書の様式論上の六つの特徴のうち、②〈中書が「一つ書式」であること〉と③〈書留に処罰文言があること〉から、当文書は「箇条書の宣告文」と言うことができる。しかし右近宛という問題と⑥〈宛名が記されていないこと〉との関係をどのように考えるかという難問が残る。

ところでこの①から⑥のすべての要素を網羅した文書として天正八年の信長による「佐久間信盛・定栄父子宛折檻状[40]」を挙げることができる。「宣告文」イコール折檻状とすれば、フロイスがB文書を「高山右近・コエリュ宛折檻状」と見なしていたことは正しいようにも思われる。しかしながら、B文書と「佐久間父子宛折檻状」の文体は異なり、前者ではキリシタン関係の事柄が一般的・抽象的に述べられているのに対して、後者では信長が佐久間父子に直接語りかけるような調子で記されており、信長の肉声が感じられる。それゆえB文書の文体からは、当文書の対象はむしろ通説の〈国内の民衆一般〉とか、煎本説の〈大身武士層〉とするのが最も自然であろう。

B文書の対象を煎本説のように大身武士層とすると、右近追放は〈大身武士層のキリシタン化防止〉のための「見せしめ」であり、大身武士層一般を対象とした法令が右近個人に「見懲し」のため適用されたと解釈することができる。一方記録(ハ)には、六月十九日早朝の秀吉演説に関し〈「彼がともに連れて来た家臣の中でキリシタンだと知っていた人々、それにすでに己の家臣と見なしていた豊後の領主ドン・コンスタンティーノなど大勢の者を呼び集めたうえで」秀吉は直接右近に向って棄教を迫った〉とあり、〈右近への迫害は秀吉家臣団内部の多くのキリシタン大名たちに対する「見せしめ」である〉としている。ここから、記録(ハ)を媒介として煎本説とフロイスの記録とは架橋されよう。

一方〈コエリュ宛詰問状〉に関して言えば、ここで言うコエリュとは、私人としてのコエリュ個人ではなく、副管区長、日本イエズス会の総責任者であることは明白である。これと同様右近に対しても、次節で明らかにするように右近を頂点とするキリシタン大名たちの集団〈キリシタン党〉を前提とし、これに対してB文書があるのだから、煎本説とフロイスの記録との距離はほとんど認められないほど接近してくる。

以上から、B文書の対象は〈高山右近を中心とするキリシタン党〉と〈コエリュを代表者とするイエズス会〉の両者で、この法令の本質は山本博文の言うとおり「強制改宗禁止令」だとすることができる。このことは同時に、当文書が〈国内の民衆一般〉を対象とする「国家法」だとの通説H説や森山説が成立しえないことの証明ともなろう。

2　キリシタン党

キリスト教の世界においては、新たな信者を教会に迎え入れるに際し、改宗者に〈洗礼〉という一種の通過儀礼を課しているが、特にカトリックでは洗礼に際し「神父」「受洗者」のみならず、受洗者が立派な信者になるべく宗教的指導の責任を負う霊的後見人としての「代父・霊父（Paturinus, God father）」の立会いを必須の条件としていた。つまり「神父」「霊父」「受洗者」の三者をまって始めて洗礼が行なわれたのである。

霊父＝名付け親（God father）と受洗者＝名付け子（God son）との間に、実の親子以上の深い情愛の繋がりのあることは現代のイタリア世界において多くの人々が指摘し、また名付け子を介して実父と霊父との間に相互扶助的関係（compadrasgo）が存在することもメキシコやフィリピンなど現在のカトリック世界に広く見られるところである[41]。さらに九州西海の隠れキリシタンの世界において、名付け親—名付け子の関係が「ダキオヤ」—「ダキゴ」として現在も確認されている[42]ことから、ザビエル以来の日本布教においてもこの霊父制度は重視されていた。

それゆえキリシタン大名の領内、例えば高山右近の所領高槻・明石、あるいは有馬・大村・大友等々の領国において見られた強制改宗と、その結果としての家臣団や領民全員のキリシタン化は、キリシタン大名がこの霊父制度により主人権や領主権の補強を目的としていたと考えられる。強制改宗の結果でき上がるキリシタン大名領国の世界は、一向宗における「同朋集団・講組織」のように、大名とその家臣団のみならず村落の小領主や百姓をも含む土着の一揆結合的な世界である可能性は大きい。

しかしながら、それ以上に問題なのは、キリシタン大名相互間の関係である。フロイスは天正十二年・十三年大坂における多数の大名たちの改宗を記しているが、(43) 注目すべきはこれらの人々が皆、右近の勧めにより改宗したという事実である。記録(イ)においてフロイスが右近を大村純忠・大友宗麟と共に〈日本教会の三柱石〉と呼んでいるのは、この事実に基づいている。天正十四年・十五年秀吉の御動座に先立ち九州に橋頭堡を築いた黒田孝高もまた、軍事指揮権をてこに多くの大名たちを勧誘して改宗に導いた。(44)

天正十五年キリシタン大名の大村純忠・大友宗麟の二人が相次いで死亡し、大村・有馬等のキリシタン領国を含む肥前西海岸地帯の軍事指揮権を小西行長が持つに至ったことから、(45) 天正十五年六月の段階において日本全国のすべてのキリシタン大名たちの頂点に高山右近が位することとなった。彼等相互の関係は江戸幕府が「武家諸法度」で繰返し禁止した「徒党」に当たり、記録(ロ)に秀吉の言葉として「キリシタンどもの間には、血をわけた兄弟以上の団結が見られ……」とあるのはこのことを指している。つまり天正十五年の段階で、秀吉政権内部には、**図2**のような高山右近を中核とする〈キリシタン党〉が存在していたことになる。

このことは、戦国大名権力の特質として勝俣鎮夫[46]や藤木久志[47]が明らかにした「所衆談合」「方角之儀」「近所之儀」などによる土着の一揆結合的・相互契約的世界が秀吉政権内部に再生したことを意味している。秀吉政権が一般的にこの「内なる一揆構造」の克服を目指していたとすれば、「キリシタン党」は早晩問題となるべき性格の事柄であった。

秀吉政権下における「キリシタン党」のメンバーの側には本来、秀吉に対する忠誠とデウスに対する忠誠のいずれを採るかという原理的な問題が存在していたはずである。この問題が表面化せず、秀吉政権がしばらくの間「キリシタン党」を抱えておいた理由には、㈠天正十二年・十三年は、畿内近国における大寺院勢力の武力討伐という信長のやり残した課題の処理におわれ、キリシタンの保護という信長政権の政策を踏襲する必要があったこと、㈡秀吉が右近を重視し近臣として常に身近に置いていたこと、恐らくこの背景には、㈢明智光秀との戦いである山崎の合戦において右近が頼り

図2　キリシタン党

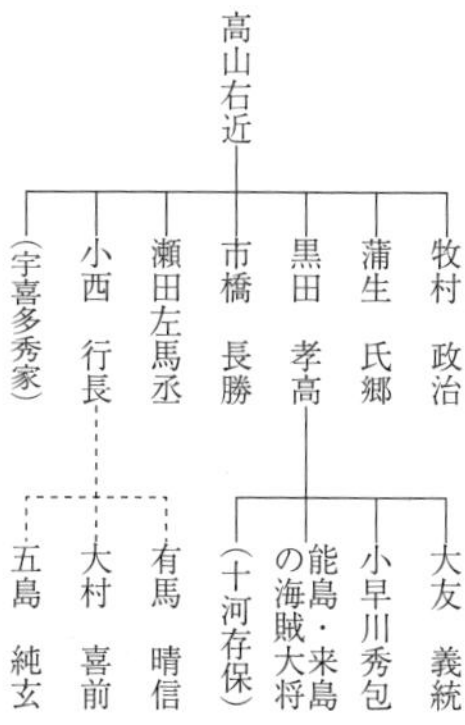

になる同盟軍として登場したこと(48)などを挙げることができよう。

しかしながらフロイスによると、「キリシタン党」をめぐり右近の敵対者として、早くも天正十二年の段階で秀吉の側近で侍医の施薬院徳運が登場していたことになる。彼は〈右近とその仲間が関白に対する謀反を企てようとしている(49)〉として非難していた。

三　対象との関係

1　統合の論理と排除の論理

B文書(8)には「其分別無之者ハ　可レ被レ加二御成敗一候事」とあり、書留にも「右之条々堅被二停止一畢　若違犯之族有レ之候者忽可レ被レ処二厳科一者也」という処罰文言がある。ここから対象との間には〈禁止と処罰〉という「排除の論理」が働いていることが確かめられる。

一方B文書を瞥見してまず目につくことは、(1)の〈キリシタン信仰においては信者自身の自由意志を尊重する〉と同一内容の条文が(5)・(9)と繰返し三度に亙り登場していることである（(5)・(9)は(1)の言換えであり、当三カ条をα群とする）。もちろんこれはキリスト教徒に対し信教の自由を一般的に保障したものでなく、むしろ(2)以下の各条文が示すとおり、キリシタン大名やイエズス会士の行為に対する制限・禁止との関連において限定的な自由の保障となる。つまり(1)をより正確に述べると、(5)・(9)のように〈「小身武士層」や「下々」のもののキリシタン信仰は自由だ〉という限定的な自由保障となる。

しかしながらいかに限定的とは言え、B文書が「排除の論理」に貫かれているならば、禁止する必要のないものは放置すればよく、自由の保証を明記する必要はないと思われる。無駄な条文が三度も登場していることは、当文書が「排除の論理」に基づくものではないことを意味していよう。さらに(4)からは、「党」のメンバーを「天下」に包摂しようとする「統合の論理」が窺える。限定的とはいえ信仰の自由を記していることは、この「統合の論理」を示している。

このことは書出に「覚」とあることとも関係してくる。前述したとおり、B文書は様式論上は〈立場のわかり合っている者同士の間で取り交された非公開の外交・取引・交渉等に用いられた「条書・覚書」〉と考えられる。このことは「排除の論理」を含みつつも、なお「統合の論理」が全体を覆っていることを意味している。このように考えると(1)・(5)・(9)と統合を示す法令が繰返し登場していることは象徴的でさえある。

以上からB文書の目的・課題は、〈「キリシタン党」とイエズス会を秀吉の「天下」に統合すること〉と言うことで、秀吉政権内部では、排除派の施薬院に対して統合派の秀吉が対立していたとなろう。

2 「天下」の構想

「キリシタン党」や「イエズス会」を秀吉の「天下」に統合するに際し、秀吉自身その「天下」をどう構想していたのか、「キリシタン党」や「イエズス会」との交渉の前提となり「統合の論理」を支えた「天下」とは何かをここで明らかにしておきたい。そのためにまず(1)・(5)・(9)のα群の分析を試みたい。

α群に共通するものは、(1)の中心的思想を表現した「心次第」文言である。(1)の意味は〈キリシタン信仰においては信者の自由意志を尊重する〉だが、むしろ秀吉政権としては、個人レベルの信仰問題には無関心で「其者之心次第」に任せるとの意向と思われる。[50] しかしながらこの言明は逆に「伴天連門徒」の集団的・社会的あり方、特にキリシタン大名が「知行中之寺請百姓以下」や「家中之者共」に対し強制改宗を迫り、霊父制度により領主権や主人権の強化を企てる事に対しては、なみなみならぬ関心を寄せていることを言外に匂わせ、事実、以下の各条文においてはこうした問題が次々と展開されて行く。

A文書において「日本は神国」、キリスト教は「邪法」とあることと比較すると、B文書においてはキリシタン大名の行なう強制改宗は禁止されてはいるが、伝統的聖域である神社仏閣のみを擁護する立場からバテレンに追放を命じたり、キリスト教を邪教と断じてはいないという特徴を指摘できる。バテレンを聖域侵犯者と見なしていないことから、この時点で秀吉権力は伴天連門徒・神社仏閣のいずれにもくみせず、宗教勢力一般からの超越を目指していると言いうる。つまり秀吉は両勢力を共に保護下におき、統制を考えていた。このことは(5)・(9)に見られる「八宗九宗之義」という言葉とも密接な関わりがある。

以上から〈伴天連門徒と神社仏閣の両勢力を共に秀吉政権の保護下に置き、両者に平和を命ずる〉[51]ことがこの時点での「天下」の内実であり、右近を頂点とする「キリシタン党」やコエリュに率いられた「イエズス会」に対し、このような形での統合を試みていたのである。しかし実際の歴史は後述[52]するとおり、右近は棄教をよしとせず殉教者としての道を歩み、「キリシタン党」の「天下」への統合は破綻した。一方コエリュも布教地日本の宗教・文化と非妥協的に対立する強硬な布教路線に変更を加えることを潔しとせず、その結果が翌日の「バテレン追放令」の発布となったのである。

しかしながら以上で「キリシタン党」の解体、キリシタン大名の体制内化が全く失敗したわけではなく、これを機に大友義統《よしむね》[53]・小早川秀包《ひでかね》[54]・小西行長[55]などのキリシタン大名の大量転向が生み出された。中でも小西行長は秀吉政権への統合を身をもって体現した人物として、殉教者・高山右近とは対照的である。彼は一方では施薬院の配下となりながら、他方「下《しも》」のキリシタン大名大村・有馬・五島等々に対する軍事指揮権者として「寄親《よりおや》」的な立場にあり、「下」のキリシタン大名たちが反体制に傾くのを防止し、体制内に繋ぎ留めるのに功績があったばかりか、キリシタン大名天草氏の反乱鎮圧の当事者でもあった。一方、黒田孝高は九州の役後秀吉と折り合いが悪くなり、自ら隠居し家督を息子に譲るのであるが、これは孝高がどちらかと言えば右近に近い道を選んだことを示している。

コエリュの布教路線が布教地の宗教・文化との非妥協的対立、その結果として時の権力との対決、さらには軍事計画へと発展していったのに対し、現地の宗教・文化、さらには権力との妥協路線を説くものに「京《みやこ》」布教区長オルガンチーノや巡察師ヴァリニアーノ等を挙げることができる。しかし、コエリュの対極としてはむしろ中国布教のマテオ・リッチを挙げるべきであろう。彼は現地の宗教・文化の尊重とキリスト教の布教の両立を試み、中国布教を開拓したが、これが後に中国人信徒が孔子崇拝、祖先信仰に参加するのを容認するか否かをめぐって起った典礼問題の源になった。

四　文書の分析

1　四法令群への分解

B文書が「キリシタン党」宛文書であると同時にコエリュ宛詰問状でもあることから、当文書を二つに分解可能なはずだが、さらにいくつかの点を考慮に入れて、次頁の図3のとおり四法令群に分解できよう（α群についてはすでに第三節2で述べた）。

⑽・⑾はイエズス会士たちを対象とした法令群であり、彼等が現に行なっていると秀吉政権から思われた人身売買[56]・食肉を禁止したものであり、これをδ群と名付ける。

(2)〜(9)をβ群・γ群と二分し、両者に対立関係を認めることができるか否か、α・β・γの三群が共に「キリシタン党」を対象としたものと言えるか否かを次に考えてみたい。

2　β群の分析

(2)・(3)は「給人」の「百姓以下」に対する領主権の制限を主眼としている。(2)の主旨は「給人」が「百姓以下」に対して信仰面にまで立入って支配することに制限を加え、「百姓以下」の信仰の自由を保護することにある。(3)の法令としての眼目は「給人」の「国郡」に対する知行は「当座之儀」で、〈給人は替るもの〉というところにある。「理不尽之儀何かに付てこれ有るにおいては給人を曲事被仰せ出させ候あいだ　其意を成すべく候事」とあるように、給人は吏務・官僚として国郡を知行すべしとしているのである。

つまり(2)・(3)で述べていることは〈給人から在地領主としての性格を奪うこと〉である。「九州御国分[57]」という大規模転封と相前後して当該文書が作成されたことを考慮に入れると、キリシタン大名の領国経営が兵農分離に敵対することを指摘しつつ、給

図3　B文書の四分解

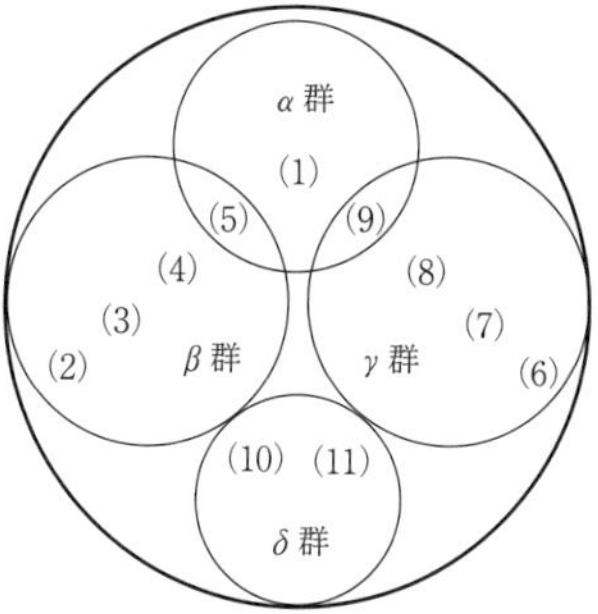

人すべてに対し兵農分離の原則を強制する性格がこの二カ条から浮び上がってこよう。海老沢有道は、この二カ条に注目して〈集権的封建制の宣言〉こそがB文書全体の目的であり、キリシタン問題は単なるきっかけにすぎないとさえ述べている。[58]

(4)は大身武士層のキリシタン化には秀吉の許可が必要とあり、「キリシタン党」の無害化、「天下」への包摂を目指したものと言うことができる。以上(2)・(3)・(4)からは煎本説のように〈大身武士層のキリシタン化を防止しようとしたもの〉との共通性を導き出すことができる。一方、(5)は小身武士層を対象としており、(4)と相互補完的な関係にある。

以上から(2)―(5)を一つの法令群(β群)とすることが可能となる。β群は「キリシタン党」よりはむしろ「給人」一般を対象とした法令群であり、煎本説に一番適合的である。β群から言えることは〈「キリシタン党」の問題をてこに、全家臣団を新たな基準の下に統制しようとの秀吉の試み〉であるとなる。しかしながらこのことは勿論、β群が「キリシタン党」を対象とした法令であると見なすことを否定するものではない。

3 (6)の首部の分析

次に(6)・(7)・(8)・(9)であるが、(6)・(7)・(8)の三カ条は共に「寺内《じない》」の問題を述べており、織豊政権の目指す「天下」への敵対者としての「寺内」の指摘という特徴がある。しかしながら、(6)―(9)が一つの法令群(γ群)となり得るのは(6)の首部にその秘密がある。

問題の中心は「伴天連門徒之儀ハ　一向衆よりも外ニ申合候由　被聞召候」とある所で、これを「K儀ハLニ申合候由被聞召候M」とすると、〈KはLであると申合す〉とはどういうことか、「申合候」主体は誰か、[59]「被聞召候」主体は、首部とMとの関係は？　等々が新たな課題となってくる。まず「被聞召候」であるが、主体は敬語の使用から秀吉だと考えられ、〈申合せていたことを秀吉が「了承した」〉ことの意味だと思われる。Lの「一向宗よりも外」とは、秀吉の「天下」の構想との関係でいえば、〈「天下」の境界線上〉のことであり、統合と排除の接点となろう。

つまり「伴天連門徒之儀ハ　一向衆よりも外ニ申合」せたことは、キリシタン信仰を「天下」の境界線上の問題とすることで、場合によっては「排除の論理」が適用されることとなる。それゆえ、M・(7)・(8)中でも(8)の「其分別無之者ハ　可㆑被㆑加㆓御成敗㆒候事」と「KはLである」と申合せたこととが内容上一致してくる。つまり、申合せ事項の説明としてM・(7)・(8)が存在しているとなる。ここから「K儀」を申合せた人々は施薬院を含む重臣たちであり、彼等があらかじめ申合せていた事柄を、秀吉の了承後さらに詳しく説明したものがγ群となるのである。

(6)の首部は文体上特異な位相にあり、一般法規的文体の海の上に浮んだ重臣たちと秀吉との私信的な小島で、しかもこの小島がγ群全体を生み出しているのである。それゆえ〈γ群は秀吉の了承を踏まえ、新たに追加されたもの〉と考えられよう。

4 γ群の分析

(6)の本体部分は顕誓が『反古裏書』で寺内を「在々所々の新坊・坊主衆にいたるまで、寺内と号して人数をあつめ、地頭領主を軽蔑し、限りある所役をつとめざる風情、定て他家の謗難あるべきものをや」と述べていることと内容的に一致している。[60] そもそも織豊統一政権の側からすれば、かつて信長と熾烈に戦った「一向衆」「本願寺門徒」とは「天下之さわりニ成候義　無其隠候事」と言われるほどの危険な存在で、織豊政権は一向一揆と対決しこれを屈服させることにより、ようやく政権の座をえることができたのである。[61] しかし、(7)に「天満に寺を立させ、雖免置候」とあるとおり、今や一向宗は体制内化し、秀吉政権に包摂された存在となり、天満の本願寺は城下町大坂の一構成要素になっている。[62]

(8)ではキリシタン大名が「其家中之者共」を強制改宗させて作り上げたキリシタン領国のあり方を「本願寺門徒」が「寺内」を立てたよりも悪いとし、「伴天連門徒」は「天下之さわり」になる可能性があるとあり、「其の分別これ無き者ハ　御成敗を加えらるべく候事」とあるように、分別のないキリシタン大名を秀吉の天下から排除することを謳った部分は、当γ群全体の中心をなしている。

(8)の一揆結合的世界の指摘は、(2)・(3)のキリシタン大名の領国経営が兵農分離に敵対するとの指摘と共通するが、(8)では「伴天連門徒」を「天下之さわり」とし、分別のないキリシタン大名の追放を命じた点が(4)よりはるかに厳しい内容となっている。β群がキリシタン大名たちの秀吉家臣団内部への包摂・統合を目指していたのに対し、γ群では分別のないキリシタン大名たちの天下からの排除が目指されている。この点両群はキリシタン大名という同一物を共に対象としながら、法の精神において大きく異なっており、β群とγ群との間には統合の論理と排除の論理という際立った対比が見られる。

一方、キリシタン大名を中核とする土着の一揆結合的世界と無縁なキリシタン信仰は、(9)にあるように「八宗九宗之儀候間　不レ苦事」となる。この(8)と(9)の関係は(4)と(5)の関係と同様、相互補完的である。それではなぜ(8)が「下々」という「国内の民衆一般」を対象とした法令によって補完されたか。その秘密は(8)自身の中に求められよう。すなわち〈分別のないキリシタン大名を秀吉の「天下」から排除する〉ことを謳った瞬間から、当法令は「天下」に係わる法令すなわち「国家法」へと飛躍したのである。それゆえγ群は「給人」特にキリシタン大名を対象とした法令群でありながら、通説のH説に一番適合的な法令群でもあると言うことができる。と同時に、γ群の最後に(1)の繰返しとしての(9)があることから、γ群全体としては排除の論理を含みながらも、なお統合の論理で覆われており、排除の論理が後から追加されたとは言え、依然として当文書は「条書・覚書」としての体裁を崩していないのである。

なお当文書が「条書・覚書」でありながら、煎本説や渡辺のH説のように「給人一般」

や「国内の民衆一般」を対象とした法令としての側面を同時に持っていることは、当時の秀吉政権が「見せしめ」という演劇的方法によって政策遂行を図るより他に手段がなかったからではあるまいか。

五　文書の機能と成立過程

本稿の「はじめに」で取り上げた記録(イ)・(ロ)・(ハ)・(ニ)、中でもフロイスの手になる記録(イ)・(ロ)は、B文書成立前後の出来事を記した最も詳しい記録であり、これらに記された出来事とB文書の条文解釈とをどこまで重ね合せることができるかが問題である。記録(イ)・(ロ)に記されている事項を整理すると、次の五つになる。

〈1〉　六月十八日夕食後、御前会議で施薬院がキリシタンを讒言《ざんげん》。
〈2〉　高山右近、棄教を求められる。
〈3〉　右近「むしろ殉教を」と返答し、所領没収。
〈4〉　コエリュ、詰問される。
〈5〉　六月十九日早朝、秀吉、家臣団を前に演説。

次に〈1〉より順に検討を加えて行きたい。

1　文書の作成主体

⑹の首部の分析結果が示しているように、秀吉と重臣たちの御前会議においてあらかじめ「申合せ」をしていた重臣たちが当B文書作成の主体と考えられる。一方〈1〉については、記録(イ)・(ロ)に次のようにある。六月十八日夜副管区長コエリュの贈った「糖果を食い、ポルトガルの葡萄酒を飲ん」だ「関白殿の晩餐」が終わり、パードレのことを話題としている時、施薬院徳運はパードレやキリシタンを讒言し、「関白殿はパードレ及びデウスの教えに対して激怒し」、右近に対する棄教要求という形でキリシタン弾圧の幕は開いた、と。記録(イ)・(ロ)・(ハ)という外国側史料にはひとしく〈「バテレン追放令」発布は秀吉の意志でなく侍医の施薬院の讒言による〉とあり、右近に対する弾圧に対しても、秀吉はむしろ彼を庇《かば》う立場にあったとしている。それゆえ、当B文書は「晩餐の卓」についていた異教徒の重臣たち、中でも施薬院によって作成されたと考えることができる。

　この時施薬院は、有馬領内の「貴族のキリシタンの少女数人」が「パードレより教えられた教義に従って天下の君に仕えること」を拒否したことによる「美女狩り」[63]の失敗を問題としていた。有馬領内のバテレン門徒が秀吉の天下への包摂・体制内化を拒否したことを踏まえるなら、施薬院を始め異教徒の重臣たちが〈伴天連門徒之儀ハ　一向宗よりも外ニ申合〉せることは当然のことであった。

　B文書が「キリシタン党」の代表者・高山右近宛の「条書・覚書」であることから、天正十二年の段階ですでに存在していた右近と施薬院の対立を根底に置き、施薬院の主導下に「キリシタン党」の解体を目的としてB文書は作成されたのである。

2　右近への棄教要求

〈2〉については、B文書が「キリシタン党」宛「条書・覚書」であり、中でもβ群が〈「キリシタン党」の「天下」への包摂〉を目指した法令群であることを挙げなければならない。「キリシタン党」の包摂には現に存在する「キリシタン党」それ自身の解体、換骨奪胎が不可欠であり、そのため「キリシタン党」の頂点に位する右近への攻撃が他のキリシタン大名たちに対する「見せしめ」として必要であった。さらに右近に対し強制改宗を伴う領国経営を理由にキリスト教の棄教を命ずることは、(2)・(4)の具体化とも考えられる。

秀吉は右近に対し使者を通じて次のような命令を伝えた。

キリシタン弘布のため大いに尽し、領内の神社仏閣を破壊し、臣下をその意志よりも寧ろ強制によりキリシタンとなした者は、天下の君によく仕えることができぬ。よってキリシタンを止めるか、然らずば直にその領地を去れ(64)。

ところでもし、右近が秀吉の要求を入れて棄教したとすれば、どういうことが起きたの

図4　政治制度上の位置の変化

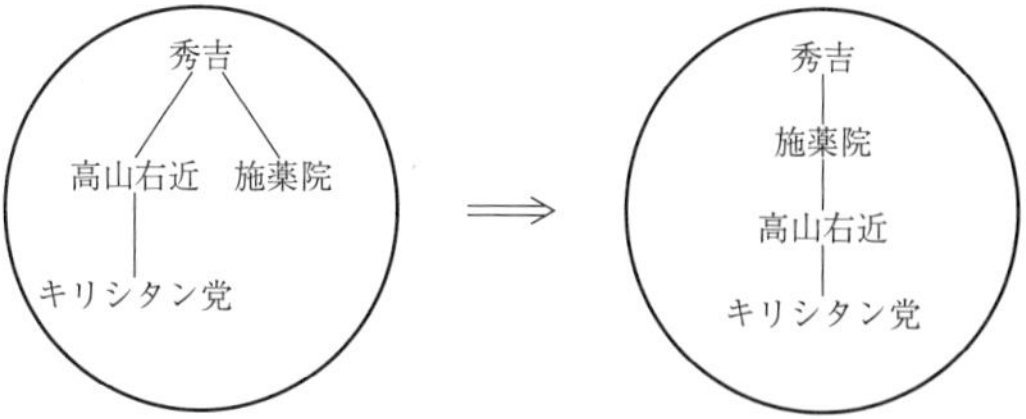

であろうか。本来右近宛の棄教要求は秀吉の側近同士であった、施薬院と右近との対立に根差しており、当文書（より正確にはγ群等の追加・補筆のないもの）が施薬院より右近に手交されたことが考えられる。こうした文書の授受は、両者の政治制度上の上下関係に凝固して行き、図4のように、共に側近として対等な立場にあったものが上下関係へと政治制度上の位置を変化させたと思われる[65]。

3　文書の二段階成立

(8)の〈分別のないキリシタン大名の体制外への放逐〉が右近の所領没収・追放と対応していることは言うまでもない。それゆえ以上から記録記載事項〈2〉とβ群のみならず〈3〉とγ群との対応関係も確認することができる。

ところでフロイスは〈右近に対し「使者となった者ならびに多数の異教の友人たちは、関白殿の命に従う風を装い、心中はキリシタンになっていよと勧めた[66]」が、彼はこの擬装転向を潔しとしなかった〉と述べている。使者や友人たちが右近に面従腹背を勧めることができた理由は、秀吉に排除の論理の持ち合わせがなかったからである。しかしながら、右近は大方の予想を裏切り、棄教をよしとせず〈むしろ殉教を〉と強硬に反発した。つまり(1)—(5)には「キリシタン党」の「天下」への統合が目指されており、そのため右近には棄教が要求された。しかし、彼がこの要求に従わないため統合の論理は破綻し、新たに排除を目指すγ群が必要となり追加・補筆されたのである。

一方「キリシタン党」の「天下」への統合が破綻した時、分別のないキリシタン大名の放逐のみならず、「イエズス会」の「天下」への統合が可能か否かが新たに問題となった。ここにδ群の加筆とコエリュへの「詰問」が新たに付け加わることになった。それゆえ、(1)—(5)で一応の完成を見ていた原文書に、事態の新展開に応じ、(6)以降のγ群・δ群の追加・補筆があり、当該B文書が成立したのである。以上より、B文書は**表3**のとおり、二段階にわたる成立の過程を持っていることになる。

表3　B文書の成立過程

第一段階	(1)+β群
第二段階	{(1)+β群}+{γ群+δ群}

4　コエリュとの交渉

〈4〉とδ群とが対応していることはすでに述べたが[67]、秀吉政権とイエズス会との交渉過程をフロイスが〈コエリュへの詰問〉と記録したのは、フロイスがコエリュと同じ考え方をしていたからに他ならない。

コエリュとの交渉で示された秀吉の考えが、〈神社仏閣破壊の禁止と仏教諸派との融和の要請〉であったにもかかわらず、コエリュはキリスト教と仏教との非和解的対立を強調し、交渉のテーブルに着くことを拒否し、秀吉の「天下の構想」を根底的に覆してしまった。こうした交渉の不成立、「キリシタン党」と「イエズス会」の統合の失敗が、翌十九日早朝の秀吉演説、さらにはA文書を生み出して行く。

5 翌朝の演説

B文書と記録への記載事項〈1〉—〈4〉との対応関係をこれまで確認してきたが、ここでは〈5〉の六月十九日早朝の秀吉演説とB文書との関係を考えたい。

記録(イ)（『日本年報　下』二三一—三頁）によれば、秀吉の演説は次のようにある。

この教は悪魔の教で一切の幸福を破壊するものである。またパードレ達は大いなる欺瞞者で、救を説くを口実として人を集め、後に日本において大なる変革を起こさんために来たものである。彼等は狡猾にして博識の人であり、穏やかな言葉と人を欺く議論をもって日本人の心を引付け、多数の大身及び貴族を欺いた。もし智恵なくば彼自身欺かれたであろう。パードレ等が巧妙なる言葉と尤らしき理解のもとに欺瞞を隠したことを初めて発見したのは彼で、もし彼等の企画を抑制せざれば、大坂の坊主が一向宗を説くといふ口実のもとに多数の人を集めた後、領主を殺してその地を収め、大なる領主となって、天下の君である信長を大いに苦しめた如くなるであろう。パードレ等は大坂の坊主の如く下賤の人のみを引付けず、日本の頭立った領主及び貴族を引付くる故、自ら領主となることは容易で、大坂の坊主よりも更に危険である。彼等はキリシタンとなった者を団結せしめ、キリシタンは皆パードレを尊敬し心服してゐる故、時を待って天下の君に叛起することは容易であり、大なる戦争が起り、日本はこれに苦しむであろう。

秀吉演説〔記録(ロ)（フロイス『日本史1』三二七頁）による。（　）内は訳者の補足語または訳注〕の一部は次のように(6)・(7)と対応している（対応していると思われる句にa—dを付した）。

〈演説〉

加賀の国においては、その[a]領主〔富樫氏〕を追放し[b]大坂の僧侶を国主とし、主君として迎えた。[c]〔顕如〕は予の宮殿〔大坂城〕予の眼前〔天満—引用者注〕に

〈B文書〉

(6)……幷加賀一国門徒ニ成候而　[a]国主之富樫を追出　[b]一向衆の坊主もとへ令知行
……

(7)……[c]其坊主天満に寺を立させ　雖免置候

いるが、予[d]は彼に築城したり住居に防壁を設けることを許可していない。——寺[d]内ニ如前々ニハ　不被仰付候事

ところで記録(イ)には「右近殿が追放され、ビセプロビンシャルのパードレ（副管区長コエリュ—引用者注）が厳しい命令を伝えられた夜が過ぎて、翌日使徒サンチャゴの祝日に、関白殿は起きて前夜と同じく激怒して居り、多数の貴族の前でわが聖教ならびにパードレに対し罵詈の言を放ち……」とある。ここから当演説が秀吉の「激怒」に任せてなされ、しかもその原因が当該B文書の破綻、統合の論理の破綻に求めうるのであるから、非公開性の「条書・覚書」である当文書が反故になることなく、立派にその使命を果すことができたならば、当然のことながら当該演説はなかったと思われる。

以上から〈1〉—〈5〉の全事項とB文書との間には強い対応関係を認めることができたが、事項〈5〉は当該A文書のもつ本来的機能とは無関係であり、逆に〈2〉・〈3〉・〈4〉は当該文書の本来的機能に基づく出来事なのである。

むすび——文書の伝来と名称

「キリシタン党」や「イエズス会」を「天下」に統合することができたなら、当文書は第

一段階で右近、第二段階でコエリュの下に留められたと思われるが、交渉不成立のため反故として秀吉政権内部、恐らくは施薬院の下に留められ、翌七月、岩沢の明らかにしたとおり、伊勢神宮宛に下附され、その時③の処罰文言と④の年付が付加されたのだろう。現在まで知られている当文書の歴史はここまでであり、その「写し」が伊勢の神宮文庫から発見された経緯については第一節で述べたとおりである。

ところで、当文書が伊勢神宮に下附されるについて岩沢の明らかにしたところを私なりに解釈し直してみると、次のようになる。六月、当文書の「正文」が事件の顚末と共に施薬院の下から神宮に送られた際の下附ルートは、[68] 施薬院↓上部貞永（豊臣氏蔵入地代官）↓伊勢神宮である。一方、七月に至り、当文書の「正文」が秀吉より下附される際、神宮側は稲葉兵庫頭・牧村兵部大輔を介して秀吉との接触に努めた。しかもこの牧村はかつての「キリシタン党」の一員でもあった。つまり、「正文」下附に際し、秀吉と神宮とを結ぶパイプが異なり、その背後に施薬院と伊勢神宮との対立を想定してもよいのではないか。[69] このことは、当文書の実質的作成者施薬院と、当文書「正文」の伝来者伊勢神宮との間に、本質的結び付きはなく、伊勢神宮への伝来は何か偶然的な要因によっていることが考えられる。[70]

B文書と呼び習わして来た当該文書を、それでは一体何と呼ぶべきかという問題をここで考えておきたい。これまでたびたび述べて来たとおり、私は当該文書の本来のあり方を

〈キリシタン党の中心・高山右近と日本イエズス会の代表コエリュとに宛てられた内々の交渉事の要点を記した「条書・覚書」〉だと考えている。それにもかかわらず当文書が伊勢神宮に下附されるに際し、当時の人々は当該文書を「伴天連御成敗之御朱印」と呼んでいたし、フロイスは「箇条書の宣告文」と記録した。

前者に関して、「バテレン」を「成敗」するとあることから、むしろ翌日のA文書とも考えられるが、B文書をこのように呼んだ理由として、次のことが考えられる。

(一) 当文書は結果として翌日の「バテレン追放令」をもたらしたので。

(二) (4)では「キリシタン党」のメンバーたるキリシタン大名を「伴天連」と述べており、ここでいう「伴天連」とは、イエズス会士のみならずキリシタン大名をも含めた総称であるので。

後者に関しては、フロイスが現実の政治過程をどのようにとらえていたかという問題と密接な関係にある。施薬院から右近宛に文書の授受が実際に行なわれたとすると、両者の間には**表4**のような記号論的な関係が成立したと思われる。それにもか

表4　施薬院と右近の関係

施薬院	勝者	命令	上	中心
高山右近	敗者	服従	下	周縁

表5　フロイスの記録の場合

施薬院	色事の斡旋人悪魔の手先	邪	讒言者
高山右近	恐れを知らぬジュスト(公正)	正	殉教者

かわらず、フロイスの記録では、両者は逆転し表5のように登場している。

このような記号論的転換を前提とすると、勝者・施薬院と敗者・右近とを命令・服従、上・下の関係で再度結合する力を持つ当該文書を、フロイスが〈正義の人に一方的に降り懸かる迫害〉ととらえ、「高山右近宛の箇条書の宣告文」と記録したことを納得することができよう。このことは、先に述べたとおり、秀吉政権とコエリュとの交渉の過程を、フロイスが一方的な「詰問」と記録したことと同一現象なのである。

以上の考察を踏まえ、私はB文書を本来は高山右近、コエリュに対する交渉の要点を記した「条書」「覚」のはずだが、交渉決裂の結果「バテレン宣告文」と呼ぶことになったものとすることで、本稿のむすびとしたい。

(1) 研究史を振り返って見ると〈天正十五年六月十八日付「覚」〉のような表現が煎本増夫以来、次第に多くなって行くと見受けられるが、「覚」というものが古文書様式論として確定しているとも思われない。

(2) 拙稿「伴天連追放令の研究」(弘前大学教養部『文化紀要』一四号、一九八〇年二月。なお今後これを「拙稿1」と略す。

(3) 形式面に限れば、記録(イ)・(ニ)は「書翰」、記録(ロ)・(ハ)は「著述」となるが、内容的にはいずれも「記録・報告」なのでこのように名付けたい。なお記録(イ)・(ロ)に対する史料批判には拙稿「伴天連追放令とイエズス会」(『日本歴史』四〇六号、一九八二年三月号。本書収録「バテレン追放令とキリシタン一揆」)参照。今後はこれを「拙稿2」と略す。

(4)『イエズス会日本年報 下』(村上直次郎訳『新異国叢書』4、雄松堂書店、一九六九年)所収。以後これを『下』と略す。

(5)松田毅一・川崎桃太共訳『フロイス日本史1 豊臣秀吉篇I』、中央公論社、一九七七年、三一六—三三五頁。なお今後これを『日本史1』と略す。

(6)佐久間正訳『大航海時代叢書』第一期XI、岩波書店、一九六五年、一九五—二〇〇頁。

(7)東京大学史料編纂所所蔵影写本(前田家蔵本写)。なおこの書翰全文の翻刻は渡辺世祐「我が史料より見たる戦国時代東西交渉史補遺」(『史学雑誌』五〇—七号、一九四一年)。

(8)桑田忠親『豊臣秀吉研究』(角川書店、一九七五年)三四七頁。

(9)「我が史料より見たる戦国時代東西交渉史」(史学会編『東西交渉史』上巻、冨山房、一九三九年所収)。

(10)「豊臣秀吉の宣教師追放令について」(『名古屋キリシタン文化研究会会報』二二号、一九八一年七月)及び「キリシタン禁令の再検討」(『キリシタン研究』第二三輯、吉川弘文館、一九八三年六月所収)参照。

(11)『古文書研究』第二五号、一九八六年五月。なお平井誠二「天正十五年六月十八日付、キリシタン禁令について」(『中央史学』五号、一九八二年三月)参照。

(12)山本博文『天下人の一級史料——秀吉文書の真実』柏書房、二〇〇九年、一七四頁以降。

(13)『日本中世の国家と宗教』(岩波書店、一九七五年)。

(14) 圭室諦成《たまむろたいじょう》『日本仏教史Ⅲ・近世　近代篇』（法藏館、一九六七年）三八・三九頁。
(15) 勿論ここには外来のキリスト教を仏教の一派として理解し、積極的に国内に定着させようとしていた当時の多くの日本人信者たちのキリスト教理解が反映されていると見ることも可能であろう。
(16) 前注（9）参照。
(17)「我が史料より見たる戦国時代東西交渉史補遺」。
(18)「秀吉政権と長崎——伴天連追放令後の長崎支配を中心として」（『歴史教育』一七—二号、一九六九年）。
(19) 有馬の「美女狩り」と言われているものは、人質要求を指していると思われる。なお後注(63) 参照。
(20) 前注（5）参照。二〇〇—三頁。
(21)『キリシタン時代の研究』（岩波書店、一九七七年）所収。
(22) 宝暦十年自序、別名『長崎志正編』。『長崎文献叢書第一輯第二巻　長崎実録大成　正編』（丹波漢吉・森永種夫校訂、長崎文献社、一九七三年）。
(23)『長崎実録大成』一〇六頁、注(21) 及び同書の古賀十二郎氏の「解題」参照。
(24)『海表叢書』第四巻（平楽寺書店、一九二八年）所収。なお、『長崎根元記』については、拙稿「秀吉政権と長崎」（『聖徳大学言語文化研究所論叢』18、二〇一一年三月）参照。
(25)「拙稿1」参照。
(26)「拙稿2」参照。
(27)『國學院雑誌』八〇—一一号、一九七九年十一月。

(28) 雄山閣出版、一九七九年。
(29) 西岡芳文「前近代日本の口頭伝達について――口状(上)の語史から」『日本の古文書』上（岩波書店、一九四九年）五五八頁。なお後述第二節1、参照。
(30)「切支丹禁因の再吟味」（『切支丹史の研究』畝傍書房、一九四二年。同増訂版、新人物往来社、一九七一年。『論集日本歴史6　織豊政権』有精堂、一九七四年、各所収）。
(31)『近世初期日本関係南蛮史料の研究』（風間書房、一九六七年）。
(32)「キリシタン禁令をめぐって」（『日本歴史』三〇八号、一九七四年一月号）。
(33)「キリシタン禁制研究ノート」（『日本歴史』三三八号、一九七六年七月号）。
(34) 煎本の外、奈倉哲三も「秀吉の朝鮮侵略と「神国」」（『歴史評論』三一四号、一九七六年六月号）において三鬼批判を試みた。これらの論争については清水紘一の解説（『近世対外関係史論』有信堂、一九七七年、第二章第一節）がある。
(35) 前注（23）参照。
(36)『鉄砲とその時代』（歴史新書、教育社、一九八一年三月）及び前注（10）参照。
(37) 清水紘一『キリシタン禁制史』（歴史新書、教育社、一九八一年）及び三鬼前掲書（前注参照）。
(38) 第二節2参照。
(39) 肉食と人身売買の件は記録(二)にも記されており、当時秀吉政権内部でこれらの事柄が話題となったことは疑いえない。
(40) この文書は「信長公記」巻十三に収められており、奥野高広『織田信長文書の研究』下（吉川弘文館、一九七〇年所収）、朝尾直弘「将軍権力の創出(三)」（『歴史評論』二九三号、一九七四年）

に全文の紹介がある。
(41) この霊父制は、古典古代の保護関係クリエンテーラがローマ教会の内部に引きつがれたものであろう。
(42) 丸山孝一『カトリック土着――キリシタンの末裔たち』(NHKブックス、一九八〇年)。
(43) 『下』注(4)四〇―五〇頁。
(44) 記録(イ)及び『日本史8』二三三頁。
(45) 拙稿1及び第三節2参照。
(46) 「相良氏法度の一考察」(『戦国法成立史論』東京大学出版会、一九七九年所収)。
(47) 『戦国社会史論』Ⅱ「戦国法の成立と構造」(東京大学出版会、一九七四年)。
(48) 『日本史5』一六七頁によれば、明智光秀は右近が「自分の味方になるに違いない」と勘違いしていたとある。
(49) 『日本史1』三四五頁には次のようにある。「三年前(天正十二年、引用者注)であったが、(彼、右近は)またしても大坂で幾人かの貴人を説得してキリシタンにするところがあった。そのうちの一人小寺官兵衛殿が司祭らに打ち明けたところによると、デウスの教えの敵である例の関白の老いた(色事の)周旋人(施薬院徳運)が談話の間、キリシタンの武将が数を増していることは、はなはだ面白からぬことで、それは右近とその仲間が関白に対して何事かを企んでいるからである。よってさようなことを禁ずるよう関白に進言するつもりであると語ったとのことであった」。
(50) 個人的信仰に対する無関心は、当文書(10)・(11)において伴天連の統制を問題としておきながら、彼等が布教活動の中心的担い手であることには何も触れていないことと対応している。

(51)秀吉の天下統一の基調が大名間に平和を強制する「惣無事令」にあるとしたのは藤木久志である。氏は『豊臣平和令と戦国社会』(東京大学出版会、一九八五年)で、大名の平和としての「惣無事令」の他、村の平和としての「喧嘩停止令」、百姓の平和としての「刀狩令」、海の平和としての「海賊停止令」の四法令を秀吉の平和体制としてとり上げている。この平和強制は宗教界に対してもなされたのではあるまいか。なお平和強制に基づく統合については、同じく藤木久志「豊臣・連邦国家論の提起」(『戦国大名の権力構造』吉川弘文館、一九八七年所収)参照。

(52)次の第四節参照。

(53)記録(二)。

(54)『日本史11』一八九頁。

(55)彼は一時棄教したがオルガンチーノに会い再びキリシタンに立ち返った。遠藤周作『鉄の首枷——小西行長伝』(中公文庫、一九七九年)。

(56)人身売買については次の研究がある。岡本良知「日本人奴隷輸出問題」(『十六世紀日欧交渉史の研究』六甲書房、一九四二年所収)、牧英正『人身売買』岩波新書、一九七一年。

(57)藤木久志「豊臣政権の九州国分令について」(『豊田武博士古稀記念・日本中世の政治と文化』吉川弘文館所収、一九八〇年)。

(58)「キリシタン伴天連追放令——集権的封建制樹立の宣言」(『歴史教育』三—九号、一九五五年)、「伴天連追放令——集権的封建制の宣言」(『キリシタンの弾圧と抵抗』雄山閣出版、一九八一年所収)。

(59)宮島敬一は「戦国期における在地法秩序の考察」(『史学雑誌』八七—一号、一九七八年一月)

において「申合状」をとりあげているが、これが一揆契状に類似するとあることは興味深い。ここから申合せをしていた人々に「キリシタン党」に対する「反キリシタン党」の存在を想定することができ、秀長・施薬院・鍋島・島津・毛利等々を挙げることができそうである。
(60) 一向宗側は寺内町特権をてこに地頭領主に対抗することができた。寺内町の設立・破却が領主権力との鋭い対立点をなしていたことは天文・永禄年中においてすでに確かめることができる。峰岸純夫「一向一揆」(『新岩波講座日本歴史8』所収、一四四頁)、藤木久志「統一政権の成立」(『新岩波講座日本歴史9』所収、四四頁)。
(61) この結果(2)の「百姓已下」に対する信仰の自由承認という政策が生まれたのではあるまいか。
(62) この結果例えば今度の九州御動座に際し秀吉は本願寺の実力者下間頼廉を伴い、対島津氏戦において一向宗不知火湾門徒の力を利用し島津氏の背後を攪乱させたのである。藤木久志『織田・豊臣政権論』(『日本の歴史15』所収、小学館、一九七五年)。
(63)「美女狩り」というフロイスの表現は施薬院を「色事の斡旋人」と言うことと共通性があり、こうしたフロイスのものの見方の背後には異文化理解の問題が横たわっていると思われる。「美女狩り」とあるのは実は人質のことであり、施薬院は主従制の根幹をなす人質の取扱いを秀吉より委されていたのではあるまいか。妻や娘を人質として秀吉に差し出すと、彼女等は秀吉の「ハレム」につれて行かれたに違いない、また、秀吉は「日本国の君となり、その地位が安全となり確保されれ」ると異教徒の常として「それまで隠していた多くの不徳を行い、特に婦人に関する情慾を恣にし」たに違いない、という二重の推測がフロイスの側にあり、それが「美女狩り」という認識を生み出したのであろう。

（64）記録(イ)。
（65）このミニチュア版として施薬院―小西行長―有馬・大村・五嶋等々の関係が考えられる。「拙稿1」参照。
（66）記録(イ)。
（67）第二節1、〈表2〉参照。
（68）三鬼（前注（28）参照）に従うと、文禄三年の伊勢検地の際もこのルートに従い施薬院は神宮領検地免除のため奔走したとある。
（69）さらにこの背後には「天下の構想」それ自体と天台宗の僧施薬院の関係という秀吉政権内部の事情が関与しているのではあるまいか。
（70）瀬田勝哉「伊勢の神をめぐる病と信仰――室町初中期の京都を舞台に」（『武蔵大学人文学会雑誌』十二―二、一九八〇年。のち『民衆宗教史叢書①』萩原龍夫編『伊勢信仰Ⅰ』雄山閣出版、一九八五年所収）によれば、室町初中期の京都においては、伊勢の神は国主神であると同時に、疫病を祓い鎮める治病神でもあったという。ここから、成敗され、追放刑にあったバテレンたちの生霊・怨霊を慰撫し宥め鎮めるべく、このA文書が伊勢神宮に送られたことが考えられる。

補論

長崎開港と神功皇后との奇しき縁

はじめに

私はかつて「家船の陸上がり」（『世界史における長崎開港』言視舎、二〇一一年）で長崎の開港には家船の人々が大きく関与しており、最初にできた六町の町の半分は家船の人々の陸上がりに依っているとした。その過程で家船の人々が信仰していた神功《じんぐう》皇后の説話が長崎周辺に多く存在していることに注目した。

私がこちらの長崎歴史文化博物館の方から講演の依頼を受けた時に思い付いたものは、「神功皇后について深掘りしてみよう」ということであった。作業を進めていく過程で驚くことに遭遇した。多少のためらいはあったが、ここではそのことをお話ししようと思う。まず神功皇后の話から始めたい。

一　神功皇后と家船

1　明治国家と神功皇后

明治一二年（一八七九）に学校制度がつくられて以来、太平洋戦争敗戦に至るまでの我国の国定教科書には、神功皇后が教育の場で教えられてきた。が、戦後教育では取り上げられなくなった。戦後の教育改革の一環である。戦後教育を受けた我々が、神功皇后と聞いてピンとこないのは、こうした制度改革によるものである。皇后は第一四代の仲哀天皇の后で、第一五代の応神天皇の母である。仲哀天皇が亡くなってから応神天皇が即位するまでの間、かなり時間があるので、皇后を第一五代天皇に数えることもあったが、大正元年（一九二六）に皇統譜から外された。皇后の事績として有名なものには三韓征伐・新羅征伐がある。

明治一一年（一八七八）に発行された政府紙幣の一円券には、神功皇后の肖像画が、イタリア人銅版画家エドアルド・キヨッソーネにより西欧風の美人に描かれていた。これは大正一二年（一九二三）の関東大震災まで四五年間印刷され、翌一九二四年に日本風なものに変った。明治四一年（一九〇八）に発行された五円切手と十円切手にも同じ肖像画が描かれていた。新羅征伐を歴史的な事実として受け止めると、日清・日露の戦争は日本古代史の蘇り、古代の再現となり、半島への進出は必然だとの主張となる。そこで太平洋戦争中に日本研究を進めたアメリカ軍は、神功皇后を日本軍国主義の中心と見做した。

戦後の平和憲法下になり、神功皇后の三韓征伐を歴史的事実とした戦前の教育は、皇国史観として批判され、皇后の事績全体をフィクションとする見方が大勢となった。最近の説明では、七世紀に新羅出兵を指揮した斉明天皇の事績をモデルに、神功皇后の物語は作られたとされている。

2 神功皇后伝承の担い手

最近の古代史学では、「古事記」「日本書紀」等々を、それを編纂した人たちの政治的な立場や意図との関連から考えようとしているが、私はむしろ物語の基礎となる個々の小さな物語の伝承者の存在の方を注目すべきだと思う。神功皇后の新羅征伐の場合、注目すべきは瀬戸内海の能地・二窓を根拠とする家船《えぶね》の集団である。彼らは神功皇后から〈どこの浦でも漁をしてよい〉との特権を与えられたことを記した「浮鯛抄」を持ち、活動していた。伝承のポイントは自分たちが皇后の〈三韓征伐の先陣に加わっていた〉である。伝承者は陸上に住居を持たず、船の中でのみ生活する漂泊漁民である。

第二は肥前の松浦地方のもので、どちらも漁に関係している。松浦では、皇后が釣りをして誓約《うけい》を行ない、珍しい魚が取れたのでメズラと述べたことから、その地を「松浦」と名付けたとの地名譚である。『肥前風土記』には、筑紫の海から船出をして大村湾に至った時、(これを合理的に説明するには、有明海から諫早の船越を超えて大村湾に至らなければならない) 土蜘蛛の「鬱比表麻呂《うつひおおまろ》」が神功皇后の一行を救ったとある。「鬱比表」とは、アワビなどの潜水漁をしたアマが、海面に出た時に口笛を吹くような息遣いをすることから来ており、土地のアマたちを「鬱比表麻呂」と呼んだのであろう。

それゆえ潜水漁をしていた、恐らくは家船の人々が、当時白水郎と呼ばれ、神功皇后の新羅への船出を助けたとの伝承が『肥前風土記』の背後にはあると考えるべきで、これを伝えたのは、肥前瀬戸を根拠地とする家船の集団であろう。かれらは海上で生活するといっても、食料や水、燃料の薪などは陸の上に頼らざるを得ず、物資調達のために、陸の上の人々との交易が必要だった。風呂に入ることも、正月を祝うことも必要だった。生活必需品を一時預かってもらう施設も必要だった。こうしたことを行なったのが港の領主の「宿」であった。それゆえ家船の人々は、港の「宿」を経営する領主に、親類・一族単位で隷属していた。家船の人々は「一類」として領主間で売買もされていた。

3　肥前瀬戸の家船の人々

西彼杵《にしそのぎ》半島の大島や蛎浦島のある肥前瀬戸の近くの半島の奥地には滑石の露頭があり、海の中では波に洗われて、丸く薄くなった白い石が採取される。それが「湯たんぽ」にもなり、「鎮懐石」として妊婦のお腹を冷ます効果があった。それゆえ肥前瀬戸の家船の人々は、昔からかなり広範囲にわたって「湯たんぽ」「鎮懐石」の交易を行なっていたと思う。こうした交易と神功皇后の説話とが一体化して、神功皇后がこの鎮懐石のおかげで新羅凱旋の後に、無事に応神天皇を生んだとの鎮懐石の物語へと膨らみ、発展していったのだろう。ここから神功皇后は安産の守り神としても広く信仰されることになった。

一方、この滑石については、同じ肥前瀬戸近くの西彼岐半島の滑石の露頭地において、大規模な「石鍋」の生産が行なわれていたことが考古学者の研究で明らかになった。これについて文献は無いが、家船の人々の生活圏に近いことから、彼らの生産活動として捉えるべきだとされている。この石鍋は、南は沖縄、東は関東からも報告があり、かなり広範囲にわたり交易が行なわれていたことが窺われる。この石鍋は、狂言「附子《ぶす》」でおなじみの、甘いものを作成するために甘ヅラを煮詰める道具として使われていた。しかし南蛮貿易が始まり、砂糖が輸入されると、使われなくなったという。

神功皇后の鎮懐石を祀る神社には、筑前の糸島半島にある「鎮懐石八幡宮」が有名だが、この他に壱岐や京都の「月読社」がある。この糸島や壱岐の島は「肥前風土記」で取上げられた「松浦」の近傍で、中世には「三島の倭寇」と言われた壱岐・対馬・松浦半島からなる倭寇の根拠地でもあった。ここから多くの研究者は家船と倭寇との結びつきを想定している。畿内の鎮懐石の背後には肥前瀬戸の家船と瀬戸内の能地・二窓の家船との交易があっただろう。また能地・二窓の家船の集団も、肥前瀬戸の家船の集団も神功皇后との結びつきを強めていくのは、鎌倉末期以降の「倭寇」の活躍があろう。

4　長崎周辺の神功皇后説話

江戸時代に作られた各地の観光案内の一つに、長崎奉行の肝いりで作られた『長崎名勝図絵』がある。ここに記された神功皇后の事績を辿っていくと、皇后は大村湾に面した時津の浦に上陸し、浦上を経て長崎湾に至り、そこから船出して、湾口から右に舵を取り、角力灘を北上して平戸に至り、そこからさらに韓国に至ったとなる。凱旋の折は、橘湾から茂木港に至り、長崎に至ったとなっている。しかし説話の担い手に注目すると、時津・浦上周辺のもの、長崎湾口周辺のもの、茂木村周辺のものに三分解できる。

5　時津・浦上周辺

時津・浦上周辺のものは、家船の人々と交渉していた陸の上の人びととの伝承で、両者の交際・交易の事実が背景にある。家船の人々の生活圏をタブーの地として尊重し、保存しようとの指向性がある。江戸時代の知識人・西川如見が『長崎夜話草』で取り上げたのもこの地域のものである。民俗学者の説に、家船の人々は港の「宿」だけではなく、自ら奥地にも交易に出掛け、各地に「得意」を持ち、こうした交易網を通じて、水・米・野菜などの食料・薪・衣類・その他を入手しており、また、陸上に彼らの専用の泉・エブネガワや薪伐採用の山・エブネヤマの外、交易場を持っていたとある。

『長崎名勝図絵』から引用する。「神功井」＝ジングウガワ。坂本竹山の下にあり、昔神功皇后がここを通られたときに、飲まれた水との言い伝えがある。「鏡井」＝カガミガワ。神功皇后が水鏡を見られたとの言い伝えがあり、この「井の近くに人が住むと必ず祟りがある」と伝えられている。「神功皇后腰掛石」＝浦上浜口と平野宿の間にあり、神功皇后が腰掛けられた石という。神功皇后が稲佐山の近くまで来てこの腰掛石に座り、稲佐嶽の北に聳える「屏風岩」に武内宿禰《たけのうちのすくね》を登らせてあたりの景色を見させたとある。「屏風峰」には「立岩権現」があり、武内宿禰を祀っている。これは家船山であろう。

「腰掛石の傍らは皆田圃となっているが、石の近く二十間ほどは空地で、この内に畠を作ってはならない」とし、腰掛石についても、「不浄を置けば、皆水になってしまうと、里人は恐れをなしている」とある。家船の人々が海から上がり、奥地に「得意」を持ち、交易を行なう以前、家船の人々と里の人々とが互いの生産物を腰掛石の上において、沈黙交易を行なっていたことの名残がこの言い伝えには込められていると私は考えてみたいのだが、如何であろうか。腰掛石の上には神聖なものを置くべきで、不浄を置けば別なものに変わってしまうというタブーは沈黙交易を踏まえた伝承だろう。

しかし中でも一番私が心を惹かれたのは、「角ヶ埼燧石」である。山里村の本原石神という所で産する赤色の美石で、割って燧石として売っている、とある。赤い安山岩の火打石で、神崎社の宝物の神功皇后の鎮懐石とも一致し、ここでも神功皇后の鎮懐石としている。これは糸島の白い滑石の鎮懐石とは明らかに別系統のものである。石の表面も刺々していて、腹に巻くには抵抗がある。しかしこの火打石を神功皇后にかかわりがある鎮懐石としたので、この燧石を持ち歩き、交易をした者たちも家船の人々となるだろう。つまり「鎮懐石」には白い滑石のものと、赤い安山岩の燧石の二つがあったことになる。

彼らは、安産の守り神としての鎮懐石や石鍋の外に、火打石をも交易していたと思う。

6 長崎湾口周辺

長崎湾口周辺のものは、神功皇后が主体で、「皇后が○○をした」という形式の説話群で、神功皇后が神を祀ったことを中心とした地名の起源譚である。その背後には家船の人々自身の神祭りが想定できる。これは神崎社の神主・内田氏等が家船の人々から直接聞き取り調査した記事に基づいていよう。この地は海の道の集まる所なので、倭寇の人々の略奪品の交易・泥棒市や石鍋交易が盛んな折には、長崎湾の外側の島々に石鍋交易の市が立ち、大勢の人々が参集していた姿を想像してみたい。『長崎名勝図絵』から引用する。

「瓊矛島《ぬぼこじま》」＝長崎湾を出たところにある鷹矛島。海中に突き出た島の頂が「瓊矛に似ていると申されたので」瓊矛島という。今高矛島というのはトボコが訛ったものという。「皇后島」＝今ではコウゴ島という。御船を繋がれたことを記念していう。「神の島」＝皇后お手ずから榊に鈴をつけ、高く差し上げて天神地祇を拝せられたところ。今は住吉神社を祀っている。「祝う島」（伊王島・硫黄島）＝深堀村の西にある。新羅征討軍が夜もすがら、船出をことほぎ祝した島。福田浦の沖の「神楽島」＝竜神に捧げる神楽を奏せしめられた島。平戸の「七郎権現」＝皇后が平戸に進まれた折、亡くなった臣をいたみ、ここに社祠を建てられ、祭られた。

7　茂木村周辺

茂木村周辺のものは「古老の話」という形で、古くからの伝承を採っている。茂木村の説話は神功皇后の凱旋がテーマで、新羅の宝物を担いで、武装したままの形で上陸し、奥地に向かってパレード・行軍をし、野営をし、鎧を脱いで寛ぎ、宴をしていた場面を写し取っている。実際は倭寇の凱旋・上陸の場面で、高麗や明から掠奪品を担いでの凱旋だろう。住民目線で、異人として眺めていることに間違いないが、実際に倭寇の人々の帰還を目撃した人々の言い伝えと見れば、貴重な資料となろう。『長崎名勝図絵』を引用する。

「青菜の浦」「もみ菜の浦」＝神功皇后が三韓征伐の帰途、この浦に船を入れ、岸に上がり眺める川上から青菜が流れ着いたのでこの名が付けられた。「群着の浦」＝八人の武臣が狭い所に夜具を同じくして、一夜を過ごされたのでこの名があるが、後に訛って文字を変え、茂木浦となった。「八武者権現」（現在は「裳着《もぎ》神社」）＝神功皇后三韓征伐に随従した八人の家臣を祀ったもの。「鎧初」「よれそ」＝茂木浦から田上峠に至る途中にあり、皇后凱旋のお祝いに、鎧を着揃え給うた所。「陣の尾」＝鎧初から少し行ったところで、皇后が暫く陣をなして、休らい給うた所。それから玉の浦に入り、遂に筑前国に到着された、とある。

二　日本国家の成立と神功皇后神話

1　白村江の戦の敗北

日本国にとっての最初の対外危機は、唐・新羅の連合軍と倭・百済の連合軍とが衝突した六六三年の白村江の戦の敗北である。その敗戦の結果、百済は滅亡し、百済王家は日本へ亡命し、多くの百済人・高句麗人は日本へ帰化した。西日本には唐・新羅の攻撃に備えて朝鮮式山城を築き、攻撃に備えて防人を置き、物見台や烽火の施設も造られた。他方、開明的な側面には、唐の律令制度や仏教の摂取・移植がある。しかしこの時同時に、「日本とは何か」に答えるべく、日本独自の物語がつくられた。「古事記」「日本書紀」の編纂である。こうして日本は中国の周辺にありながら、中国に対抗する亜周辺の国となった。

唐帝国の「皇帝」に対して新羅の王が「国王」を名乗ったのに対して、日本の王は中国皇帝に対抗して「天皇」を名乗り、唐帝国に対抗した小帝国秩序を作った。「国王」の地位は「皇帝」による承認が必要であった。これを「冊封体制」という。しかし、日本はこの「冊封体制」の外にあり、日本中心の小冊封体制を作ろうとした。そこでの難問は隣国新羅との関係であった。任那日本府が新羅に占領・吸収されたのは歴史的事実であった。それにも拘わらず、新羅を服属国と見做そうとの努力・意志は日本側に強く残り、それが神功皇后の神話として結晶し、『古事記』『日本書紀』の物語に結実したのであろう。

歴史的な喪失の事実を神話によって補完しようとしたのである。これは古代において「倭国」から「日本国」への転換に際して、「倭国」の持っていた朝鮮半島における領地「任那日本府」や権益を、神功皇后の物語の中で保存しようとしたものである。中国・唐の大帝国に対して日本が小帝国を自任したことは、これ以降の日本の歴史にとって重大である。小帝国を構成するために必要な物語として、神功皇后神話は要の位置にあり、この神話なくして小帝国は成立し得ない関係にあった。ここから神功皇后の神話・物語は日本の半島への侵略、さらにはもっと広く大陸侵略のイデオロギーとなっていく。

記紀神話では神功皇后は筑紫の香椎廟《かしいびょう》で神懸りをして筒之男三神の言葉を伝えるが、仲哀天皇はこれを無視して熊襲攻撃に向かい、神に背いたとして死んだ。そこで皇后が自ら軍を率いて新羅に向かった。摂津国に凱旋した折、住吉神社を築いた。この神社では、縦一列に底筒之男・中筒之男・上筒之男の社殿が配置され、皇后を祀る社殿はその右に置かれている。この住吉神社は海神神社と共に、皇室を補佐し、弥生文化・稲作文化を全国に普及させたものとして、全国に設置されている。その背景には、列島上における海民の大規模な陸上がりがあった。平安期には住吉神社は日本文化を代表する和歌の神となった。

これに対して家船の人々は、海人の日本列島上への陸上がり、その結果としての神社の分布においては、むしろ第二次的な存在で、陸上での稲作農民の存在を前提として、なお海上生活を続けた少数派の人々で、弥生文化の中でなお縄文文化を守ろうとした人々となる。彼らは神功皇后を祀る壱岐の島の「聖母神社」と同様に、神功皇后のみを信仰の対象としている。家船の人々にとって神功皇后は大地母神の系譜をひく海の女神で、その点では聖母マリアや中国の媽祖に近い存在であったとなろう。

2　元寇と倭寇

次の日本を襲う大きな対外危機は「元寇」である。鎌倉武士がよく戦ったのだが、この時「八幡愚童訓」がつくられ、『太平記』には「神功皇后討新羅給事」との物語が載せられた。日本を救った神様である「八幡様」とは神功皇后が生んだ応神天皇である。八幡様は日本で一番多くある神社である。応神天皇を大和言葉で表現すると「ハックニシラススメラミコト」となり、神武天皇と同じである。「日本書紀」を編纂する際、一人の天皇を神武天皇と応神天皇の二人に分けて時間を稼ぐ必要があったのだろう。それでも中世においては「日本書紀」の知識はあまり普及せず、応神天皇が絶対的であった。

再度、再々度の元の襲来に備えて、日本から逆に高麗への襲撃も計画された。その動きの中から「倭寇」が生まれた。「三島の倭寇」といって壱岐・対馬と肥前松浦の海民が主体だった。瀬戸内海の二窓の家船の集団や、肥前瀬戸を中心とする家船の人々の参加が当然考えられる。「倭寇」の人々は「八幡《ばはん》」の旗を掲げ、「バハン」と呼ばれた。それ以後家船の人々は神功皇后との特別な結びつきを強調する物語を育んでいったのだろう。他方、明帝国と足利義満とが倭寇禁止の点で利害が一致したことから、義満は明の冊封を受け入れ「日本国王」を名乗るが、日本史上中国の冊封体制を受け入れた唯一の例である。

足利義満が明の皇帝の冊封を受け、日本国王を名乗ったことに対しては、当時多くの異論があった。

3　秀吉の神国観

キリスト教には〈福音を全世界に広める〉という使命があり、それがスペイン・ポルトガルの世界帝国を生み出した。こうした動きに対抗して生まれたのが、二度にわたる秀吉の朝鮮出兵である。「日本は神国」とか「小帝国」という自尊意識の発露である。朝鮮出兵の時、将兵の間には神功皇后の物語は思い出されていただろう。明との講和交渉において、明側が「冊封体制」に基づき秀吉を日本国王に封ずるとしたことから再度の出兵となった。しかし秀吉が掲げた東亜の大帝国の夢は破綻し、日本は朝鮮半島から撤兵した。後を継いだ江戸幕府は朝鮮・中国との関係修復に努めながら「小帝国」を維持しようとした。秀吉の積極外交に対して家康の平和外交と言われているが、家康が代替わりごとに朝鮮使節や琉球使節、またオランダ商館長を江戸へ参府させたことは、「小帝国」の体面を維持しようとしたものである。キリシタンに対する「邪宗門」観は相変わらず引き継がれた。それが長崎奉行を中心とした神功皇后の物語の普及となった。神功皇后の物語が対外強硬路線のイデオロギーとなっていたのである。

三　長崎の開港

1　南蛮貿易港長崎の開港

長崎湾の奥深く、高く海に突き出した岬の上に、元亀二年（一五七一）に南蛮貿易港長崎の町は新たに作られた。イエズス会と大村氏と、大村氏の本家・有馬氏の三者の協力下で新しい港町は作られた。（安野眞幸「長崎の町割り」『港市論』日本エディタースクール出版部、一九九二年）長崎の岬の高台に至る道には、大村氏の側からは、大村湾、時津浦、浦上、立山、長崎のルートがあった。島原半島の有馬氏の側からは、橘湾、茂木港、川口、長崎のルートであった。岬の先端には「岬の教会」が築かれ、「島原町・大村町・平戸町・横瀬浦町・外浦町・文知町」の六町の町が大村の家臣・友永対馬の都市計画・町割に基づいて作られた。

岬の尾根道に続いて大村町・外浦町が作られ、ここが六町の町の中心であった。町はそれぞれの地域の出身者がまとまって住みつき、形成された。六町の町は南蛮船に乗って来たポルトガル人やインド人などを宿泊させる施設であった。これが「内町」である。それゆえ南蛮貿易のために、博多や豊後など日本各地からやってくる日本商人たちの宿泊・貿易活動のための施設や町が、六町の町とは別に、その外側に、船津の近くや岬の横断道に沿って築かれ、博多町・興善町・豊後町などとなった。高台の下、波止場に繋がる平戸町の下の海岸には、五島の人々が避難して住みついていたので、五島町もできた。

六町の町の建設後すぐに、六町の町を「内町」として、それを取り囲むように「外町」ができたと私は想定している。「内町」は貿易港として、商業や宿泊業が中心で、年間を通して定住する人びとによって築かれたが、「外町」の方は、貿易期間は賑やかだが、南蛮船が出航したあとは、無人になるか、または留守番を残すだけの、野営地の集合体のような在り方だっただろう。もちろん長崎が発展し、人口も増えれば都市化していったことは間違いないが、それが最初の在り方である。

2　南蛮貿易と家船の人々

ポルトガルの黒船は外洋を航行して日本にやって来るので、当然大型船である。港に着いた時に、当然今のような桟橋はなく、岸への着岸もできず、岸と船との間を往来する「艀」が必要であった。この「艀」の仕事を担ったのが「家船」の人々だった。彼らは海上生活者で、実際の「艀」の仕事は、持っていた小舟に依ったのかもしれないが、貿易港が変わるたびに彼らは移動していた。こう考えると、長崎の開港時に「平戸町・横瀬浦町・外浦町」ができたことは、それまでの南蛮貿易にかかわりを持った人々全員が長崎に集まり、町立てに参加したことになる。これを裏付けるイエズス会士たちの記録もある。

何よりも注目すべきは長崎の成立を記した日本側記録に、平戸町には「日野浦与左衛門これを建てる」。横瀬浦町・外浦町には「横瀬浦与五左衛門を乙名とする」とあることである。「日野浦与左衛門」の「日野浦」は平戸の瀬戸を挟んで平戸島の対岸にあり、彼はここの領主で、平戸における南蛮貿易にかかわった家船の人々を率いていた。「外浦」の地名は確定できないが、西彼杵半島の大村湾側を「内目」「内海」、東シナ海側を「外目」「外海」と言うことから、恐らくは「福田浦」などの総称であろう。それゆえ「横瀬浦与五左衛門」も横瀬浦や福田浦にかかわりを持った家船の人々の「宿」の領主だろう。

ここから長崎開港は家船の人々の陸上がりとしてあったとなる。何よりも注目すべきは、六町の町の半分を作った人々が南蛮貿易港変遷史の生き証人であったことである。以上は

「家船の陸上がり」でかつて触れた。長崎の開港にかかわったこれら家船の人々が神功皇后を信仰していたことが長崎と神功皇后との奇しき縁の始まりである。なお「文知町」は唐人の「文知」という者がここに古くから住んでいたので町の名前となったとある。記録では辿れない昔から中国人・唐人がここに住みつき、唐船の来着のあった可能性がある。

3　長崎の歴史

元亀二年（一五七一）の長崎の開港には大村氏の力が大きかった。しかし長崎開港に先立つ南蛮貿易港・横瀬浦が焼き討ちされたように、大村領内では大村純忠の政治支配は安定していなかった。そこで都市長崎は自力で都市を防衛することが必要となり、武装し、周辺の領主との合戦を経て、自治都市へと発展していった（安野眞幸「自治都市長崎」『港市論』）。自治都市長崎と領主・大村氏が対立する中で、大村氏は南蛮貿易の利益を確保するために、天正八年（一五八〇）に港町・長崎をイエズス会に寄進した。新たな領主となったイエズス会には自治都市との対決という新しい政治課題が生まれた。そこで起こった事件が天正九年の「神の平和」である。

キリスト教には「教権制」と言って地域の住民を丸ごと改宗する目的があった。教会は恒例のミサ・聖体拝領、幼児洗礼、結婚の秘跡、死んだときの終油の秘跡、成人式に当たる堅信の秘跡などを通じて信者を支配していた。こうした聖務を禁止して人々の救いの道を閉ざすと人々を脅迫して、教会の権威の確立を目指し、長崎の住民全員の改宗を目指したのである。キリスト教は唯一の神を信じる宗教だったから、他の神との共存は認めない。今の諏訪神社の所にあった「神宮寺」という真言宗の大寺を焼き討ちした（本書「教会領長崎における「神の平和」」参照）。

教会領長崎の時代の諸問題については拙著『教会領長崎』（講談社選書メチエ、二〇一四年）をご覧いただきたい。「教権制」の中には地域民衆の中に異教徒や異端の信仰を認めないとする側面があった。スペインやポルトガルの国内に在っては、それは「異端尋問制度」となった。後世の思想警察に当たっている。ザビエルもインドでこれを要求していた。江戸時代に入っても、キリシタンに対する「邪宗門」観は引き継がれ、「踏み絵」や「宗門改め」となるが、これは日本版の異端尋問制度と言えるであろう。ザビエルの山口での布教以来、この排他性が日本の信仰・宗教の在り方と摩擦を起こした。

天正十五年（一五八七）に秀吉が九州を平定して「バテレン追放令」を発布した際、キリシタンを「邪法」とする一方で、我が国は「神国」だと宣言した。キリスト教という新しい宗教に触れた時の反応である。キリスト教が広まる所では必ず、これへの強い反発が起こり、社会的な混乱が起きた。社会的な混乱を巻き起こさないためには、「バテレン追放令」は合理的な判断であったと私は思う。

四　長崎と神功皇后

1　鎖国後長崎における「神代の記憶」構築

寛永の鎖国の後に、長崎は海外に開かれた唯一の窓口となった。このことは同時に、長崎が対外的な危機を受け止める最初の前線基地でもあったことを意味していた。キリスト教禁止の徹底化が「鎖国」を齎し、「踏み絵」制度や「寺請け制度」＝「宗門改め制度」を齎したことは有名で、一般によく知られている。しかし長崎に「神功皇后の物語」が蔓延したことは今ではあまり知られていない。神功皇后は三韓征伐や新羅征伐の物語で有名だが、それがなぜ鎖国と繋がるのか、我々の歴史学は、その事実を取り上げようとしていない。戦後の平和憲法、戦後史学が目的として掲げた軍国主義否定のためだろうか。

しかし江戸時代の長崎では「神代の物語」が新しく紡がれていった。神代の物語は「古事記」「日本書紀」などに基づいている。長崎地方には古い伝承を伝えた豪族の存在は知られていない。それにもかかわらず「神代の物語」が紡がれたのは、そうした物語を必要とした事情が長崎奉行の周辺にあったからである。キリシタンを「邪教」とし、長崎に「神国」観を植え付けるために、「神国日本」の神々の記憶を人々に植え付けることが必要であった。

2 諏訪神社

地域住民を丸ごと動員するものには、個人の魂の成仏を願う寺院の復活よりも、産土の神を祀る神社の再建が重要であった。その点で寛永初年の諏訪神社の再興は画期的であった。諏訪の神・タケミナカタは「諏訪大明神絵詞」から明らかなように蝦夷・異敵と戦う神・朝廷の守護神であり、キリシタンを邪宗門として邪教視する長崎奉行にとって都合の良い神であった。神社の再興をめぐって、長崎の宗教界には激しい戦いがあり、奉行の肝いりで神社は再興したのに、人々が参拝しないことに榊原・神尾の両奉行は怒り、住民を閉じ込めて皆殺しにし、住民を入れ替えると脅し、住民の参詣・祝祭への参加を強制した。

諏訪神社の祭りは今では長崎の町を挙げての市民の祭りとして定着しているが、当初は住民の抵抗も激しかったのである。祭礼の出し物・オクンチの中心テーマは神功皇后の三韓征伐である。

3 瓊々杵尊《ににぎのみこと》の碑

長崎湾に入り、湾の奥を眺めると象形文字の「山」のように三山が聳えている。その真ん中の山を今では「金毘羅山」と呼ぶが、『長崎名勝図絵』ではこれを「瓊杵山」と言い、「瓊々杵尊が日向より降遊した山」とある。私の見た長崎の地誌類には「崇嶽」とあった。

山頂にある金毘羅神社には近世後期に択捉島を視察した近藤重蔵が長崎奉行出役の時に立てた碑がある。碑の表面には「伝説　瓊々杵尊古蹟」とあり、裏面には「此山為尊之古蹟昭昭矣、然無有文献、足以徴者焉、今立石勒之、以紹後之好古者　寛永八年秋九月　江都近藤守重識　杭州劉雲臺書」とある。「文献には無いが後の好古の者に紹介する」とある。

今の諏訪神社の境内には昔「神宮寺」という大きな寺があり、嵯峨天皇の時、弘法大師の創建とあったが、天正九年（一五八一）にキリシタンによって焼き討ちに遭った（本書「長崎における「神の平和」」）。近藤重蔵がロシア帝国の極東進出への対抗意識、危機意識を持っていたことは疑いないが、若いころから、国威発揚の担い手として、「瓊々杵尊」に関心を寄せていたのだろう。長崎が瓊々杵尊に関係しているので、長崎の古名を「瓊田津」というともあるが、これもまた初期の長崎の地誌類にはない新説である。

4　正保四年の緊張と神崎社

寛永の鎖国令とはガレウタ船渡航禁止令で、ポルトガルとの断交が中心であった。その目的はキリスト教布教の禁止にあった。そこに至る迄に、ポルトガル船の長崎湾外での焼き討ちや、渡航禁止令に対抗して来航した黒船の船長・船員の処刑などがあった。寛永の次の正保四年（一六四七）にはポルトガル船二隻が従来通りの貿易再開を求めて長崎に来航した。長崎の市民は艦砲射撃によって町が焼かれるのではと心配し、避難をするなど大混乱となった。長崎奉行も周辺の藩に応援を要請し、湾口に綱を張り、船橋を設けて、黒船を湾内に閉じ込め、何時でも攻撃できる体制を整えた上で、江戸幕府の返事を待った。

ポルトガル側の主な目的は、ポルトガルではスペインとの連合王国が解消され、代替わりをしたとの報告だった。幕府は、報告は受け取ったとして、帰国を許し、無事戦争は避けられたが、貿易は禁止のままだった。この対外危機が長崎にもたらしたものが長崎湾口の神崎社の再興と、神功皇后説話を中心とした神代の物語の構築である。これに決定的な力となったのは、この時長崎周辺の家船の人々を長崎奉行が海士として徴用したことにある。彼らは長崎湾口に船橋を設けることに動員された。神功皇后信仰・聖母信仰は容易にマリア信仰に結びつくことから、彼らの間にはキリスト教も浸透していたはずである。

長崎奉行の側は彼らを味方につなぎとめるために、マリア信仰ではなく神功皇后信仰を再建・強化する必要があった。これが長崎と神功皇后との第二の結び付きである。こうした時代の要請に応えたのが摂津の国の住人で伊弉諾《いざなぎ》神社の神主の次男の内田宗貞である。当時は長崎の西・稲佐山の麓に住み、瓊々杵尊を中心とする神々を日本に導いた道の神・「猿田彦の大神」を個人的に祀っていた。彼はその点で日本に正法の信仰を取り戻そうとする宗教面での戦いの最前線で闘っていた人であった。

内田宗貞は、湾口に綱を張る作業に従事して、工事の成功を祈っている時に白いきつねが男神の方から女神の方に渡っていくのを目撃したと言い、神崎社を再興した。神社には猿田彦の大神と住吉の神である筒之男三神を祀ったが、神社として認められ、歴代の長崎奉行から奉賛を受けて発展し、次第に神功皇后を祀るようになった。『長崎名勝図絵』には神崎社の宝物に、神功皇后の鎮懐石の絵がある。もう一つの宝物は「漢委奴国王の金印」である。金印発見は天明年間で神崎社再建の百年後だが、何時の時か宝物にしたのだろう。金印の実寸は志賀島発見のものと異なり、紙に押された印字のみで、実物は「今は無い」とある。

5 稚桜《わかざくら》神社

弘化元年（一八四四）長崎・山里村の庄屋高谷《たかや》重吉《じゅうきち》は、近くに「神功皇后の腰掛石」や「神功井《じんぐうがわ》・鏡井」があること、また瓊杵山の麓に産する安山岩の燧石が神崎神社の御神体の「鎮懐石」と同一であると確認されたことから、これを「神功皇后の鎮懐石」とし、浦上の坂元町内にある分家の屋敷内に石祠を建て、神功皇后を祀った。現地の人々の記憶・地誌の伝える記録を石祠の形で残そうとしたのである。

安政五年（一八五八）は日米修好通商条約締結の年で幕府の対外政策は鎖国から開国に転換した。この年長崎奉行荒尾石見守はこの石祠を、息長足姫尊《おきながたらしひめのみこと》を祭神とする「稚桜神社」と名付け、『長崎名勝図絵』を記した長崎聖堂の助教饒田《にぎた》喩義《あつよし》の関係者と思われる儒者長川《おさがわ》東洲と国学者の中島廣足《なかじまひろたけ》の二人に碑文の撰を命じ、石祠の左右に「鎮懐石碑銘」と

「鎮懐石碑」の二石碑を建てた。また長崎防衛の任を負っていた佐賀藩の鍋島氏も鳥居を寄進した。

文久元年（一八六一）に、石祠の左に第三番目の石碑が建てられ、鎮懐石を詠った山上憶良の『万葉集』の長歌と短歌が万葉仮名で記され、その裏面には碑を立てた主旨が、いかにも国学者らしく擬古文で記されている。碑の表面の最後には「東都　三澤確書」とあり、裏面の最後には「東條為一・東條為文・長崎　池原香稚書」とあるが、これらの人物については、中島廣足との関係を含めて、記録には何も残されていない。

神功皇后を祀るこの「稚櫻神社」が長崎周辺では「尊王攘夷」の唯一のシンボルとなったので、これらの人は神社の氏子として石碑を立てたのであろう。裏面の主旨の最後には神功皇后に託して、幕末に流布していた「尊王攘夷」の想いが述べられている。

「湊にまゐ来る　異国のえみしら　あたなふ心　あらしめす　夜の守り　日の守りに　まもり給へ　幸たまへと　かしこみ恐みもをす。文久のはしめの年弥生」

むすび

戦前の「長崎市史」が伝えているのはここまでだが、一九四五年八月九日にアメリカ空軍はこの稚桜神社を目掛けて原爆を投下した。神社は崩壊し、五百メートル圏内にいた住民八千人の大部分は即死した。後に子孫の高谷重治氏によって再整備された。神社の入口には慰霊碑が、神社の前には「十一時二分」のモニュメントが作られた。長崎奉行や佐賀藩の支援を思えば、この神社に国政上の意味はあったはずだが、高谷重治氏には郷土史の愛好家・好々爺の印象がある。それなのに神社を理由に、何度もの浦上崩れを経験した隠れキリシタンの子孫たちの上空に、キリスト教徒の米軍は原爆を投下した。

占領軍は藤山一郎の歌う「長崎の鐘」をなかなか許可しなかった。敗戦と平和憲法を受け入れた我々日本国民は、我々の歴史の世界から神功皇后を追放してしまった。そこには皇后との結びつきを強調してきた家船の人々が、小学校入学が義務となり上陸を強要され、家船の生活が解体したことも影響している。平和憲法と神功皇后とをつなぐものとして、長崎への原爆投下があることを強調したい。戦前の大日本帝国が十年おきに戦争を繰り返していたことに対して、戦後の日本は平和憲法を守り、その後一度も戦争をしないで、アメリカの核の傘の下でひたすら経済的な発展に努め、繁栄を築いてきた。

一方、同じ戦争を戦った戦勝国アメリカは、戦後どれほど多くの戦争を全世界の各地で繰り広げて来たことか。比較すると、いまさらながら驚くべきことである。そのアメリカが今や遂に「世界の警察官を止める」と言い出し、代わって中国が経済的にも、軍事的にも強力な国家として台頭して来ている。隣の朝鮮半島では、核保有国として南北朝鮮が統一する方向にある。日本は今、アメリカの核の傘の下での平和と繁栄の享受をいつまで続けられるのか、国家の安全保障をどう考えるべきか、大きな問いの前に立たされている。

だからと言って再び軍国主義・侵略主義に立ち返り、神功皇后を押し立てていくべきではないであろう。今さら明治の「大日本帝国」はないだろう。「ジャパン・アズ・ナンバーワン」の経済大国もないだろう。しかし我々は「小帝国」の歴史の重みには耐えて行かねばなるまい。浦上にあった神功皇后をお祀りする小さな稚桜神社を目標として、米軍は長崎に原爆を投下したのでは……というのが、神功皇后を追いかけてきた私の結論である。日本軍国主義を根絶やしにした点で、確かにアメリカ軍の作戦は成功した。しかし今や、我々は敗戦当時の歴史を見直さなければならないことだけは確かであろう。

「岬の先端」の歴史と「精霊流し」

「岬の先端」の歴史を一の「森崎権現・岬の教会・西屋敷奉行所・長崎県庁」で取上げる。ここで取上げる①「森崎権現」から②「岬の教会」への変化の背後には、キリスト教と日本の宗教との敵対的な関係の存在が考えられる。しかしキリスト教徒はいざ知らず、我々日本人は宗教に対しては、今も昔もおおらかであった。二の「天国・パライソまたは極楽・浄土と地獄」ではイエズス会士と日本人とが死後の世界をどう考えていたかを取上げ「長崎の精霊流し」を論じる。これは日本のお盆の一形態ではあるが、ここにキリシタン時代の記憶の痕跡が残っており、日本人の包容性を示していることを論じたい。

一　森崎権現・岬の教会・西屋敷奉行所・長崎県庁

1　岬の先端

現在長崎県庁の建物は移転し、その跡地の利用が長崎の人々にとって大きな課題となっているようである。そこで最初に、この場所の持っていた意味を述べてみたい。明治になって、長崎の町の周辺は埋め立てが進み、かつての「出島」は今ではもう「島」の面影はなく、長崎の町の一部に組み込まれている。しかし小高い岬が海に突き出している長崎の原型は今でも辿ることができよう。

2 パワースポット

岬の先端は風光明媚な「パワースポット」で、神の降臨する「聖地」であった。ある所にやってくると、突然景色が反転して、異次元の世界に入り込んでしまったとの思いに襲われることがある。私が昔北海道を旅行して、その昔アイヌの人たちが神祭りを行なっていた場所だとの説明を受けた所に立った時に感じたものは、このようなものであった。日本列島に人々が住み着いて以来、この「パワースポット」は「神が降臨」する場所で、ここで神を祀るべきだとの観念が存続していたと思う。それゆえ岬の先端は縄文時代以来ずっと「聖地」であったと思う。

今東京周辺では、中沢新一の「アースダイバー」の考えに基づいて、神社・聖地・縄文遺跡の三者の結び付きに関心が高まっており、「縄文神社」という言葉さえも生まれている。しかし長崎地方には地殻の大規模な沈降があったので、考古学の専門ではない私が縄文以来の聖地だとの主張は差し控えるべきだろう。ところで、岬の先端に立って長崎湾の景色を見た時の人々の感想を述べたものとして、記録に残されたものに、神功皇后が発した言葉「重浪寄する堅国《かたくに》の玉の浦」がある。堅国とは川原慶賀の描いた長崎図のように、海と陸とが重なり合うさまを指す言葉である。

文化・文政年間（十九世紀）に長崎奉行の命を受け、長崎聖堂の助教で儒者の饒田喩義が編述し、挿絵を加えた長崎の旅行案内『長崎名勝図絵』がある。これを昭和四十九年（一九七四）に丹羽漢吉が現代風に書き改め、長崎文献社が出版した。その巻之二の「神崎大明神」には、神功皇后の新羅征伐の行程について、筑紫の海に軍船をすすめ、時津に上陸し、浦上の平石で鎮懐石を身に着け、深江浦と呼ばれた長崎湾に至り、そこから船出をしたとあり、「重浪寄する堅国の玉の浦」はその時の言葉である。それゆえ、海の上からの景色を詠んだ言葉となるが、私は小高い岬の高台から湾や港を眺めた時のものだと思う。

3 「榎津」「榎の市場」「森崎権現」

同じ『長崎名勝図絵』巻之四には「玉圓山諏方社」とあって、次のようにある。

長崎は日本の西の果てで海に臨んでおり、外国に近いので、この三座（諏方大明神・森崎大権現・住吉大明神）を祀って、国の平安の護りとする。昔長崎氏の領主時代は、三者は別々にあり、森崎は杵崎、今の西御役所にあった。当時長崎氏は、今の春徳寺の山上に砦を構え、その門前から松並木が続き突出してその先端に森があったことから、森崎といった。西御役所の裏に坂があり、坂の上に大きな榎があって、その傍らに参道があった。初め杵崎大権現と称し、のちに森崎大明神と改められた。創祀がいつ頃かは判らない。

ここにある、長崎が外国からの国土防衛の任務を負っていたことは、「長崎開港と神功皇后との奇しき縁」で既に述べたので、ここでは繰り返さない。ここにある「松並木」は私が「岬の尾根道」「信仰の道」と名付けたものである。岬の先端の古称を「杵崎」とあるが、細長く海に突き出した岬の形が「杵」に似ていたからであろう。饒田は「森崎権現」の古名を「杵崎権現」とした。大事なのは「大きな榎」である。長崎の別の古記録には「榎」の下に市が立ち、海の幸、山の幸が交換されたとある。「榎」の傍らの「参道」とは、後に「江戸町」のできる海岸から「森崎権現」に至る急な坂道であろう。

つまり岬の尾根道の平坦な「信仰の道」と、急な坂道の「参道」とは「榎」の広場で連結しており、この広場に接して「森崎権現」の祠があったとなる。船でこの「榎の市場」に行くには、後に「出島」のできる対岸、岬の先端の「江戸町」の海岸に着岸したはずである。それゆえここを「榎津」と言ったのだろう。その思い出が長崎の町が拡大した時、堂門川（中島川）の河口近くの左岸に「榎津町」という名の町を作らせたのだと私は想像している。一方、岬の西側の海は「深江浦」の名前の通り深く、外洋航海のポルトガルの黒船が停泊したので、南蛮貿易港長崎の波止場は「森崎」の西に作られた。

4　森崎権現の祭神

饒田は森崎権現の旧名を杵崎権現とし、「杵」は瓊々杵尊に関係しているとし、ここから、この神社の祀る神を「伊弉諾尊、則熊野権現」、又は「瓊々杵尊」とした。饒田は長崎の古名を瓊杵田津と呼ぶことからも「瓊々杵尊」を産土の神に祀っているとの説は「一応もっともに思える」とした上で、別に「恵比須神」説も挙げている。しかしこれは「末社として祀っているので」「少しおかしい」ともしている。しかし私は長崎の地で瓊々杵尊がクローズアップされるのは寛永年間になってからで、むしろ「榎の市場」との関係から市場の神である「恵比須神」「蛭子」の方が古い森崎権現社には相応しいと思う。

南蛮貿易の際に、黒船が長い航海を終え、無事日本に辿り着き、長崎の港に入った時、黒船の船長たちが真っ先に行なったことは、上陸して、神に感謝の祈りを捧げることであった。その祈りの場は当然「森崎権現」の地であった。日本の神社においては、社前にぬかずき、拍手をして神を呼び出すことになっていたのだから、原理的にはどの神を祀ってもよかったはずである。それゆえ日本人の側からすれば、ポルトガル人たちが「森崎権現」で神＝ゼウスに感謝の祈りを捧げたことに何の違和感はなく、日本人の持つ融通性に富んだおおらかな信仰に包み込んで、ポルトガル人の行動を理解していたと思う。

それゆえ、神の名前よりもむしろ「聖地」「神祭りの場」としての共通性にこそ注目すべきだとなろう。これに対してキリスト教・ユダヤ教・イスラム教のセム系の神は、天地創造の唯一神なので、排他的である。長崎が南蛮貿易港として開港され、岬の先端に「岬の教会」が築かれると、「森崎権現」の祠は捨てられ、異教の神祭りは禁止された。「岬の教会」の背後にはキリシタン大名の大村氏や有馬氏の力が控えていた。以上から、日本人の側には唯一神を神々の一つとして取り入れることに、あまり大きな抵抗はなかったが、一度この神を取り入れてしまうと、日本の神々との共存は困難になった。

5　南蛮貿易港長崎の開港

元亀二年（一五七二）の長崎開港という出来事によって、「榎津」「榎の市場」「森崎権現」の三点セットは「黒船の波止場」「六町の町」「岬の教会」の三点セットにとって替えられた。「榎津」「榎の市場」の段階では、ここは地方的な交易のセンターで、「榎の市場」は今日本各地に見られる「朝市・夕市」に対応していたであろう。一方、南蛮貿易港として開港してからの在り方は、交易される物資の量の点でも、価値や価格の点でも、これまでの在り方を大きく変更させた。長崎は当時の日中間の生糸・銀交易の中心地となった。

当時の日本経済の中心地であった京都・堺や博多から商人たちは来航した。「森崎権現」を祀っていた現地の人々の思いを飛び超えた大きな力が、長崎の開港・町割りをすすめた。長崎の開港・町の建設にはイエズス会と戦国大名の大村氏・有馬氏の三者がかかわった。岬の先端の「聖地」はイエズス会が乗っ取り、それに続く岬の高台には六町の町が築かれた。黒船で来日したポルトガル人やインド人たちは、半年近くもこの地にとどまり、舶載した商品を売りさばき、必要な商品を購入する必要があった。彼らを留める宿泊施設が必要で、売買の斡旋や宿泊のために商人たちの町が築かれた。有馬氏は「島原町」を、大村氏は「大村町」を建設し、それぞれ長崎の守備隊を百人ずつ置いた。

元亀二年の長崎開港という歴史的な大事件を念頭に置けば、岬の先端に築かれた「岬の教会」の意義の強調は当然である。しかし歴史家の私としては、本来ここが「聖地」であったからこそ、ここに教会が築かれたことに注目したい。六町の町の中でも「平戸町・横瀬浦町・外浦町」は、既に他で述べたように、これまでの南蛮貿易港「平戸・横瀬浦・福田」で貿易の業務に携わって来た家船の人々が全員長崎に集まり、彼らが陸上がりをした結果であろう。「文知町」は、考古学の方で、開港以前にもこの地に唐人の居住していた形跡があるとの主張から、ここに唐人・文知が住んでいたとの記録・伝承を採りたい。

6　岬の教会

「岬の教会」は黒船で来日するポルトガル人たちや、彼らの世話をする日本人キリスト教徒たちの「祈りの場」であった。しかしここはインド洋世界に広く展開していた「ポルトガルの商館」の役割をも兼ねていた。それは日本が地理的にポルトガルから遠く離れ、ポルトガルの兵士はもとより、ポルトガル人の移住が困難で、ポルトガルの要塞・商館を建設できず、イエズス会の教会がそれを代行したからである。それゆえここには、主要な貿易品である生糸の「倉庫」やその「取引所」の機能があった。教会領長崎の時代には、ここはまた教会領全体の政治支配の中心地となり、日本布教区全体の中心でもあった。

江戸時代に入り、生糸貿易の主導権を日本側が握るために、幕府はイエズス会士を「岬の教会」から追放し、出島を築き、来航したポルトガル人たちをここに押し込め、日本側の生糸輸入商たちを組織して糸割符制度を作った。「岬の教会」の跡地を奉行所＝「西屋敷」とし、イエズス会士たちが管理していた「岬の教会」内部の生糸の「倉庫」や「取引所」を「糸割符宿老」たちの「糸割符会所」とした。さらに寛永の鎖国に至ると、ガレウタ船禁止令でポルトガル船の日本来航を禁止し、ポルトガル人とその混血児たちを追放した。「糸割符会所」の方は糸割符メンバーの拡大後、馬町の「長崎会所」に改められた。

それゆえこの地の歴史は、元亀二年に、①聖地として「森崎権現」の祠と「榎の市場」から、②「岬の教会」と「生糸の倉庫」「生糸の取引所」への変化が第一段階である。それゆえ交易の場＝「榎の市場」は、南蛮貿易の中心地である岬の高台の「六丁町」にまで拡大した。「聖地」を軸に、①から②へと変化した。寛永の鎖国を契機として、②地域の政治支配の中心地としての「岬の教会」、貿易取引のセンターとしての「岬の教会」内の生糸の「倉庫」・「取引所」から、③「西屋敷」と「糸割符会所」へと変わった。変化の第二段階である。②から③への変化の軸は地域の政治支配の中心地ということにある。江戸幕府が滅び明治になって、奉行所は④長崎県庁となった。これが第三段階である。そして現在、第五番目の変化を待っている。

二　天国・パライソまたは極楽・浄土と地獄

1　死後の世界

日本人とヨーロッパ人とは、ユーラシア大陸の東と西の両端に居住していて、大航海時代に入るまでは一度も交渉はなかった。それにかもかかわらず、人がこの世を去る時、人の魂は「天国・パライソ」又は「極楽・浄土」か「地獄」かのどちらかに行くとの来世観を互いに共有していた。これは、大乗仏教とキリスト教の二つが、この世で善行を行なえば、死後魂は天国に行き、悪を行なえば地獄に落ちるというギリシャ人プラトンの因果応報の考えを共有していたからである。この背景にはアレクサンドロス大王によるヘレニズム文化の東漸、仏教への影響による大乗仏教の成立がある。

元よりキリスト教本来の来世観は肉の蘇りにあり、天国を来世に求めてはいなかった。因果応報の考え方はキリスト教がヘレニズム文化を取り入れた結果出来たものである[1]。ザビエルがマラッカで日本人の安次郎にあったとき、日本人の理解力の深さに感激し、日本布教を決意したのだが、ザビエルの驚きの背後には、このような共通する来世観の存在があった。しかし実際に日本で布教を開始すると、日本人は先祖の魂の救済を要求した。これにはザビエルは立ち往生した。一五五二年コーチン発のザビエル書簡第九六号の第四八節[2]は「地獄に落ちた者への悲しみ」との表題[3]の下に次のようにある。

> 日本の信者たちには一つの悲しみがあります。私たちが地獄に落ちた人は救いようがないと言うと、彼らはたいへん深く悲しみます。亡くなった父や母、妻、子、そして他の人たちへの愛情のために、彼らに対する敬虔な心情から深い悲しみを感じるのです。多くの人は死者のために涙を流し、布施とか祈禱とかで救うことはできないのかと私に尋ねます。私は彼らに助ける方法は何もないのだと答えます。

人を救う権利はカトリック教会だけが独占しており、魂の救済には教会での洗礼が必要不可欠だとのカトリック教会の主張から、ここにある「一度地獄に落ちた人は救いようがない」との主張が導き出されてきている。日本人の側が求めた「布施とか祈禱とかで救う」とは、お盆の風習などを念頭に置いていただろう。ここに出ている問題は、ゲルマン人がキリスト教に改宗した時にも出くわした問題でもあり、新しい信仰の下で救いに与ることと、先祖の信仰とをどう調整するかにかかわっていた。同じザビエル書簡の次の第四九節ではさらに続けて「地獄に落ちた者に救いはない」との表題で次のようにある。

彼らは、このことについて悲嘆にくれますが、私はそれを悲しんでいるよりもむしろ、彼らが自分自身〔の内心の生活〕に怠ることなく気を配って、祖先たちとともに苦しみの罰を受けないようにすべきだと思っています。彼らは神はなぜ地獄にいる人を救うことができないのか、そしてなぜ地獄にいつまでもいなければならないのかと、私に尋ねます。私はこれらすべての〔質問に〕十分に答えます。彼らは自分たちの祖先が救われないことが分かると、泣くのをやめません。私もまた〔地獄へ落ちた人に〕救いがないことで涙を流している親愛な友人を見ると、悲しみの情をそそられます。

ここに出ている問題は、ローマ帝国によるゲルマン人改宗以来の問題で、教会はこの難問への解決に、教会暦の中に「死者の日」を設けることや、教会の行なう年間行事の中にハロインやカーニバルという民間行事を取り入れることで対応して来た。日本イエズス会士の中には、こうした問題に気が付いた人もいたはずだが、学者であるザビエルは、理路整然と「救われない」と語ったのであろう。ザビエルが山口で行なった教義問答では、キリスト教神学の蘊蓄を傾けて、スコラ哲学に基づく神の存在証明の展開が中心であった。この問題についての軌道修正を行なったのは世間知に富んだトルレスやダルメイダであろう。

2　ザビエルの布教への軌道修正

中園成生《しげお》は『かくれキリシタンの起源』(4)で、フロイス『日本史6』(5)の第一二章の記事を引用している。これは弘治元年(一五五五)日本イエズス会の本部のある豊後から司祭ガーゴと修道士フェルナンデス、仏僧パウロの三人を平戸に派遣した時の記録である。

日本人は葬儀を非常に重視するので、司祭は彼らが来世のことをさらに尊重するようにと、毎年十一月中を通じて死者のためにミサを捧げるのが常であった。赦禱のためにいつも教会の中央に棺(台)が(置かれ)、その側には四本の大きい蠟燭が立てられたが、これは人々を大いに満足させた。そしてこの時期には四終(死、審判、天国、地獄)について説教がなされた。

ここにある「審判」とは「最後の審判」で、「天国」か「地獄」かの最終的な神の審判を言い、審判者は神＝デウスである。人は死んでから「審判」までの間、ダンテの『神曲』によれば「煉獄」に行くことになっていた。それゆえ死者の魂の辿る道は「死」→「煉獄」→「審判」→「天国」又は「地獄」となり、地獄に落ちないためには、この世で「罪」を犯さないこと、犯した場合は「罪の許し」を願い許されることが大切であった。カトリックの儀式では、告白が大事で、告白をして許しを得ることができれば、罪は消えた。死に臨んでの「終油の秘跡」を受ければ、魂は安心して天国に行けた。

キリスト教徒の場合、魂の行方は明白で、死者との関係も淡泊で、東洋のように死者の命日を祭ることはない。これに対して、我々が親しんでいる仏教では、閻魔大王が地獄か極楽かの判断者である。日本人の場合、死者の魂はこの世とあの世の境で、長いこと行きつ、戻りつしていると考えられている。キリスト教徒と比べると日本人が「葬儀」や「死者の供養」を「重視」していることは事実である。ここにある「死者のためのミサ」とは十一月一日と二日の「諸聖人の記念日」と「死者の日」を指している。ここから、日本イエズス会がザビエルの布教方針に対して、軌道修正を行なったことは明らかである。

中園成生は先の引用に続けて「諸聖人の記念日・死者の日」について次のように述べている。

十一月一日はカトリックにおいて全ての聖人と殉教者を記念する「諸聖人の記念日」、翌二日は「死者の日」で、全ての死者のために祈りを捧げる日とされている。例えばメキシコのオアハカでは十一月一日と二日を「死者の日」とし、家の中に死者を迎えるオフレンダと呼ぶ祭壇を飾り、墓も飾りたて、人々は仮装して夜遅くまで賑やかに過ごす。

3 トウドノサンタ

ザビエルの帰国後、トルレスの指揮下での布教活動の際、長崎甚左衛門のいる長崎村への布教が行なわれ、永禄十二年（一五六九）に、この地に教会堂が建設された。その時に作られた教会の名前は、教会の所在地の名前・唐渡山《とうどさん》に因んで「トウドノサンタ」「諸聖人（トドス・オス・サントス）に捧げられた教会」である。この「聖者」とはアメリカ黒人霊歌「聖者の行進」で歌われているものと同様「死者・死者の魂」の意味である。地獄の釜の蓋が開く時、亡者はこの世に帰ってくる。この亡者を「聖人」と呼ぶのがキリスト教である。「聖者の行進」では「聖人」は天国にいることになっている。

奴隷制下のこの世と比べると、あの世は天国のようなものだとの思いがあったからであろう。ハロウィンにしろ、カーニバルにしろ、収穫祭という農民の祭りに基づいている。ハロウィンで各家を訪れ、お菓子をねだる子供たちは「死者」の代わりである。オアハカやカーニバルでの仮装や仮面もまた「死者」の代わりである。つまり葬儀や死者の供養を重視する日本の風習に対応して、「諸聖人の記念日」や「死者の日」を大々的に取り上げることにしたのである。トウドノサンタは先祖の魂の救済のために作られたものだと思うけれども、トウドノサンタにおける「聖者の行進」についての記録は見つかっていない。

しかし葬儀については、慈悲の会＝ミゼリコルジアが大規模に行なったとの記録は多く存在している。カトリックとは普遍性・全体性を意味することから、何処の地域の教会も同一制度の下にあり、教会暦も同じである。それゆえ、当たり前のことをイエズス会士は報告せず、逆に、日本の「死者送り」の風習に倣ったミゼリコルジアの葬式の方は、日本独自な行事だとして記録されたのである。それゆえ「死者の日」には全世界のカトリックの世界と同様に、「聖母マリア」の像を中心に、十字架やミゼリコルジアの旗（後述）を押し立てて、教会を出発点とし、教区を一巡する方式の行列が執り行なわれたであろう。

これはお盆行事のキリシタン版である。しかしここには、日本社会のお盆にはない、行列が教区を一巡するという行事の社会化・公共化された側面が新たに付け加えられている。キリスト教会が日本のお盆を取り入れたことで、お寺が管理していた死者の魂の救いの要素の外に、神社が管理していた地域社会全体を巻き込んだ産土の祭りという要素が新たに加わったことになる。

4　慈悲の会・ミゼリコルジア

領主がキリシタンになったことを契機に、領民が一斉にキリシタンに改宗したところでは、村落毎にミゼリコルジアの会は作られ、そのメンバーの中から会の頭＝「慈悲役」を選挙で選び出した。ここから、ミゼリコルジアの組織は村落共同体の自治組織と一体化していた。このミゼリコルジアについて、松田毅一はフロイス『日本史10』の第四七章の補注(6)で次のように説明している。

一四九八年にポルトガルのリスボンにできたもので、職人と貴族・王族がそれぞれ半数ずつの計百人によって構成され、会長プロフィドールの下に、一年ごとに改選される十二人の評議員・役員が補佐した。後にメンバーは六百人にまで拡大した。この会はポルトガルの植民地であるブラジル・アフリカ・インドの外日本にまで拡大した。

この説明に対応するものに長崎のミゼリコルジアがあろう。『日本史12』の第九〇章(7)には、長崎のミゼリコルジアの会はマカオの同会の規則と会則を採用して結成された。会に寄せられた喜捨で教会の外、鰥夫《やもお》用・寡婦《やもめ》用の病院、ハンセン病病院を所有していたとある。病院とあるが養老院であろう。貧者への施しに力を入れていたとある。ポルトガルで育ったアルメイダは、弘治二年（一五五六）にイエズス会に入り、西洋風の外科病院・孤児院・ハンセン病病院・養老院などの建設などに邁進するが、これらの慈善事業は、ポルトガルのミゼリコルジアの精神に基づいており、イエスの言う「隣人を愛せよ」の実践であろう。

当時の日本社会には「鰥寡《かんか》孤独」の言葉はあっても、実際の実践は行われていなかったので、当時の日本人には大きな衝撃だったはずである。

5 慈悲役

フロイス『日本史7』(8)の永禄八年の平戸では、ミゼリコルジアの組の四人の頭を選出し、貧民・病人の見舞い・救済、罪深い生活をしているものの生活改善指導、死者の看取りなどが任務だったとある。フロイス『日本史9』では、永禄五年(一五六二)に司祭のトルレス、修道士のフェルナンデス・アルメイダが平戸を訪れた時、平戸島の春日・獅子・飯良の三カ所のキリシタンたちに生月《いきつき》の教会に来て告白をするように命じた。それぞれの地には教会堂があり、地域ごとに「慈悲の会」が組織されており、「組頭の外、教会の世話をし、そこに来る修道士たちを宿泊させる係の人がいる」とある。

ここからミゼリコルジアには一人の頭=「慈悲役」と数人の「係」が存在していたことが確かめられる。江戸時代に入り、イエズス会士が日本から追放され、司祭がいなくなった時、教会を維持するために活躍したのが、この慈悲役であった。中園成生はこの慈悲役が隠れキリシタンの「御爺役」「水方」に横滑りしたとしている。

6　高槻での布教

フロイス『日本史4』の第45章は、天正二年の高槻での布教についての記録であるが、高山右近の父ダリヨが行った葬儀について、次のようにある。

日本には、このような貧しい兵士や見捨てられた人々が亡くなると、聖と称せられるある種の人たちが彼らを運んで行って火葬にする習慣がある。聖たちは、非常に賤しい階層の者と見なされ、通常寄る辺ない人たちである。

キリシタン宗門が高槻で繁栄し始めた時のこと、その地で二人の貧民が死亡した。ダリヨはさっそく、我らヨウロッパのミゼリコルジアで作るような一台の棺を製作させ、真中に白い十字を付した黒緞子の棺布で覆い、貴賤男女のキリシタン全員を招集し、死者たちを葬るため、一同、自宅から蠟燭を点した提灯を持参するように、と言った。

そしてダリヨと城主であるその息子右近殿は、新たなキリシタンたちの許で、棺を担う敬虔な行為が習慣となるようにと、この蔑視されている賤しい聖の役を自ら引き受けた。それは日本人の高慢不遜に鑑みて珍しい模範であり、居合わせた一同も、後でそのことを耳にした異教徒たちも、大いなる驚愕と感嘆に満たされた。

貴人たちは、君主たちがこのような範を垂れたのを見るに及び、手にしていた蠟燭を手放し、死者たちのために穴を掘り、埋葬しようと誰もが真先に鋤を採ろうと争い合った。そして貴婦人たちさえ、おのおの手にいっぱい土を持ち、死者の墓穴に投げるため傍に寄って来た。そしてそれ以後、彼らの間では、貴人たちがこうした埋葬にあたって助けることが慣習として留まるに至った。

ダリヨは埋葬のため、城外に一大墓地を設け、さっそく死者たちの頭上に、それぞれ木製の十字架を置かせ、その同じ墓地に、一基の大きく、かつ非常に美しい十字架を立てさせた。

日本仏教では火葬が一般であるが、カトリックは土葬である。「聖」が葬儀にかかわるのは、日本全国共通しているのであろうか。領主・ダリヨの行為はカブラル師の教えに従ったもので、その後高槻にもミゼリコルジアの会が作られたであろう。このダリヨの行ないは時宗の徒である「聖」の仕事を奪うものであった。一方ミゼリコルジアの会での慈悲の行ないは、貧者への施し・救済が中心であったので、「聖」たちはキリスト教会の特別な保護下に置かれたのではあるまいか。ここから少なくとも五畿内では「聖」たちがキリスト教の布教を手助けする要員になった可能性が出てこよう。

7　長崎のミゼリコルジアの教会

フロイス『日本史10』の第四七章[9]には、天正十一年（一五八三）の長崎のミゼリコルジアの記録がある。この教会は堺で最初にキリシタンとなった人の子供で、ジュスチノ・ジュスタという夫婦によって本博多町と興膳町との間に作られた。この夫婦は、大坂でも教会と神学校を、堺では司祭館の建設支援をした。キリシタンの有徳人である。「ミゼリコルジアの家に集められた寄付金は寡婦・孤児・病人、その他貧しい人々に配布された」。「教会は旗や墓地を持ち、死者を葬る時や行列に参加する時の衣服を備えていた」とある。ここから教会の祝祭日には様々な名目で「行列」がおこなわれたことが確かめられる。

この年は同時にアルメイダの死んだ年で、長崎のミゼリコルジアについて、前頁の引用に続けて次のようにある。

死者の日が来ると、すべての人々が死者の霊に捧げるために、食物、衣類、銀など大量の供物を携えて、かの長崎の教会を訪れた。（教会の）執事たちによってそれらの供物は集められた後に貧者に配布された。

ここからミゼリコルジアの活動の中心が貧者の救済にあったとフロイスはしたかったことが知られる。しかしむしろ日本では、日本の地域共同体を挙げて「野辺の送り」をする風習の影響を受けて、葬儀中心だったと思う。貧しくて葬儀を挙げられない人に対しては、ミゼリコルジアの会が葬儀を取り仕切り、会のメンバーが葬儀に参加し、墓地まで行進をして、キリシタン風に野辺の送りを行なったのだろう。『日本史11』の第八〇章は「バテレン追放令」発布後の天正十七年（一五八九）の記録であるが、前年以来九州に帰っていたオルガンチーノが長崎のミゼリコルジアの家に引退していたとある。

また第八九章[10]には、天正十七年の日本布教長コエリュの死に際して、指令を受けた長崎のミゼリコルジアの会員総勢百二十人の中の百人が黒い制服を着て、旗を立てて、有馬に集まり、コエリュの葬儀に参加し、九つの集団が大行列をなし、その第三番目を構成したとある。この黒い服とは「紋付き・羽織・袴」を指していよう。『日本史12』の第九〇章には、会員が死ぬと百二十人全員が会旗を掲げ、黒の正装で、墓まで行列して野辺の送りを行なったとある。ミゼリコルジアの会としての葬儀である。葬列の先頭にはミゼリコルジアの会の「旗」の外に、「聖母マリア」の像や「十字架」もあったであろう。

天正九年の「神の平和」の際にも、このようなプロシッサオ・行進は行なわれたとある。この場合は、教会を起点に長崎の町を一周したであろう。以上を要約すると、村落単位で行なわれる日本の「野辺の送り」の風習からの影響を受けて、ミゼリコルジアの会の方も、大規模な集団をなして、死者の出た家から墓地までの間をキリシタン風な「野辺の送り」を行なったとなろう。また日本のお盆に対応する「死者の日」の行事には、教会を中心に町中を練り歩く行進を信者全員で行なったのであろう。

8　地獄からの訪問者

今の日本では、地獄からこの世に帰って来るものは、子孫の発展を見守る「祖霊」と、悪さを行なう「餓鬼」の二種類となっている。ここにあるイエズス会の行なった「貧者への施し」は、餓鬼に対する接待「お施餓鬼」の発展した形態と理解できよう。その背景についてはすでにミゼリコルジアを述べた際に述べた。しかし現在の日本では「お施餓鬼」という餓鬼に対する接待は、すたれていく方向にあるのではなかろうか。私が目にするものは、京都の大文字焼きを含めて、祖霊に対する迎え火、送り火、精霊流しなどの行事であり、全体としてお盆は家族の内々の祭りとなっていよう。

「灯籠流し」は一般には灯籠を小さな船に乗せて川や海などに流す行事である。一方、東北の津軽などの「ネブタ」「ネブタ流し」は「灯籠流し」の灯籠が巨大化したもので、町を挙げてのイベントになっている。韓国ではロウソクを灯した色とりどりの風船を水辺の夜空に挙げている。ロウソクの火が死者の魂を表わすとの約束事は、日本も韓国も共通していよう。キリスト教世界でも、教会などで灯されるロウソクの火は死者の魂を示している。お盆における集団的な行事には、各町内会で行なう「盆踊り」がある。これが町を練り歩く集団的な踊りとなると、「阿波踊り」や「よさこいソウラン節」になる。

一方、中国・台湾のお盆では、やって来るものは「祖霊」ではなく、悪さをする「餓鬼」や悪霊であり、彼らを御馳走でもてなし、悪さをされることから逃れようとするのがお盆行事の目的となっている。それゆえ爆竹をバンバン鳴らして悪霊を追い払うことが行事の中心となる。他方、カトリックの世界の場合、ハロウィンやカーニバルの行事から想像される来訪者＝死者は地獄よりもむしろ天国からの来訪者で、子供だったり仮面をつけていたりとなろう。

9 長崎の精霊流し

長崎の「灯籠流し」を長崎では特に「精霊流し」と呼んでいる。船に灯籠を乗せること、最後には海に流すことなどは、ほかの地域の「灯籠流し」と共通しているが、乗せる船が大きく、オクンチの山車に似ていること、町中を練って歩くこと、大勢の見物人の目に曝すことなど、新盆における死者の送りが集団的・社会的な出来事になっていることが、他の地域にない長崎の特色である。キリシタンたちの行なったミゼリコルジアの「死者の行進」では、旗やマリア像を押し立て、教会から教区全体を一巡したが、長崎の「灯籠流し」はこの集団性・社会性・公共性を取り込んだ結果であろう。

『長崎名勝図絵』には長崎の「精霊流し」について、多くの絵が収められているが、インターネットで検索したものとほとんど同じである。「聖霊祭」[11]の所を引用する。

七月十五日の夜丑刻〔午前二時〕になると聖霊流しがある。予め竹をたわめて船型を造り、麦藁や菰で包み、潮水が入らないようにする。又帆柱を立てる。帆は白紙を用い、極楽丸、誓願丸、西方丸、浄土丸、或いは六字の名号、七字の題目、各宗旨によってそれぞれ大書し、四更〔午前二時〕の鐘を聴くと、先ず茶を煎じて霊魂に供え、それから団子や菓子果物等、供えているものを全部、壇から卸して藁船に積み、船の舳艫には数十の竹筒を設けて、線香、灯籠を船いっぱいにささげる。役人の家や富家豪商の家では、そこの召使達がかつぎ、庶民の家では親子兄弟がこれをかついで、海辺に送って行く。

一般の町家では、家毎に別々に造らず、隣近所の共同で大きな船を作り、これに供え物を持ちこむ。催合舟という。船を送る途中は、双盤を叩き鉦《がね》を鳴らし、口を揃えて仏名を唱えるが、その喧噪さは眠った幼子も、目を覚ましてしまう。道筋の道路という道路は、見物人がいっぱいである。新しく死人のあった家は、若聖霊といって、家族中が名残を惜しみ、五更〔午前四時〕前後の賑わいも、夜がほのぼのと明けそめる頃になって、ようやく終わる。

また、この「聖霊送り」の起源については、次のようにある。

昔は何事も質朴で、聖霊送りも供物を菰苞に包んで、海辺に持って行って、海中に投ずるだけであったが、享保の頃〔一七一六〜三六〕物好きがいて、ある年船を造り屋形を設け、霊魂の供物をこれに積みこんで、海に流したのが始まりで、その後段々とこれを真似する者が続出し、その後は他の家でもこれを真似るようになり、今は貴賤貧富の差別なく、皆藁菰の船を造り、趣向を凝らして飾り付けをし、海に流すことが、長崎中の風俗となった。

ここにある「船を造り屋形を設け」とあるのは諏訪社のオクンチの山車を真似したものだろう。享保の頃にはまだキリシタンの時代の記憶が残っていたので、「物好き」の思い付きが一般化して「長崎中の風俗となった」のだと私は考えてみたいのだが、どうであろうか。なお、「お施餓鬼」に対応するものに「法界飯」があるとして、次のようにある。

家々の聖霊棚の下に、無縁の霊魂を祭り、お供えのお膳の余りをこれに供える。朝夕それを下げる時、例えばその家の下人下女でも、これを食べない。そこで乞食がこれを貰って、町々を廻る。名づけて法界飯という。

（1）ハンス・ケルゼン、長尾龍一訳『ヤハウェとゼウスの正義——古代宗教の法哲学』木鐸社、一九七五年。
(2) 河野純徳訳『聖フランシスコ・ザビエル全書簡』平凡社、一九八五年、五四三頁。
(3) ザビエル書簡はシュルハンマー氏によって、聖人の書簡として整理されており、各段落毎の「小見出し」と「番号」はシュルハンマー氏によるのであろう。
(4) 中園成生『かくれキリシタンの起源』弦書房、二〇一八年、三〇一頁。
(5) 松田毅一・川崎桃太訳『フロイス日本史6』中央公論社、一三九頁
(6)『フロイス日本史10』の注(16)から要点のみ抜粋。二七一頁
(7)『フロイス日本史12』一三頁。
(8)『フロイス日本史7』四六頁。
(9)『フロイス日本史10』二六四頁。
(10)『フロイス日本史11』四〇四頁。
(11) 原本のまま。『長崎名勝絵図』には「精霊が正しいと思われる」との注がある。

エピローグ

本書に収めた論文は皆、私が弘前大学に奉職し、結婚して以来、十年余りの仕事である。最初の論文「教会領長崎における「神の平和」」に関するものが一番古く、その原形は一九七七年秋の「史学会第七五回大会」での「天正九年長崎聖堂狼藉事件について」と題した口頭発表である。論文の形を成したものでは「バテレン追放令」(旧題「伴天連追放令の研究」一九八〇年二月、弘前大学教養部『文化紀要』)が一番古く、また同年秋の「史学会第七八回大会」での「キリシタン禁令について」と題した口頭発表が、補論の前の論文「秀吉と右近」の基礎になっている。

この十年間に長女・弥生と長男・慎太郎が生まれ、またこの文章を書いている現在、二女・菜摘が誕生するなど私個人にとっても多くの出来事があった。しかし今振り返ってみると、一番心にかかるのは、結婚の際お仲人をお願いした井上光貞先生がお亡くなりになったことである。虎の門の文部省の一室に「歴史民俗博物館・準備室」が置かれていたころ、私は私事のお願いで先生に親しくお会いすることができた。当時先生は文献史学と考古学と民俗学の三者の総合の上に広義の歴史学を打ち立てる構想をお持ちで、そのためには文献史学も自らの学問的な方法・実証主義の方法を鍛え直さなければならないと述べておられた。

ここに収めたものは、先生のその期待に応えることを密かに念じつつ作り上げたものである。そうした意味ではこの本を先生にお目にかけることができないことは、止むをえないこととはいえ、やはり心残りである。実証主義の方法を鍛え直すため、私が思い付いたことを一口で言えば、「神は細部に宿り給う」となろう。A文書の「バテレン追放令」について言えば、第三条の最初の難解な部分にこだわること。この部分について三系統の文書がそれぞれ別な解釈をしていることをどう理解するか。またこの部分の解釈をどうするか等々を考え続けることであった。私はこの部分を「秀吉の自問自答」と解釈したが、当時の私にとって、むしろこれは発見と言うべきものであった。

B文書についても、私が行なったことは第六条の首部の字句の解釈に長いことこだわることであった。この部分は「一般法規の海の上に浮かんだ私信の小島」というのが私の結論であり、その結論から論文は形成されていった。それゆえ、私の研究は「細部に宿り給う」神の声に従ったものと言うことが許されよう。勿論いずれ私の仕事も批判され乗り越えられる時がこよう。しかしこの「一点突破、全面展開」の方法は長く生きつづけるべきものと私は信じたい。しかし、総ては読者の判断に委ねるより他にない。

なお大学の紀要に「伴天連追放令の研究」を発表した際、藤木久志、石井進、中村質《ただし》の三氏から共通してB文書の第二条は「之由」(旧稿では「らせ」と翻刻していた)と読むべきである旨のご注意を頂いた。今ここに改めてお礼を申し述べておきたい。一方、当時すでに三鬼清一郎氏は、論文「キリシタン禁令をめぐって」(『日本歴史』一九七四年一月号)において、B文文書＝偽文書説を主張しておられた。キリシタンや教会領長崎の問題をテーマとして、学問の世界に入ろうとしていた私の前に、三鬼氏のこのB文文書＝偽文書説は大きくそびえ立っていた。そこで、私の最初の仕事は氏の偽文書説と対決することとなったのである。

また「史学会第七八回大会」でB文文書の分析を発表の際、三鬼氏・清水紘一氏などからご意見を頂いた。私のつもりでは、発表の中心はB文書第六条の首部の字句の解釈にあったが、特に三鬼氏からは、第二条の「寺請」は「寺庵」である旨のご意見を頂いたことを記憶している。本書収録に際して、B文書に関しては平井誠二氏の発見された「三方会合記録」所載の「写し」をテキストとすることにしたので、結果的に三鬼氏の「寺庵」説に従ったことになる。

今ここで、A・B両文書のもつ研究史上の意味を振り返り、また最後に「バテレン追放令」の持つ現代的な意味について述べておきたい。

三鬼氏は先の論文で、「幕藩制国家をめぐる研究動向のなかで、このキリシタン禁令

（本文でいうB文書＝天正十五年六月十八日の「覚」）が幕藩領主的土地所有の原理や神国イデオロギーを強くうち出したものとして、多くの論者に引用され、とくに関心を集めている」として当時の学界状況を伝えている。A・B両文書から「幕藩領主的土地所有の原理」を述べた人には安良城《あらき》盛昭氏があり、「神国イデオロギー」を述べた人には、黒田俊雄氏が当ると思われる。三鬼氏のB文書＝偽文書説が崩れた今となっては、ほかならぬA・B両文書に、なぜ「幕藩領主的土地所有の原理」が述べられているのかが改めて問題となってこよう。

三鬼氏はこの論文において、「天正十五年の段階では、百姓の身分その他を固定するような規定は出されていない筈である」「少なくとも、百姓は土地と共に永久不変だという観念は、天正期に存在する基盤は無く、小農民経営の安定した十六世紀中期ごろの社会を体験した人の発想にもとづくものではないかと思われる」と述べて、反映論の立場から安良城説に疑問を投げかけている。これに対して私は、本論で展開したようにこの「百姓ハ不替もの」との文言は、キリシタン大名の領国支配の問題との関係で理解すべきであると今でも考えている。つまり「小農民経営の安定した十六世紀中期ごろの社会」の原像はキリシタン大名やイエズス会と接触し対決した天正期の秀吉の観念の中にすでに現存していたのである。この場合、観念が存在に先立っていたのである。

天正八年の播磨検地から始まるとされ、また分厚い研究史のある「太閤検地」について、ここで詳しく取り上げることはできないが、秀吉政権においてはキリシタン大名やイエズス会に対する政策と太閤検地の原則とが、内面的な関連を持つ一体のものとして捉えられていたことだけは確かであろう。B文書を分析した際、秀吉の持った「天下」の構想を「総ての宗教を自己の統制下に置くこと」であったと述べた。この「宗教」の代わりに「百姓」を入れ替えれば、それは秀吉の「天下」の構想のもう一つの要素である「幕藩領主的土地所有の原則」になるのではあるまいか。

一方「総ての宗教を自己の統制下に置くこと」は、結果としてキリシタン大名の領国支配、ひいてはヨーロッパの「キリスト教国家」のイデオロギーと対決し、イベリア半島の国家を乗り越えようとすることを意味していた。それゆえ、もしも秀吉の目指していた国家を幕藩制国家とすれば、この幕藩制国家の成立には、他者としての国際的な契機が大きく関与していたのである。他者の存在があって初めて自我の確立が可能になるという、他者と自我の相互成立関係がここにもあてはまるわけである。このことから幕藩制国家がヨーロッパの初期近代国家・絶対主義国家の強いインパクトの下に作られたという、幕藩制国家の性格についての新しい考え方が可能となってこよう。

一方「神国イデオロギー」に関して三鬼氏は、秀吉の述べた「神国思想」は「仏教を軸にした神儒仏の混合思想」で「キリシタンを思想的に排除するほどの強固な意識があったとみなすことは困難である」としている。しかしこの「神国宣言」がキリシタン大名やイエズス会に対する〈排除の論理〉として存在していたことは本論で述べたとおりである。またこの〈排除の論理〉を継承・徹底化したものとして江戸時代の宗門改制や寺請制があったことはいうまでもない。それゆえこの「神国思想」がたとえ現代の思想史研究者たちをがっかりさせる「お粗末」な内容のものであるとしても、一つの政治思想として存在したことは疑いえないことなのである。

布教と貿易の一体化をもとに日本に迫ってくるポルトガルやイエズス会等のヨーロッパ勢力に対して、秀吉は〈貿易＝Yes, 布教＝No〉という形で、一つの主体的な選択を行なった。むしろ大事なことは、この「神国思想」がこうした対応を行なうために必要であったという事実それ自体である。つまりこの「神国思想」は、ヨーロッパ勢力の持つ「キリスト教国家」という政治神学的思想に対する対抗思想・対抗イデオロギーだったのである。

このことに関し最近、彌永信美《いやながのぶみ》氏は「日本の『思想』と『非思想』――キリシタンをめぐるモノローグ」(『現代思想』一四―一〇)の中で「日本神国教はキリスト教帝国主義の一異型であった」とし、「日本神国教はキリシタンをモデルとして作られたもので、不寛容性と戦闘的普遍主義を特徴としていた」としている。ここから彌永氏は、日本の戦国末から近世初頭にかけての「キリシタン世紀」を「西欧近代の揺藍期の特殊な延長」として捉える視点を提示している。さらに彌永氏は「ヨーロッパの異端尋問と魔女狩りが、近代絶対主義的な権力構造を作り出していったひとつの重要な要素であったとしたら、太閤検地、刀狩りからキリシタン弾圧、鎖国と続いていく近世日本の社会の移り変りも、すごく似た方向に動いていたのではないか。……近世日本はあるいは近代西欧以上に〈近代西欧的〉な、集積度の高い中央集権的絶対主義を生み出していたのかもしれない」と述べている。大いに考えるべきことと私は思う。

それゆえ「秀吉の積極外交」「唐入り」といわれるものが、我々の前に課題として大きく聳えてくるのを感ずる。これは、ポルトガルやイエズス会の貿易体制に対抗するために、秀吉が自らのヘゲモニーのもとに構想した東亜の貿易体制で、「神国思想」というこの対抗イデオロギーが前提として抱えている「戦闘的普遍主義」の一つの結果なのではあるまいか。この強硬外交が秀吉の死によって終った後、「家康の平和外交」が行なわれ、やがて江戸幕府の寛永の鎖国に連続して行く。

この鎖国とは、近隣のアジアの諸国・諸民族との接触・交渉、日本型華夷秩序（荒野泰典『近世日本と東アジア』東京大学出版会、一九八八年）という問題をひとまず置いて、ヨーロッパ世界との接触・交渉という点に限ってながめると、ポルトガル・スペイン・イギリス・オランダの中からキリスト教の布教をしないオランダとだけ国交・貿易を持ち、もともとはポルトガル人を隔離するために築いた長崎の「出島」にオランダ人を隔離し、国民の海外との交渉を江戸幕府が直接管理する体制である。それゆえこの幕府の鎖国政策は、秀吉の〈貿易＝Yes, 布教＝No〉を継承し、より徹底化したものということができる。

さらに明治の文明開化を準備した江戸時代の蘭学・洋学の発展は、布教に関係しない実学の輸入を許可する幕府の方針と密接に係わっており、〈貿易＝Yes, 布教＝No〉のもう一つの表われとすることができる。一方、幕末に現われた黒船は「キリシタン世紀」の時よりもさらに強力な西欧近代を体現しており、マルクスが『共産党宣言』の中で「ブルジョアジーは己の姿に似せて世界を作る」と述べているが、このとき日本が強いられたことは、キリスト教徒になることではなく、むしろ〈ブルジョアジーになること〉であった。

このように見れば、「神国イデオロギー」が「仏教を軸にした神儒仏の混合思想」では立ちゆかなくなったときに、これを補強・改変すべく登場したものが、「尊皇攘夷」論であり「天皇」であったとなろう。明治の日本が日清・日露の戦いを経て、世界の三大強国の一つにのし上がり「鬼畜米英」をスローガンに「大東亜の聖戦」に突入していった歴史を見ると、「キリシタン世紀」以来現代に至るまで、歴代の日本の外交政策は「対抗イデオロギー」を超えることができなかったとの思いが強く湧いてくる。

しかも対抗イデオロギーは、「対抗」イデオロギーであるがゆえに「強いられた」ものという後ろめたさを常に伴っていた。ここに「悪いのは日本ばかりではない。欧米列強はもっと悪いことをやってきた」という現在の保守政治家の対アジア発言の生まれる歴史的な根拠があるわけである。そういう点ではブルジョア化した日本列島の住民たちは、まだ秀吉のみた「浪速の夢」の続きを見続けているのである。

今、同じ大学に奉職しているアメリカ人の同僚と話をして大いに驚くのは、アメリカで成績優秀な若者たちが目指す大学・学部が「神学部」ということである。中世ヨーロッパの大学に神学部があったことは知識としては知っていても、資本主義の最も発達したアメリカ社会の中で神学部を目指す多くの若者が現実に存在していることには、中世の民俗がそのまま生きているようでショックであった。これに比べ日本の大学を見ると、明治の日本は国家に必要な人材を作るために、文明開化の一環として大学制度を輸入したという歴史がある。その際「哲学」は輸入したが、哲学が婢として仕えるべき「神学」は採り入れなかったのである。ここに江戸時代以来の〈実学＝Yes, 布教＝No〉の長い伝統がいきづいているのを見ることができよう。

三鬼氏の第一論文が出る五年ほど前、日本全国の大学では学生たちの叛乱があった。ミッション系の大学では若いキリスト者たちによる建学精神に対する問いかけがあったと聞いている。その後、こうした学生叛乱を未然に防止するためだったのであろうか、私学経営上の問題を理由に多くのミッション系大学では神学部が廃止になった。

私学として生き延びるために、ミッション（布教）を捨てたのである。こうして日本の総ての大学は、国立大学と同様「実学」を目的とするものになった。しかしこのことは、逆にいえば日本社会が「布教」を旨とするミッション系大学という特殊な大学の存在を認めず、またミッション系大学が日本社会の持つ宗教的不寛容性、異質なものを排除する

「神国イデオロギー」の前に敗退したことを意味している。

大学の大衆化や国際化が大きく叫ばれるなかで、ここでも〈実学＝Yes, 布教＝No〉が静かに進行しているのである。

本書のサブタイトルを「16世紀の日欧対決」としたのは、私が十代の終りに感激して読んだイギリスの歴史家A・J・トインビーのいう「文明と文明との邂逅・接触」「挑戦と応戦の論理」の議論を多少意識したためであるが、さらには今多くの人の関心がこのような問題にあると思ったからでもある。もちろん一方には、日本がナショナリズムの方向に傾くことは非常に危険だとする認識があろう。しかしそれにも拘わらず、次第に振り子がその方向を指し示していることを否定できないのが現実なのではなかろうか。このような近代日本の運命に対して、「戦前への回帰」とか「天皇制ファシズム」という言葉とは別な角度から問題を考える糸口に、この本が多少なりともなればというのが私のささやかな願いである。

文庫版あとがき

私の二冊目の著書『バテレン追放令』が、このたび筑摩書房の方から文庫本として再刊されることになった。この本には、思いがけずサントリー学芸賞をいただくという、晴れがましい思い出があった。サントリー財団の方では、山本七平氏が推薦文を書いてくださったが、授賞式の日にはお目にかかれなかった。お会いしたいとの思いはずっとあったが、果たされなかった。代わりに近づいてきて、色々と話をして下さったのは芳賀徹さんであったようである。芳賀幸四郎さんの御子息として、御父上の著書『千利休』に繋がるとして、私の「キリシタン党」の議論に関心を寄せていただいたからだと思っていた。

当時は、私の結婚式のお仲人をお願いした井上光貞先生が亡くなってすぐの時だったので、先生にはいろいろとお世話になっていたので、是非とも晴れの式にはご出席していただきたいと思っていたが、果たされない残念さがあったので、先生のご友人の東洋史の西嶋定男先生に「代わりに是非ご出席いただきたい」とお願いしたのだった。西嶋先生からは「この本で良いところは「神の平和」のところで、あとはちょっと」との評をいただいた。「山本氏が良いとする「キリシタン党」の所もまあ良いが、「神の平和」が良い」とのことであった。しかし学会から書評をいただくことはなく、時間は過ぎていった。

その時ご出席いただいた石井進先生からは「「定」や「覚」の系統図を作っているが、そんなものではないよ」とのご批判をいただいた。文書の伝来は「本質的効果としての伝来」が通説だが、その後、小島道裕氏からは秀吉の楽市令について、発給時とは全く別の文脈で文書は伝来している場合があるとの主張があり、考えを改めなければと思うに至った。「バテレン追放令」についていえば、キリシタンの処刑が行なわれる後世になって、その時の印象を基に「バテレン追放令」の発布時の状況を描こうとすれば、キリシタンの処刑を伴っていたとならざるをえず、それに足元をすくわれてはならないとなった。

「プロローグ　キリスト教と戦国日本の出会い」はムック『時空旅人』からの要請にこたえて作ったものである。二〇二一年は長崎開港四五〇周年に当り、長崎の三つの団体から記念講演をとのお誘いがあった。久しぶりの長崎に、と楽しみにしていたところ、コロナ禍と重なり、ZOOMを使うとか、大変なことになった。「長崎開港と神功皇后との奇しき縁」は長崎歴史文化博物館での講演の原稿である。大日本帝国とか大陸雄飛とかは、戦後はタブーとなっているので、主催者側は神功皇后に触れてほしくなかったのだろうが、江戸時代の長崎奉行の在り方、幕府の長崎関与の仕方を考えれば、触れるのが当然だと私は今でも思っている。

江戸幕府の対外姿勢は、「鎖国」として一般に膾炙されているが、秀吉の積極外交と言われた「神国宣言」とあまり変わっていないのである。「「岬の先端」の歴史と「精霊流し」」は、さだまさしの「精霊流し」という歌がヒントになっている。ヨーロッパ的なものの中心にセム族の信仰を置くことは、山本七平氏の『日本人とユダヤ人』以来のことだが、日欧の対決を〈「神国宣言」か「殉教」か〉と絞り込むことはあまりにも息苦しいので、むしろ日本的なものとして、日本人のおおらかさとか、進取の気風とかを取上げたものである。

安野眞幸

初出一覧

本書におさめるにあたり加筆し、一部タイトルを変えた。

プロローグ　旧稿を改め、「キリスト教と戦国日本の出会い」に差し替えた。

　サンエイムック『時空旅人　ルイス・フロイスが見た明智光秀』（株式会社三栄、二〇二〇年）

Ⅰ神の平和

「教会領長崎における「神の平和」」　一九八九年　書き下ろし

Ⅱバテレン追放令

旧版の「バテレン追放令」を新稿の「「バテレン追放令」とその影響」（書き下し）に差し替えた。

バテレン追放令とキリシタン一揆（原題「伴天連追放令とイエズス会」）『日本歴史』第四〇六号（一九八二年）

秀吉と右近（原題「「キリシタン禁令」の研究」）

尾藤正英先生還暦記念会編『日本近世史論叢　上巻』（吉川弘文館、一九八四年）収録

藤野保編『論集幕藩体制史第一期第九巻　近世社会と宗教』（雄山閣出版、一九九五年）再録

長崎開港と神功皇后との奇しき縁　「長崎開港450周年記念展――ふたつの開港」（長崎歴史博物館、二〇二一年）

「岬の先端」の歴史と「精霊流し」　「森崎神社シンポジウムSOUL of NAGASAKI」鎮西大社諏訪神社（二〇二一年四月二四日）

エピローグ　旧版のまま　一九八八年十二月

本書は、一九八九年二月十日、日本エディタースクール出版部より刊行された。文庫化にあたっては、改訂の上、プロローグと第Ⅱ部の「バテレン追放令」をさしかえ、補論を付した。

日本社会再考　網野善彦

歴史の虚像の数々を根底から覆してきた網野史学。漁業から交易まで多彩な活躍を繰り広げた海民に光をあて、知られざる日本像を鮮烈に甦らせた名著。

図説　和菓子の歴史　青木直己

饅頭、羊羹、金平糖にカステラ、その時々の外国文化の影響を受けながら多種多様に発展した和菓子。その歴史を多数の図版とともに平易に解説。

今昔東海道独案内　東篇　今井金吾

いにしえから庶民が辿ってきた幹線道路・東海道。日本人の歴史を、著者が自分の足で辿りなおした名著。東篇は日本橋より浜松まで。（今尾恵介）

居酒屋の誕生　飯野亮一

寛延年間の江戸に誕生しすぐに大発展を遂げた居酒屋。しかしなぜ他の都市ではなく江戸だったのか。一次資料を丹念にひもとき、その誕生の謎にせまる。

すし　天ぷら　蕎麦　うなぎ　飯野亮一

二八蕎麦の二八とは？　握りずしの元祖は？　なぜうなぎに山椒？　膨大な一次史料を渉猟しそんな疑問を徹底解明。これを読まずに食文化は語れない！

天丼　かつ丼　牛丼　うな丼　親子丼　飯野亮一

身分制の廃止で作ることが可能になった親子丼、関東大震災が広めた牛丼等々、どんぶり物二百年の歴史をさかのぼり、驚きの誕生ドラマをひもとく！

増補　アジア主義を問いなおす　井上寿一

侵略を正当化するレトリックか、それとも真の共存共栄をめざした理想か。アジア主義を外交史的観点から再考し、その今日的意義を問う。増補決定版。

歴史学研究法　今井登志喜

「歴史学とは何か」について「古典的歴史学方法論」の論点を的確にまとめる。方法の実践例として、「塩尻峠の合戦」を取り上げる。（松沢裕作）

十五年戦争小史　江口圭一

満州事変、日中戦争、アジア太平洋戦争を一連の「十五年戦争」と捉え、戦争拡大に向かう曲折にみちた過程を克明に描いた画期的通史。（加藤陽子）

古代の鉄と神々　真弓常忠

弥生時代の稲作にはすでに鉄が使われていた！　原型を遺さないその鉄文化の痕跡を神話・祭祀に求め、古代史の謎を解き明かす。（上垣外憲一）

増補 海洋国家日本の戦後史　宮城大蔵

戦後アジアの巨大な変貌の背後には、開発と経済成長という日本の「非政治」的な戦略があった。海域アジアの戦後史に果たした日本の軌跡をたどる。

日本の外交　添谷芳秀

憲法九条と日米安保条約に根差した戦後外交。それがもたらした国家像の決定的な分裂をどう乗り越えるか。戦後史を読みなおし、その実像と展望を示す。

世界史のなかの戦国日本　村井章介

世界史の文脈の中で日本列島を眺めてみるとそこには意外な発見が！　戦国時代の日本はそうとうにグローバルだった！（橋本雄）

増補 中世日本の内と外　村井章介

国家間の争いなんておかまいなし。中世の東アジア人は海を自由に行き交い生計を立てていた。私たちの「内と外」の認識を歴史からたどる。（榎本渉）

武家文化と同朋衆　村井康彦

足利将軍家に仕え、茶や花、香、室礼等を担ったクリエイター集団「同朋衆」。日本らしさの源流を生んだ彼らの実像をはじめて明らかにする。（橋本雄）

古代史おさらい帖　森浩一

考古学・古代史の重鎮が、「土地」「年代」「人」の基本概念を徹底的に再検証。「古代史」をめぐる諸問題の見取り図がわかる名著。

大元帥　昭和天皇　山田朗

昭和天皇は、豊富な軍事知識と非凡な戦略・戦術眼の持ち主でもあった。軍事を統帥する大元帥としての積極的な戦争指導の実像を描く。（茶谷誠一）

江戸の坂　東京の坂（全）　横関英一

東京の坂道とその名前からは、江戸の暮らしや庶民の心が透かし見える。東京中の坂を渉猟し、元祖「坂道」本と謳われた幻の名著。（鈴木博之）

たべもの起源事典　日本編　岡田哲

駅蕎麦・豚カツにやや珍しい郷土料理、レトルト食品・デパート食堂まで。広義の〈和〉のたべものと食文化事象一三〇〇項目収録。小腹のすく事典！

ラーメンの誕生　岡田哲

中国のめんは、いかにして「中華風の和食めん料理」へと発達を遂げたか。外来文化を吸収する日本人の情熱と知恵。丼の中の壮大なドラマに迫る。

京の社　岡田精司

旅気分で学べる神社の歴史。この本を片手に京都の有名寺社を巡れば、神々のありのままの姿が見えてくる。（佐々田悠）

山岡鉄舟先生正伝　小倉鉄樹／石津寛／牛山栄治

鉄舟から直接聞いたこと、同時代人として見聞きしたことを弟子がまとめた正伝。江戸無血開城の舞台裏など、リアルな幕末史が描かれる。（岩下哲典）

士（サムライ）の思想　笠谷和比古

中世に発する武家社会の展開とともに形成された日本型組織。「家（イエ）」を核にした組織特性と派生する諸問題について、日本近世史家が鋭く迫る。

戦国乱世を生きる力　神田千里

土一揆から宗教、天下人の在り方まで、この時代の現象はすべて民衆の姿と切り離せない。「乱世の真の主役としての民衆」に焦点をあてた戦国時代史。

三八式歩兵銃　加登川幸太郎

旅順の堅塁を白襷隊が突撃した時、特攻兵が敵艦に突入した時、日本陸軍は何をしたのであったか。元陸軍将校による渾身の興亡全史。（一ノ瀬俊也）

増補改訂　帝国陸軍機甲部隊　加登川幸太郎

第一次世界大戦で登場した近代戦車。本書はその導入から終焉を詳細史料と図版で追いつつ、世界に後れをとった日本帝国陸軍の道程を描く。（大木毅）

樺太一九四五年夏　金子俊男

突然のソ連参戦により地獄と化した旧日本領・南樺太。本書はその戦闘の壮絶さを伝える数少ない記録だ。長らく入手困難だった名著を文庫化。（清水潔）

ちくま学芸文庫

改訂増補《かいていぞうほ》　バテレン追放令《ついほうれい》　16世紀《せいき》の日欧対決《にちおうたいけつ》

二〇二三年十二月十日　第一刷発行

著　者　安野眞幸（あんの・まさき）
発行者　喜入冬子
発行所　株式会社　筑摩書房
　東京都台東区蔵前二―五―三　〒一一一―八七五五
　電話番号　〇三―五六八七―二六〇一（代表）
装幀者　安野光雅
印刷所　明和印刷株式会社
製本所　株式会社積信堂

ISBN978-4-480-51212-3 C0121